财务管理学

主编　孙美娇　徐建斌　陈玉菲

合肥工业大学出版社

图书在版编目(CIP)数据

财务管理学/孙美娇,徐建斌,陈玉菲主编.—合肥:合肥工业大学出版社,2022.6
ISBN 978-7-5650-5943-8

Ⅰ.①财…　Ⅱ.①孙…②徐…③陈…　Ⅲ.①财务管理—教材　Ⅳ.①F275

中国版本图书馆CIP数据核字(2022)第103346号

财务管理学

孙美娇　徐建斌　陈玉菲　主编　　　　责任编辑　张　慧

出　版	合肥工业大学出版社	版　次	2022年6月第1版
地　址	合肥市屯溪路193号	印　次	2022年6月第1次印刷
邮　编	230009	开　本	710毫米×1010毫米　1/16
电　话	人文社科出版中心:0551-62903205	印　张	20.5
	营销与储运管理中心:0551-62903198	字　数	390千字
网　址	www.hfutpress.com.cn	印　刷	安徽联众印刷有限公司
E-mail	hfutpress@163.com	发　行	全国新华书店

ISBN 978-7-5650-5943-8　　　　定价:54.80元

本书编委会

主　编　孙美娇　徐建斌　陈玉菲

副主编　潘　成　张　兰　叶　伟

　　　　虞梦兰　张翎子　刘玉清

　　　　李　蓉　周　萍　殷晓燕

　　　　魏　静

参　编　朱圻贤　屈智敏

主　审　胡春芳　朱圻贤

前　言

世界经济一体化,全球金融市场高度融合,我国经济飞速发展,资本市场不断发育与成长,推动了财务管理理念和方法的创新。金融体系的不确定性、汇率与利率的波动、股票市场的动荡、通货膨胀等外部环境的复杂变化,使得高等院校财务管理专业的理论、教学与实践面临新的挑战。

财务管理是利用资金价值形式对企业筹资管理活动、投资管理活动、营运资金管理活动和利润分配活动等四项财务活动,以及所体现的投资与受资关系、债权与债务关系、供应与需求关系、雇佣与被雇佣关系等财务关系进行综合性管理的工作。财务管理是企业管理的重要组成部分,科学高效的财务管理是企业生存以及可持续发展的基础和前提。

本书共10个章节,主要内容包括:财务管理概述、财务管理基础、预算管理与财务控制、筹资管理、资本成本与资本结构、项目投资管理、证券投资管理、营运资金管理、收益分配管理与财务分析。为了适应现代经济发展的需要,本书在编写过程中,通过加入相关模型对书中部分内容进行了阐述,从而使内容更加精练,更加适合经济管理类专业财务管理课程的教学需要。

本书适合高等院校会计学、财务管理、金融工程、工商管理、市场营销、经济学等专业的教学,同时可作为高等院校财务管理和会计学专业双学位教学用书,还可作为经济管理类专业硕士研究生入学考试的参考教材。

由于财务管理这一学科正处于迅速发展时期,很多问题有待进一步深入探讨,加之时间仓促及编者水平有限,书中欠妥之处在所难免,恳请各位专家、读者批评指正。

2022年3月

目　录

项目一　财务管理概述

知识目标

1. 理解财务管理的概念及其目标；
2. 掌握财务管理的基本内容及财务关系；
3. 了解企业财务管理的环境及环节；
4. 了解财务管理的发展历程和未来趋势。

技能目标

熟悉财务管理机构及财务人员的职责。

情景导入

有些公司比其他公司更擅长产品创新、产品销售，而且其财务活动灵活敏锐，3M就是这样的一家公司。3M公司在可视胶片、工业和办公用磁带、无纺布等产品上是全球领先者。3M公司作为Post-it(报事贴)牌信纸、Scotch(思高)牌磁带、纱布，以及诸如投影机和屋顶建材等几千种各式产品的制造商为消费者所认识。3M公司以产品创新和新产品销售而闻名，公司35%的销售收入来自5年内的新产品。公司为完成这些目标，其研究和开发需要融资，设计和生产需要资金，产品也要推向市场并销往全球。这一过程涉及企业的全部职能。像3M这样价值250亿美元、64%的销售收入来自国际市场的跨国公司，财务管理活动十分重要，必须有人管理国际现金流量、银行关系、薪水、机器设备采购、资本并购等。财务决策一定与系列新产品的可行性和盈利性相关，而持续不断的系列新产品正是3M公司极富创造性的研发努力所创造的。财务管理者需要保持对利率、汇率以及货币市场和资本市场脉搏的把握。为了将3M公司打造成为一家具有竞争力的国际企业，财务管理者必须管理好它的全球事务，能迅速对金融市场的变化和汇率的波动做出反应，并对资本进行有效和有力的管理。如果想要对3M公司做一些研究，可以进入公司主页www.3m.com。

导问：如果你是3M的财务管理人员，想想公司的财务管理工作包括什么内容？应该做些什么？怎么做呢？

任务一　财务管理的概念和内容

一、财务管理的概念

在现代公司的管理中，财务经理每天都必须面对众多外部环境的变化和内部事务的处理，比如公司之间竞争的加剧、技术的突变、通货膨胀和利率的变化、未来经济的不确定性、汇率的波动、税法的变更、投资的决策、融资的决策、资产管理的决策等，这些都属于财务管理的工作范畴，那么什么是企业财务管理呢？

财务管理是企业管理的一部分，是企业组织财务活动、处理财务关系的一项综合性经济管理工作。因此，要了解什么是财务管理，必须先分析企业的财务活动和财务关系。

二、企业的财务活动

企业财务，顾名思义是指涉及钱财的业务，是与货币、资金、资本或价值相关的概念。财务活动是指企业为了达到既定目标所进行的筹集资金、运用资金和收益分配的活动，是以现金收支为主的企业资金运动的总称。企业要进行生产经营活动，就必须进行人力、物力和财力的投入，形成生产能力；再经过采购、生产、销售等阶段，获得生产经营收入；还要将生产经营成果分配给相关利益者。在这个过程中，自始至终存在着资金运动，因此，财务活动也可以说是现金流转活动。一般来说，企业的财务活动包括以下内容：

(一)筹资活动

企业经营活动必然产生大量的现金支付需求，如果这些现金支付需求得不到满足，企业就会发生财务危机，甚至导致破产。财务的首要任务就是满足这些基本的资金需求，为此，必须对生产经营所需资金做出及时、准确的估量，包括预测筹集资金的时间、数量和筹资成本，并选择合适的筹资渠道和筹资方式，以降低筹资成本，控制财务风险。企业因为筹集资金而产生的资金收支，便是由企业筹资而引起的财务活动。

(二)投资活动

企业筹集资金的目的是把资金用于生产经营以谋求最大的经济效益。所谓投资，是指以获得收入和利润为目标，将资金投入使用的过程。这种投资是以收入为中心、以市场为媒介、以资金或能产生特殊收益的资产为运作对象、以商品经营为手段和形式的经济活动。在投资过程中,企业必须考虑投资规模、投资方向和投资方式,以提高投资效益、控制投资风险。企业因为投放资金而产生的资金收支,便是由企业投资而引起的财务活动。

(三)资金营运活动

企业在日常生产经营过程中,会发生一系列的资金收付。首先,企业要采购材料或商品,以便从事生产和销售活动,同时还要支付工资和其他营业费用;其次,企业把产品或商品售出后,便可取得收入,收回资金;再次,如果企业现有资金不能满足经营的需要,还要采取短期借款的方式来筹集所需资金。上述各方面都会产生资金的收付,这就是因经营而引起的财务活动,也称资金营运活动。企业的营运资金,主要是为满足企业日常营业活动的需要而垫支的资金,营运资金的周转与生产经营周期具有一致性。因此,企业应千方百计地加速资金的周转,以提高资金的利用效果。

(四)资金分配活动

企业将资金投放和使用后,必然会取得一定的成果。这种成果首先表现为生产经营收入,在补偿成本费用后,最终以利润形式体现出来。狭义的分配是指对企业净利润的分配,广义的分配包括支付给职工的薪酬、支付给债权人的利息、缴纳给政府的各种税金、弥补企业以前年度亏损、提取的公积金以及向投资者分配利润等。企业应依据一定的分配原则,充分考虑各相关利益主体的要求,合理确定分配规模和分配方式,力争使企业取得最大的长期利益。企业因为分配而产生的资金收支,便是由企业分配而引起的财务活动。

上述财务活动的四个方面相互联系、相互依存,构成了企业财务活动的完整过程,同时也成为财务管理的基本内容。

三、企业的财务关系

企业的财务关系是指企业在组织财务活动过程中与各相关利益主体发生的经济利益关系,一般包括以下几个方面:

(一)企业与政府之间的财务关系

政府作为社会管理者,行使行政经营性职能,向社会提供公共服务。任何企业都必须按照国家税法的规定缴纳各种税款,经营性政府才能维持社会正常秩序、保卫国家安全、组织和管理社会活动等。企业及时足额地纳税是企业对国家的贡献,也是对社会应尽的义务。因此,企业与政府之间的财务关系体现为依法纳税和依法征税的关系。

(二)企业与投资者之间的财务关系

企业与投资者之间的财务关系是指企业的投资者向企业投入资金,企业应向其投资者支付投资报酬所形成的经济关系。投资者因向企业投入资金而成为企业的所有者,拥有对企业的最终所有权、享受企业收益的分配权和剩余财产的支配权,可以对企业进行一定程度的控制,并承担一定的经济法律责任;企业从投资者那里吸收资金形成企业的自有资本,并用其进行经营活动,在此期间,企业对投资者承担资产保值增值的责任,实现利润后,应该按照出资比例或合同、章程的规定,向其所有者支付报酬。因此,企业与投资者之间的财务关系实质上是一种所有权和经营权的关系。

(三)企业与债权人之间的财务关系

企业与债权人之间的财务关系是指企业向债权人借入资金,并按借款合同的规定按时支付利息和归还本金所形成的经济关系。企业在进行生产经营活动的过程中,为了降低资金成本或扩大企业经营规模,除利用自有资本进行经营活动外,还要借入一定数量的资金。企业的债权人主要有本企业发行的公司债券的持有人、贷款机构、商业信用提供者、其他出借资金给企业的单位和个人。企业利用债权人的资金,要按照约定的利息率,及时向债权人支付利息;债务到期时,要合理调度资金,按时向债权人归还本金。因此,企业同其债权人的财务关系在性质上属于债务与债权的关系。

(四)企业与受资者之间的财务关系

企业与受资者之间的财务关系是指企业以购买股票或直接投资的形式向其他单位投资所形成的经济关系。企业向其他单位投资,应按约定履行出资义务,并依据其出资份额参与受资者的经营管理和利润分配。因此,企业与受资者的财务关系是体现所有权性质的投资与受资的关系。

(五)企业与债务人之间的财务关系

企业与债务人之间的财务关系是指企业将其资金以购买债券、提供借款或商业信用等形式出借给其他单位所形成的经济关系。企业将资金借出后,有权要求其债务人按约定的条件支付利息和归还本金。因此,企业与债务人的财务关系体现的是债权与债务的关系。

(六)企业内部各单位之间的财务关系

企业内部各单位在生产经营各环节中相互提供产品或劳务,在实行内部经济核算制的条件下,这些产品和劳务要计价结算。企业与各部门、各单位之间也要发生领款、报销、代收、代付等收支结算关系。因此,企业内部各单位之间的财务关系体现为企业内部各单位之间的利益关系。

(七)企业与职工之间的财务关系

企业职工是企业生产经营活动的主要参与者,为企业提供了体力或脑力劳动,企业要为职工支付劳动报酬,并提供必要的福利和保险等。职工作为人力资本的所有者，其知识和职能是最重要的生产力，要使职工充分发挥潜力，企业必须给予一定的诱导和激励，创造适宜的工作环境和条件。因此，企业与职工之间的财务关系体现为劳动成果的分配关系。

另外，企业与其他相关利益者也存在一定的财务关系，如企业要为客户提供（销售）更多更好的产品，并尽可能降低成本；企业要为社会公众提供就业机会，保护生态环境，确保产品安全以及建立良好的公共关系等。企业只有正确处理和协调好这些财务关系，各相关利益者才会继续参与到企业组织中，企业组织才得以继续生存和发展。

四、财务管理的内容

由于资金营运即资金的投放、使用和收回，又称为短期投资，所以从整体上看，企业的财务活动由筹资、投资、营运、分配四个环节组成。因此，企业财务管理的内容由筹资管理、投资管理、营运资金管理和股利分配管理组成。

（一）筹资管理

所谓的筹资管理就是我们常说的融资管理，商业信用、融资租赁、银行借款、发行债券、发行股票以及吸收直接投资是常见的几种融资手法。采用不同的融资手段所筹得的资金也不尽相同。筹资管理是分析研究企业如何以较少的代价筹集到足够的资金，以满足企业生产经营的需要。由于筹资方式的多样性，不同筹资渠道的资金，其成本、风险和期限各不相同，对企业产生的影响也不相同，所以企业管理者应根据企业的资金需要量和使用期限等来分析不同来源、不同方式取得的资金对企业产生的潜在影响，选择最合理的筹资渠道，决定企业筹资的最佳组合方式。企业筹资的过程中方式经济、筹措及时、来源合理、数量适当、诚信合规是基本，要有足够偿还债务的能力才能够进行债务筹集，并且要重视诚实守信。企业做不到诚实守信必然会对社会公众利益产生损害，市场秩序也会受到严重影响，企业最终必将破产。

（二）投资管理

投资管理是企业生存与发展的基本前提、获取利润的基本前提、风险控制的重要手段。通过投资，企业可以将资金投向生产经营的薄弱环节，使企业的生产经营能力配套、平衡、协调；通过投资，还可以实现多元化经营。企业投资按投资活动与企业本身的生产经营活动的关系（方式性）可以分为直接投资和间接投资，按投资对象的存在形态和性质（对象性）可以分为项目投资和证券投资，按对企业生产经营前景的影响可以分为发展性投资和维持性投资，按投资的方向可以分为对内投资和对外投资，按投资项目之间的相互关系可以分为独立投资和互斥投资。

(三)营运资金管理

企业的营运资金是在企业金融市场中占用在现金、短期投资、应收及预付款项和存货等流动资产上的资金,可以反映出企业短期的财务实力和偿债能力。流动资产的质量越高,营运资金的质量也就高。企业在一定时期内若资金盈利性快,可以利用相同数量的资金,生产出更多的产品,取得更多的报酬。营运资金管理要加快盈利性周转,提高资金利用效果,合理配置资金,妥善安排流动资产与流动负债的比例关系,使企业有足够的偿债能力,防止营运资金的闲置。

(四)股利分配管理

企业实现的净利润,由企业所有者拥有分配的控制权。但是,如果企业向投资者(股东)支付过高的股利,则可能会影响到企业的再投资能力,不利于企业的长远发展;如果支付过低的股利,则可能引起投资者的不满,导致企业的股价下跌。因此,企业在进行净利润分配(股利分配)的过程中,应兼顾股东和企业的利益,既要有利于企业长期稳定发展,又要有利于保障股东利益,增加企业价值。

五、管理会计与财务会计的联系

① 同属于现代会计。管理会计与财务会计源于同一母体,共同构成了现代企业会计系统的有机整体。两者相互依存、相互制约、相互补充。

② 最终目标相同。管理会计与财务会计所处的质量环境相同,共同为实现企业和企业管理目标服务。

③ 相互分享部分信息。管理会计所需的许多资料来源于财务会计系统,其主要工作内容是对财务会计信息进行深加工和再利用,因而受到财务会计工作质量的约束。同时部分管理会计信息有时也列作对外公开发表的范围。

④ 财务会计的改革有助于管理会计的发展。

六、管理会计与财务会计的区别

① 会计主体不同。管理会计主要以企业内部各层次的责任单位为主体,更为突出以人为中心的行为管理,同时兼顾企业主体;而财务会计往往只以整个企业为工作主体。

② 具体工作目标不同。管理会计作为企业会计的内部管理系统,其工作侧重点主要为企业内部管理服务;财务会计工作的侧重点在于为企业外界利害关系集团提供会计信息服务。

③ 基本职能不同。管理会计主要履行预测、决策、规划、控制和考核的职能,属于“经营型会计”;财务会计履行反映、报告企业经营成果和财务状况的职能,属于“报账型会计”。

④ 工作依据不同。管理会计不受财务会计“公认会计原则”的限制和约束。

⑤ 方法及程序不同。管理会计适用的方法灵活多样，工作程序性较差；而财务会计核算时往往只需运用简单的算术方法，遵循固定的会计循环程序。

⑥ 信息特征不同。一是管理会计与财务会计的时间特征不同：管理会计信息跨越过去、现在和未来三个时态，而财务会计信息则大多为过去时态。二是管理会计与财务会计的信息载体不同：管理会计大多以没有统一格式、不固定报告日期和不对外公开的内部报告为其信息载体；财务会计在对外公开提供信息时，其载体是具有固定格式和固定报告日期的财务报表。三是管理会计与财务会计的信息属性不同：管理会计在向企业内部管理部门提供定量信息时，除了价值单位外，还经常使用非价值单位，此外还可以根据部分单位的需要，提供定性的、特定的、有选择的、不强求计算精确的，以及不具有法律效用的信息；财务会计主要向企业外部的利益关系集团提供以货币为计量单位的信息，并使这些信息满足全面性、系统性、连续性、综合性、真实性、准确性、合法性等原则和要求。

⑦ 体系的完善程度不同。管理会计缺乏规范性和统一性，体系尚不健全；财务会计工作具有规范性和统一性，体系相对成熟，形成了通用的会计规范和统一的会计模式。

⑧ 观念取向不同。管理会计注重管理过程及其结果对企业内部各方面人员在心理和行为方面的影响；财务会计往往不大重视管理过程及其结果对企业职工心理和行为的影响。

任务二　财务管理的目标

财务管理是商品经济条件下企业最基本的管理活动，是企业组织财务活动、处理财务关系的一项综合性管理工作。目标是财务管理工作所离不开的，更是人生离不开的，人没有目标就没有努力的方向，不同的人生目标就会产生不同的努力程度。企业财务管理的目标是指财务管理依据的最高准则，是企业财务活动所要达到的根本目的。它是评价企业理财活动是否有效的基本标准，是企业财务管理工作的行为导向，是财务人员工作实践的出发点和归宿。

一、企业财务管理的目标

企业财务管理的目标有以下几种具有代表性的模式：

(一)利润最大化

利润最大化是西方微观经济学的理论基础,西方经济学和企业家以往都以利润最大化作为企业的经营目标和理财目标,他们认为,利润代表了企业新创造的财富,利润越多,则说明企业的财富增加得越多,越接近企业的目标。时至今日,这种观点在理论界与实务界仍有较大影响。经济学家弗里德曼生前最富争议的观点也许就是"企业的唯一目标是赚钱并向股东提供回报"——用利润最大化来定位财务管理目标,简明实用,便于理解,有其合理的一面。但其具有以下致命的缺陷:

1. 利润最大化目标没有考虑利润获取的时间

投资收益现值的大小,不仅取决于其收益将来值总额的大小,还要受取得收益时间的制约。因为越早取得收益,就越能早进行再投资,进而越早获得新的收益,利润最大化目标忽视了这一点。例如,在投资决策中,今年获利 100 万元和明年获利 100 万元的项目,若仅以利润来衡量,忽视现金流入的时间,就难以做出正确的判断。

2. 利润最大化目标没有考虑所获利润与投入资本额之间的关系

利润最大化是一个绝对指标,无法在不同资本规模的企业或同一企业的不同时期之间以利润额大小来比较、评价企业的经济效益。比如,同样获得 200 万元的利润,一个企业投入 2000 万元,另一个企业投入 1500 万元,哪一个更符合企业的目标?如果不与投入的资本额相联系,就难以做出正确的判断。

3. 利润最大化目标没有考虑风险

在市场经济条件下,收益与风险并存,一般情况下,收益与风险成正比。如果盲目追求利润最大化,忽视风险因素,可能导致企业陷入严重危机。

4. 利润最大化目标容易导致企业的短期行为

如果企业只顾实现当前的最大利润,而忽视了企业的长期发展战略,那么可能使企业做出错误决策。

(二)每股盈余最大化

这一目标的优点是把企业实现的利润额同投入的资本或股本进行对比,才能够说明企业的盈利水平,可以在不同资本规模的企业或同一企业的不同时期之间进行比较,揭示其盈利水平的差异,但该指标也仍然存在以下两个缺陷:

① 每股盈余最大化没有考虑货币的时间价值。

② 每股盈余仍没有考虑风险因素,也不能避免企业的短期行为。

(三)企业价值最大化

企业价值最大化是指通过企业财务上的合理经营,采用最满意的财务决策,在考虑货币时间价值、风险价值和企业长期稳定发展的基础上,使企业总价值达到最大。所谓企业价值，就是企业总资产的市场价值，也是企业债务价值与所有者权益价值(股东财富)之和。投资者在评估企业资产的价值时，一般以资产能够给企业带来经济利益的折现值来计量，它反映了企业资产的潜力或预期获利能力。如果企业不存在破产倒闭的可能，企业债务的折现值一般是一个定数，企业价值最大化也就是业主经济利益最大化或股东财富最大化。如果企业面临破产风险，企业的债权人将在实质上控制企业资产，则企业价值最大化就会与企业债务价值最大化密切相关，或者说事实上就是债权人经济利益最大化。对上市公司来说，股东财富是股票价格与股本的乘积，当企业总股本不变时，股东财富最大化就是股票价格最高化。对一般企业来说，业主经济利益最大化就是在考虑货币时间价值和风险因素后，使企业为业主创造的未来现金流量最大化。

以企业价值最大化作为财务管理目标，其基本思想是将企业长期稳定的发展和持续的获利能力放在首位，强调在实现企业价值增长中对有关利益的满足。它满足了投资者对企业的要求，也保证了债权人的利益；它能使企业职工的利益得到最大满足；它还有利于社会资源的合理配置，并有利于促使管理当局克服管理上的短期行为，将自身的个人目标与企业目标协调一致。

当然，以企业价值最大化作为财务管理目标也有一些不足之处。例如：股价会受到多种因素的影响，即期市场上股票的价格并不是完全由企业未来的获利能力所决定的；对非上市公司来说，如何准确计量其价值，在实践中有许多困难；企业的相关利益者并不完全认同企业价值最大化就会满足其利益；等等。但是，现代财务主流理论还是将其作为财务管理的最优目标。

二、财务管理目标的协调

股东和债权人都为企业提供了财务资源，但是他们处在企业之外，只有经营者即管理当局在企业中直接从事管理工作。股东、经营者和债权人之间构成了企业最重要的财务关系。企业是所有者即股东的企业，财务管理的目标也就是股东的目标。股东委托经营者代表他们管理企业，为实现他们的目标而努力，而经营者与股东的目标并不完全一致。债权人把资金借给企业，并不是为了“股东财富最大化”的目标，与股东的目标也不一致。公司必须协调这三个方面的利益冲突，才能实现“股东财富最大化”的目标。企业财务管理目标是股东财富最大化或价值最大化，根据这一目标，财务活动所涉及的不同利益主体如何进行协调是财务管理中必须解决的问题。

(一)股东与经营者的冲突与协调

股东与经营者的冲突与协调见表 1－1 所列。

表 1-1 股东与经营者的冲突与协调

利益主体	目　标	利益冲突	协调办法
股　东	要求经营者以最大的努力去完成企业财富最大化	①增加报酬会牺牲闲暇时间 ②增加闲暇时间可能减少当前或将来的报酬	①监督：股东力争获取更多的信息，对经营者进行全面监督，在经营者背离股东目标时，减少其各种形式的报酬，甚至解雇他们（虽然不可能事事都监督，但可以减少经营者违背股东意愿的行为） ②激励：采用激励政策，使经营者分享企业增加的财富，鼓励他们采取符合股东最大利益的行动，如给经营者以现金、股票期权等 ③监督成本、激励成本和偏离股东目标的损失之间此消彼长，相互制约。股东要权衡轻重，力求找出能使三项之和最小的解决办法，即最佳的解决办法
经营者	①增加报酬：物质和非物质的报酬 ②增加闲暇时间：较少的工作时间、工作时间里较多的空闲和有效工作时间中较小的劳动强度等	①道德风险：经营者不愿意尽最大努力去实现企业财务管理的目标，股东很难追究他们的法律和行政责任 ②逆向选择：经营者为了自己的目标而背离股东的目标，如装修豪华的办公室、购置高档汽车、以工作需要为借口乱花股东的钱等	

（二）经营者与债权人的冲突与协调

经营者与债权人的冲突与协调见表 1-2 所列。

表 1-2 经营者与债权人的冲突与协调

利益主体	目　标	利益冲突	协调办法
经营者	增加享受成本	经营者要求更多地享受成本，所有者希望以较小的享受成本带来较高的企业价值	①解聘：通过所有者约束经营者 ②接收：通过市场约束经营者 ③激励：将经营者的报酬与绩效挂钩
债权人	获取利息并按期收回本息	①投资于比债权人预期风险更高的项目 ②未经同意发行新债、使旧债（老债）价值降低	①限制性借款 ②收回借款或停止借款

（三）企业目标与社会目标的冲突与协调

企业目标和社会目标在许多方面是一致的。企业在追求自己的目标时，自然会使社会受益。例如，企业为了生存，会生产出符合顾客需要的产品，满足了社会的需求；企业为了发展，要扩大规模，自然会增加职工人数，解决了社会的就业问题；企业为了获利，必须提高劳动生产率，改进产品质量，改善服务，从而提高社会生产效率和公众的生活质量。

企业的目标和社会的目标也有不一致的地方。例如，企业为了获利，可能生产伪劣产品，可能不顾工人的健康和利益，可能造成环境污染，可能损害其他企业的利益等。

股东只是社会的一部分人，他们在谋求自己利益的时候，不应当损害他人的利益。为此，国家颁布了一系列保护公众利益的法律，如《中华人民共和国公司法》《中华人民共和国反不正当竞争法》《中华人民共和国环境保护法》《中华人民共和国合同法》《中华人民共和国消费者权益保护法》和《中华人民共和国产品质量法》等，通过这些法律调节股东和社会公众的利益。

一般来说，企业只要依法经营，在谋求自己利益的同时就会使公众受益。但是，法律不可能解决所有的问题，况且我国的法律制度目前尚不健全，企业有可能在合法的情况下从事不利于社会的事情。因此，企业还要受到商业道德的约束，接受政府有关部门的行政监督及社会公众的舆论监督。

任务三　财务管理的环节

财务管理的环节，是指财务管理的工作步骤与一般程序。一般来说，企业财务管理包括以下几个环节：

一、财务预测

财务预测是根据财务活动的历史资料，考虑现实的要求和条件，对企业未来的财务活动和财务成果做出科学的预计和测算。本环节的主要任务在于：测算各项生产经营方案的经济效益，为决策提供可靠的依据；预计财务收支的发展变化情况，以确定经营目标；测定各项定额和标准，为编制计划、分解计划指标服务。财务预测环节的工作主要包括以下四个步骤：①明确预测目标；②搜集相关资料；③建立预测模型；④确定财务预测结果。

二、财务决策

财务决策是指财务人员按照财务目标的总体要求，利用专门方法对各种备选方案进行比较分析，并从中选出最佳方案的过程。在市场经济条件下，财务管理的核心是财务决策，财务预测是为财务决策服务的，决策成功与否直接关系到企业的兴衰成败。财务决策环节的工作主要包括以下三个步骤:①确定决策目标;②提出备选方案;③选择最优方案。

三、财务预算

财务预算是指运用科学的技术手段和数量方法,对未来财务活动的内容及指标进行的具体规划。财务预算是以财务决策确立的方案和财务预测提供的信息为基础编制的,是财务预测和财务决策的具体化,是控制财务活动的依据。财务预算的编制一般包括以下三个步骤:①分析财务环境,确定预算指标;②协调财务能力,组织综合平衡;③选择预算方法,编制财务预算。

四、财务控制

财务控制是指在财务管理的过程中,利用相关信息和特定手段,对企业财务活动所施加的影响或进行的调节。实行财务控制是落实预算任务、保证预算实现的有效措施。财务控制一般要经过以下三个步骤:①制定控制标准,分解落实责任;②实施追踪控制,及时调整差异;③选择预算方法,编制财务预算。

五、财务分析

财务分析是指根据核算资料,运用特定方法,对企业财务活动过程及其结果进行分析和评价的一项工作。通过财务分析,企业可以掌握各项财务计划的完成情况,评价财务状况,研究和掌握企业财务活动的规律性,改善财务预测、决策、预算和控制,改善企业的管理水平,提高企业的经济效益。财务分析包括以下四个步骤:①占有资料,掌握信息;②指标对比,揭露矛盾;③分析原因,明确责任;④提出措施,改进工作。

任务四　财务管理的环境

财务管理的环境又称为理财环境,是指对企业财务活动和财务管理产生影响和作用的企业内外部条件或因素。它处在财务管理系统之外,但与财务管理系统有着直接或间接的联系,是非财务事件制约企业实现财务管理目标的客观条件。

企业财务管理的环境按其存在的空间,可分为内部财务环境和外部财务环境。内部财务环境主要包括企业资本实力、生产技术条件、经营管理水平和决策者的素质等方面。外部财务环境主要包括政治环境、法律环境、经济环境、金融环境、社会文化环境、科技教育环境等,其中,影响最大的是政治环境、法律环境、经济环境、金融环境。

一、政治环境

政治环境是指影响企业财务活动的政治因素。一个国家的政治环境会对企业的财务管理决策产生至关重要的影响，稳定的政治环境有利于企业中期、长期财务规划和资金安排。政治环境主要包括社会安定程度、政府制定的各种经济政策的稳定性及政府机构的管理水平、办事效率等。从根本上讲，由于社会主义国家政治是有利于广大劳动人民的政治，因而企业财务管理需处理的主要是长远利益与短期利益、整体利益与局部利益的关系。政治思想和政治活动一般不对企业财务管理产生直接影响，而是通过潜移默化地影响人们的行为或最终引起国家政权的变革，才对企业财务管理产生实质性的影响。

二、法律环境

法律环境是指影响企业财务活动的法律因素。企业的财务管理活动，无论是筹资、投资，还是股利分配，都应遵守有关的法律、法规和规章。在我国，随着改革的深化和社会的发展，法律规范越来越健全，企业财务管理受法律规范的约束也表现得越来越显著。一方面，法律提出了企业从事一切经济及业务必须遵守的规范，从而对企业的经济行为进行约束。目前，直接制约我国财务管理的法律规范主要包括《中华人民共和国企业法》《中华人民共和国公司法》《中华人民共和国证券法》《中华人民共和国税法》《企业会计准则》《企业财务通则》等。另一方面，法律也为企业合法从事各项经济活动提供了保护，不同组织形式的企业所适用的法律是不同的。例如设立企业必须符合企业组织法律规范，这些法规包括《中华人民共和国公司法》《中华人民共和国全民所有制工业企业法》《中华人民共和国个人独资企业法》《中华人民共和国中外合资经营企业法》《中华人民共和国中外合作经营企业法》《中华人民共和国外资企业法》《中华人民共和国合伙企业法》等。这些法规对各种不同类型企业的设立、组织机构、企业行为等方面分别做出了规定，它们既是企业的组织法，又是企业的行为法，企业的主要财务活动都必须依法进行。

三、经济环境

经济环境是指影响企业进行财务活动的社会宏观经济因素，包括经济管理体制、经济发展水平和发展战略、宏观经济的运行状况和宏观经济政策等基本因素，还有通货膨胀、产业及行业特征等诸多具体经济因素。

（一）经济管理体制

经济管理体制是指制定并执行经济决策的各种机制的总和，它主要包括集权与分权的程度、市场与计划如何协同作用、确立经济目标及诱导人们实现目标的激励机制。

① 集权与分权会影响企业财务管理的作用范围。在完全集权化的经济体制下，决策权集中于单一的中央指挥机构，并由该机构向组织内的低层次单位发布指令。而在完全分权的经济体制下，决策权则掌握在低层次单位手中。尽管现实中很少真正存在完全的集权制和完全的分权制，但偏于分权的经济体制则使决策权更多地回归“企业”。

② 计划与市场协调作用的方式和变化也影响企业财务管理。企业财务管理的过程也就是优化资源配置的过程，只有在以市场为导向的经济体制下，资源配置才是根据市场信息而不是根据计划指令进行的，企业财务管理才有更多的机会和更大的必要发挥其主观能动作用。

③ 激励的方式、手段和力度，会直接影响企业财务管理过程中的利益分配，并进而影响企业职工包括财务人员的积极性，从而给企业财务管理带来影响。

（二）经济发展水平和发展战略

经济发展对企业财务管理的影响一般表现在一个国家的经济发展水平和经济发展战略。发展中国家的特征是：基础较薄弱、发展速度较快、经济波动较大、经济政策变更频繁。这就决定了发展中国家的企业财务管理表现出内容和方法手段的快速更新、企业财务管理受政策影响显著且不太稳定等共同特征。而发达国家企业经济生活中许多新的内容、更为复杂的经济关系，以及更为完善的生产方式，决定了企业财务管理内容的丰富多彩性和财务管理方法及手段的科学严密性。在重视经济发展速度的发展战略下，经济发展速度很快，企业要想维持现有的市场地位，就必须努力保持企业较快的增长速度，要求企业抓住经济增长带来的机遇实施投资扩张战略，使企业高速成长。相应地，在重视经济发展质量的发展战略下，经济发展速度会放缓，企业必须更加重视环境保护、生态平衡等生活质量指标，企业成长的机会减少，投资扩张就应更慎重。

（三）宏观经济的运行状况

宏观经济的运行状况，往往可以通过经济周期和通货膨胀变动等方面表现出来。经济周期通常要经历衰退、萧条、复苏和繁荣四个阶段，不同阶段给企业带来的机遇或挑战也不同。

复苏时期，企业的产品销售开始增加，企业应该增加厂房设备，增加存货，引入新产品，增加劳动力。

繁荣时期，企业的产品销售大量增加，企业应该扩充厂房设备，继续增加存货和劳动力，并提高产品价格和开展营销规划。

衰退时期，企业的产品销售开始减少，企业应该停止扩张，并出售多余设备，削减存货，停止增加劳动力，甚至停产部分产品。

萧条时期，企业的产品销售困难，企业应该缩小生产经营规模，缩减管理费用，甚至裁减雇员，但应该尽量保持市场份额。通货膨胀高涨时期，由于物价上涨和利率上升，企业应该重视赚“物”而不是赚“钱”，以避免利润虚增；相反，物价下跌时，企业应该重视赚“钱”而不是赚“物”，以避免企业资产减值。

(四)宏观经济政策

宏观经济政策包括国家的财政政策和货币政策等。财政政策是指一定时期有关政府收支方面的政策。扩张性的财政政策会刺激经济增长，企业的投资机会随之增多，筹资需求增加，理财活动趋于活跃；反之，紧缩性的财政政策会使过热的经济受到控制，企业的投资活动和筹资活动会减少。货币政策是指中央银行所制定的关于货币供应和货币流通组织方面的有关政策。一般来说，较紧的货币政策会通过减少货币供应量等措施来减少社会总需求，从而使企业的筹资变得困难，筹资成本增加；较松的货币政策会通过增加货币供应量等措施来增加社会总需求，从而使企业的筹资变得容易，筹资成本相应下降。

四、金融环境

金融环境是指影响企业进行财务活动的金融因素，内容包括金融市场、金融机构、金融工具和利率等。可以说，金融环境是影响财务管理的诸多因素中最为直接和最为特殊的一个。

(一)金融市场

金融市场的基本构成要素有交易对象、交易主体、交易工具和交易价格。金融市场的交易对象是货币资金，它的交易大多数情况下只是发生货币使用权的转移。金融市场的交易主体一般有资金供给者、资金需求者和金融机构，资金需求者(包括金融机构)提供金融工具，资金供给者(包括金融机构)提供资金，由金融机构提供服务，在交易场所进行资金交易。这种交易大大减少了金融工具持有者的风险。金融市场的一般划分有以下几种：

按照交易工具的期限分为货币市场和资本市场；

按照交易标的物分为票据市场、证券市场、衍生工具市场、外汇市场、黄金市场等；

按交割期限分为现货市场和期货市场；

按交易性质分为发行市场和流通市场；

按地理范围分为国内金融市场和国际金融市场。

(二)金融机构

金融机构在金融市场上既创造金融工具，又推进资金的流转。资金供给者和资金需求者之间进行直接交易(直接融资)时,金融机构往往只起中介作用,不承担交易风险;但在间接融资时,金融机构不但要提供服务,而且要承担交易风险。金融机构主要由银行类金融机构和非银行类金融机构组成(也有综合类金融机构)。银行类金融机构包括中央银行、政策性银行和商业银行等;非银行类金融机构包括保险公司、证券公司、信托公司、财务公司和租赁公司等。在我国,中央银行是中国人民银行,它是金融管理体系的核心。政策性银行包括国家开发银行、中国农业发展银行和中国进出口银行,是以贯彻国家产业政策为目的、办理政策性贷款的金融机构。商业银行按产权关系和组织形式分为国有商业银行、股份制商业银行和合作制商业银行。国有商业银行有中国工商银行、中国农业银行、中国建设银行和中国银行;股份制商业银行有交通银行、中信实业银行、华夏银行、中国光大银行、招商银行、中国民生银行、深圳发展银行、兴业银行、上海浦东发展银行等;合作制商业银行有城市合作银行、农村信用社等。商业银行以营利为目的,以经营存贷款业务和办理结算业务为主,是我国金融机构中的主体。非银行类金融机构在从事其主要业务的同时,也可以通过多种不同的形式为企业的筹资和投资等财务活动提供必要的服务。

(三)金融工具

金融工具是证明债权关系或所有者关系的合法凭证,主要包括商业汇票、商业本票、银行汇票、银行本票、银行支票、信用证、债券、股票等。股票是金融工具中的所有权凭证,股票投资者拥有被投资公司的所有权,享有股东的权利和义务。其他金融工具是债权凭证,也称为信用工具,表明的是债权人的权利和债务人的义务。金融工具的基本特征有期限性、流动性、风险性和收益性等。

(四)利率

利率亦称为利息率,是资金使用权的价格。一般来说,金融市场上资金的购买价格,可用以下公式表示:利率=纯利率+通货膨胀附加率+风险附加率。

1. 纯利率

纯利率是指无通货膨胀、无风险情况下的平均利率。例如,在没有通货膨胀时,国库券的利率可以视为纯利率。纯利率的高低,受平均利润率、资金供求关系和国家调节的影响。利息是利润的一部分,所以利息率依存于利润率,并受平均利润率的制约。一般来说:

① 利息率随平均利润率的提高而提高。利息率的最高限不能超过平均利润率,否则企业无利可图,不会借入款项;利息率的最低界限应大于零,不能等于或小于零,否则提供资金的人不会拿出资金。至于利息率占平均利润率的比重,则决定于金融业和工商业之间的博弈结果。

② 在平均利润率不变的情况下,金融市场上的供求关系决定市场利率水平。

在经济高涨时，资金需求量上升，若供应量不变，则利率上升；在经济衰退时正好相反。

③ 政府为防止经济过热，通过中央银行减少货币供应量，则资金供应减少，利率上升；政府为刺激经济发展，增加货币发行，则情况相反。

2. 通货膨胀附加率

通货膨胀使货币贬值，投资者的真实报酬下降。因此，投资者在把资金交给借款人时，会在纯利息率的水平上加上通货膨胀附加率，以弥补通货膨胀造成的购买力损失。因此，每次发行国库券的利息率随预期的通货膨胀率变化，它近似等于纯利息率加预期通货膨胀率。

3. 风险附加率

投资者除了关心通货膨胀以外，还关心资金使用者能否保证他们收回本金并取得一定的收益。这种风险越大，投资人要求的收益率越高。实证研究表明，公司长期债券的风险大于国库券，要求的收益率也高于国库券；普通股票的风险大于公司债券，要求的收益率也高于公司债券；小公司普通股票的风险大于大公司普通股票，要求的收益率也大于大公司普通股票。风险越大，要求的收益率也越高，风险和收益之间存在对应关系。风险附加率是投资者要求的除纯利率和通货膨胀之外的风险补偿。

五、企业组织及内部环境

企业组织及内部环境是指企业财务管理工作本身所处的企业内部运行环境，是由企业的组织形式、治理结构、企业实力、生产技术条件等引发产生的环境。

从历史发展的横断面来看，任何国家的企业并非完全一致地采取同样的组织形式和管理体制。目前，我国企业的组织形式主要包括国有企业、集体企业、私营企业、外资企业和股份制企业等。它们按投资主体可分为三种：独资企业、合伙企业与公司制企业。独资企业由一个自然人投资，并由投资者个人所有、个人经营和控制，投资人对企业的债务承担无限责任。合伙企业由两个或两个以上的人共同出资、共同经营、共同所有和控制，各出资人对企业的债务承担无限连带责任。公司制企业由两个以上的人出资，依据法定的条件和程序设立，具有独立法人资格。公司制企业又分为有限责任公司和股份有限公司。具有不同组织形式的企业面临不同的法律环境和政策环境，在资金来源渠道、税收、投资、利润分配等方面享受着不完全相同的待遇，这都是财务管理过程中必须认真考虑的因素。

企业的治理结构，即企业控制权和剩余索取权分配的一整套法律、文化和制度安排，决定着企业的目标、谁在什么状态下实施控制、如何控制、风险和收益如何在不同的企业利益相关者之间分配等一系列问题。例如在公司制企业内，由股东大会、董事会、监事会和高层管理人员组成公司治理结构的执行机构，它们分别拥有哪些权利，决定了股东及股东大会与董事会之间、董事会与高层管理人员之间以及与监事会之间存在的委托代理关系，并形成一个委托代理链条。这些委托代理关系处理得好坏、公司治理机制的规范与否，对公司财务管理的影响非常重大。

企业实力体现在企业占有的经济资源和企业的核心竞争力上，而经济资源又可分为人力资源和非人力资源。企业的人力资源状况，决定了企业财务管理人员及其他相关人员的实际工作能力。企业的非人力资源，如厂房、设备、材料等在一定程度上反映了企业的规模、生产经营的复杂程度以及财务管理的难易程度。企业的核心竞争力，即企业组织独特的累积性知识，特别是关于如何协调不同生产技能和各种技术手段的知识，是企业的智力、技术、产品、管理、文化的综合优势在市场上的反映，决定了企业财务管理所能达到的水平和结果。

企业的生产技术条件表现在企业的生产特征和生产技术水平，它们的改善需要得到财务支持，反过来也制约着企业的财务管理。生产的劳动密集型、技术密集型或资本密集型，在很大程度上决定了企业所需投入资本的数量以及企业的财务绩效特征。生产技术水平则会影响企业新产品的开发、产品质量及产品成本，进而对财务绩效产生重要影响。

任务五　财务管理的体制

企业财务管理的体制是明确企业各财务层级财务权限、责任和利益的制度，其核心问题是如何配置财务管理权限，企业财务管理的体制决定着企业财务管理的运行机制和实施模式。

一、企业财务管理体制的一般模式

概括地说，企业财务管理体制的一般模式可分为以下三类：

（一）集权型财务管理体制

集权型财务管理体制是指企业对各所属单位的所有财务管理决策都进行集中统一，各所属单位没有财务决策权，企业总部财务部门不但参与决策，在特定情况下还直接参与各所属单位的执行过程。在集权型财务管理体制下，企业内部的主要管理权限集中于企业总部，各所属单位执行企业总部的各项指令。

它的优点是：企业内部的各项决策均由企业总部制定和部署，企业内部可充分展现其一体化管理的优势，利用企业的人才、智力、信息资源，努力降低资金成本和风险损失，使决策的统一化、制度化得到有力的保障。采用集权型财务管理体制，有利于在整个企业内部优化配置资源，有利于实行内部调拨价格，有利于内部采取避税措施及防范汇率风险等。

它的缺点是：集权过度会使各所属单位缺乏主动性、积极性，丧失活力，也可能因为决策程序相对复杂而失去适应市场的弹性，丧失市场机会。

(二)分权型财务管理体制

分权型财务管理体制是指企业将财务决策权与管理权下放到各所属单位，各所属单位只需对一些决策结果报请企业总部备案即可。在分权型财务管理体制下，企业内部的管理权限分散于各所属单位，各所属单位在人、财、物、供、产、销等方面有决定权。

它的优点是：由于所属单位负责人有权对影响经营成果的因素进行控制，加之身在基层、了解情况，有利于针对本单位存在的问题及时做出有效决策，因地制宜地搞好各项业务，也有利于分散经营风险，促进所属单位管理人员及财务人员的成长。

它的缺点是：各所属单位大都从本位利益出发安排财务活动，缺乏全局观念和整体意识，从而可能导致资金管理分散、资金成本增大、费用失控、利润分配无序。

(三)集权与分权相结合型财务管理体制

集权与分权相结合型财务管理体制意在以企业发展战略和经营目标为核心，在企业内重大问题的决策与处理上实行高度集权，各所属单位则对日常经营活动具有较大的自主权。其主要特点是：①在制度上，应制定统一的内部管理制度，明确财务权限及收益分配方法，各所属单位应遵照执行，并根据自身的特点加以补充。②在管理上，利用企业的各项优势，对部分权限集中管理。③在经营上，充分调动各所属单位的生产经营积极性。各所属单位围绕企业发展战略和经营目标，在遵守企业统一制度的前提下，可自主制定生产经营的各项决策。为避免配合失误，明确责任，凡需要由企业总部决定的事项，在规定时间内，企业总部应明确答复，否则，各所属单位有权自行处置。

正因为具有以上特点，集权与分权相结合型财务管理体制吸收了集权型和分权型财务管理体制各自的优点，避免了二者各自的缺点，从而具有很多优越性。

二、企业财务管理体制的设计原则

一个企业如何选择适应自身需要的财务管理体制、如何在不同的发展阶段更新财务管理模式，在企业管理中占据重要地位。从企业的角度出发，其财务管理体制的设定或变更应当遵循以下四项原则：

(一)与现代企业制度的要求相适应的原则

现代企业制度是一种产权制度，它以产权为依托，对各种经济主体在产权关系中的权利、责任、义务进行合理有效的组织、调节与制度安排，具有“产权清晰、责任明确、政企分开、管理科学”的特征。

企业内部相互间关系的处理应以产权制度安排为基本依据。企业作为各所属单位的股东，根据产权关系享有作为终极股东的基本权利，特别是享有对所属单位资产的收益权、管理者的选择权、重大事项的决策权等，但是，企业各所属单位往往不是企业的分支机构或分公司，其经营权是其行使民事责任的基本保障，它以自己的经营与资产对其盈亏负责。

企业与各所属单位之间的产权关系确认了两个不同主体的存在，这是现代企业制度特别是现代企业产权制度的根本要求。在西方，在处理母子公司关系时，法律明确要求保护子公司权益，其制度安排大致如下：

① 确定与规定董事的诚信义务与法律责任，实现对子公司的保护；

② 保护子公司不受母公司不利指示的损害，从而保护子公司权益；

③ 规定子公司有权向母公司起诉，从而保护自身利益与权利。

按照现代企业制度的要求，企业财务管理体制必须以产权管理为核心、以财务管理为主线、以财务制度为依据，体现现代企业制度特别是现代企业产权制度管理的思想。

（二）明确企业对各所属单位管理中的决策权、执行权与监督权三权分立原则

现代企业要做到管理科学，必须首先要求在决策与管理程序上做到科学、民主，因此，决策权、执行权与监督权三权分立制度必不可少。这一管理原则的作用就在于增强决策的科学性与民主性，强化决策执行的刚性和可考核性，强化监督的独立性和公正性，从而形成良性循环。

（三）明确财务综合管理和分层管理思想的原则

现代企业制度要求管理是一种综合管理、战略管理，因此，企业财务管理不是也不可能是企业总部财务部门单一职能部门的财务管理，当然也不是各所属单位财务部门的财务管理，它是一种战略管理。这种管理要求：

① 从企业整体角度对企业的财务战略进行定位；

② 对企业的财务管理行为进行统一规范，做到高层的决策结果能被低层战略经营单位完全执行；

③ 以制度管理代替个人的行为管理，从而保证企业管理的连续性；

④ 以现代企业财务分层管理思想指导具体的管理实践。

（四）与企业组织体制相适应的原则

企业组织体制主要有U型组织、H型组织和M型组织三种基本形式。U型组织产生于现代企业的早期阶段，是现代企业最为基本的一种组织结构形式。U型组织以智能化管理为核心，最典型的特征是在管理分工下实行集权控制，没有中间管理层，依靠总部的采购、营销、财务等职能部门直接控制各业务单元，子公司的自主权较小。H 型组织即控股公司体制。集团总部下设若干子公司，每家子公司拥有独立的法人地位和比较完整的职能部门。集团总部即控股公司，利用股权关系以出资者身份行使对子公司的管理权。它的典型性是过度分权，各子公司保持了较大的独立性，总部缺乏有效的监控约束力度。M 型组织即事业部制，就是按照企业所经营的事业，包括按产品、按地区、按顾客（市场）等来划分部门，设立若干事业部。事业部是总部设置的中间管理组织，不是独立法人，不能够独立对外从事生产经营活动。因此，从这个意义上说，M 型组织比 H 型组织集权程度更高。

但是，随着企业管理实践的深入，H 型组织的财务管理体制也在不断演化。总部作为子公司的出资人对子公司的重大事项拥有最后的决定权，因此，也就拥有了对子公司"集权"的法律基础。现代意义上的 H 型组织既可以分权管理，也可以集权管理。

同时，M 型组织下的事业部在企业统一领导下，可以拥有一定的经营自主权，实行独立经营、独立核算，甚至可以在总部授权下进行兼并、收购和增加新的生产线等重大事项决策。

三、集权与分权相结合型财务管理体制的一般内容

总结中国企业的实践，集权与分权相结合型财务管理体制的核心内容是企业总部应做到制度统一、资金集中、信息集成和人员委派。具体应集中制度制定权、筹资融资权、投资权、用资权、担保权、固定资产购置权、财务机构设置权、收益分配权；分散经营自主权、人员管理权、业务定价权、费用开支审批权。

（一）集中制度制定权

企业总部根据国家法律、法规和《企业会计准则》《企业财务通则》的要求，结合企业自身的实际情况和发展战略、管理需要，制定统一的财务管理制度，在全企业范围内统一施行。各所属单位只有制度执行权，而无制度制定和解释权，但各所属单位可以根据自身需要制定实施细则和补充规定。

（二）集中筹资融资权

资金筹集是企业资金运动的起点，为了使企业内部筹资风险最小，筹资成本最低，应由企业总部统一筹集资金，各所属单位有偿使用。如需银行贷款，可由企业总部办理贷款总额，各所属单位分别办理贷款手续，按规定自行付息；如需发行短期商业票据，企业总部应充分考虑企业资金情况，并注意到期资金存量是否充足，不要因为票据到期不能兑现而影响企业信誉；如需筹集外资，应统一由企业总部根据国家现行政策办理相关手续，并严格审查贷款合同条款，注意汇率及利率变动因素，防止出现损失。企业总部对各所属单位进行追踪，审查现金使用状况，具体做

法是，各所属单位按规定时间向企业总部上报“现金流量表”，动态地描述各所属单位现金增减状况和分析各所属单位资金存量是否合理。若有部分所属单位资金存量过多，运用不畅，而其他所属单位又急需资金时，企业总部可调动资金，并且急需资金的其他所属单位应支付利息。企业内部应严禁各所属单位之间放贷，如需临时拆借资金，在规定金额之上的，应报企业总部批准。

（三）集中投资权

企业对外投资必须遵守的原则：效益性、分散风险性、安全性、整体性及合理性。无论企业总部还是各所属单位的对外投资，都必须经过立项、可行性研究、论证、决策的过程，其间除专业人员外，必须有若干财务人员参加。财务人员应会同有关专业人员，通过仔细调查了解，开展可行性分析，预测今后若干年内市场变化趋势以及可能发生风险的概率、投资该项目的建设期、投资回收期、投资回报率等，写出财务报告，报送领导参考。为了保证投资效益实现，分散及减少投资风险，企业对投资可实行限额管理，超过限额的投资，其决策权属企业总部。被投资项目一经批准确立，财务部门应协助有关部门对项目进行跟踪管理，对出现的与可行性报告有关的偏差，应及时报有关部门予以纠正。对投资效益不能达到预期目的的项目，应及时清理解决，并应追究有关人员的责任。同时应完善投资管理，企业可根据自身特点建立一套具有可操作性的财务考核指标体系，规避财务风险。

（四）集中用资权、担保权

企业总部应加强资金使用安全性的管理，对大额资金拨付要严格监督，建立审批手续，并严格执行。这是因为各所属单位财务状况的好坏关系到企业所投资本的保值和增值问题，同时各所属单位因资金受阻导致获利能力下降，会降低企业的投资回报率。因此，各所属单位用于经营项目的资金，要按照经营规划范围使用，用于资本项目上的资金支付，应履行企业规定的报批手续。

担保不慎，会引起信用风险。企业对外担保权应归企业总部管理，未经批准，各所属单位不得为外企业进行担保，企业内部各所属单位相互担保，应经企业总部同意。同时企业总部为各所属单位提供担保应制定相应的审批程序，可由各所属单位与银行签订贷款协议，企业总部为各所属单位做贷款担保，同时要求各所属单位向企业总部提供“反担保”，保证资金的使用合理及按时归还，使贷款得到控制。同时，企业对逾期未收货款，应作硬性规定。对过去的逾期未收货款，指定专人，统一步调，积极清理，谁经手，谁批准，就由谁去收回货款。

（五）集中固定资产购置权

各所属单位需要购置固定资产，必须说明理由，提出申请，报总部审批，经批准后方可购置。各所属单位资金不得自行用于资本性支出。

（六）集中财务机构设置权

所属单位财务机构设置必须报企业总部批准，财务人员由企业总部统一招聘，财务负责人或财务主管人员由企业总部统一委派。

(七)集中收益分配权

企业内部应统一分配制度,各所属单位应客观、真实、及时地反映其财务状况及经营成果。各所属单位收益的分配,属于法律、法规明确规定的,按规定分配,剩余部分由企业总部本着长远利益与现实利益相结合的原则,确定分留比例。各所属单位留存的收益原则上可自行分配,但应报企业总部备案。

(八)分散经营自主权

各所属单位负责人主持本企业的生产经营管理工作,组织实施年度经营计划,决定生产和销售,研究和考虑市场周围的环境,了解和注意同行业的经营情况和战略措施,按所规定时间向企业总部汇报生产管理工作情况。对突发的重大事件,要及时向企业总部汇报。

(九)分散人员管理权

各所属单位负责人有权任免下属管理人员,有权决定员工的聘用与辞退,企业总部原则上不应干预,但其财务主管人员的任免应报经企业总部批准或由企业总部统一委派。一般财务人员必须获得"上岗证",才能从事财会工作。

(十)分散业务定价权

各所属单位所经营的业务均不相同,因此,业务的定价应由各所属单位经营部门自行拟定,但必须遵守加速资金流转、保证经营质量、提高经济效益的原则。

(十一)分散费用开支审批权

各所属单位在经营中必然发生各种费用,企业总部没必要进行集中管理,各所属单位在遵守财务制度的原则下,由其负责人批准各种合理的用于企业经营管理的费用开支。

任务六 财务管理机构的设置

一、财务管理的职能

财务管理的责任是把资金分配到流动资产和固定资产中,获得最佳的融资组合,在公司目标下制定恰当的股利政策。这些职能的履行以日常工作为基础,偶尔也通过利用资本市场获得新资金来实现。财务管理日常活动包括信用管理、存货控制、资金的收取与支付,还涉及股票和债券销售,以及制订资本预算和股利计划,如图 1-1 所示,这些职能都在营利性和风险的取舍中履行。

适当的风险与回报权衡是以为股东实现最大公司市场价值为准。风险与回报

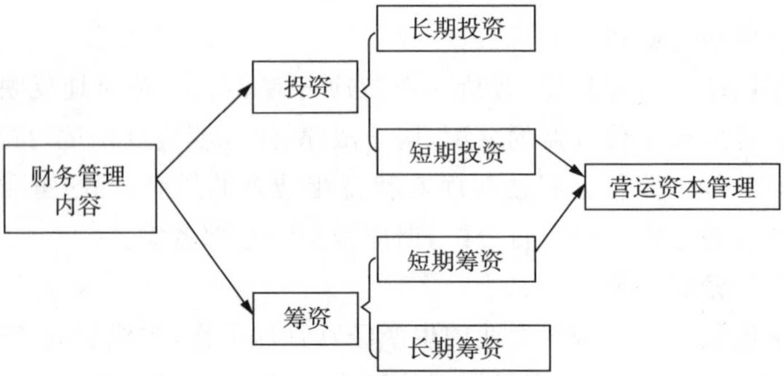

图 1-1 财务管理的职能

决策不仅影响公司经营(资本与劳动力的选择,或者产品 A 与产品 B 的选择),也会影响融资组合(股票、债券与留存收益的选择)。

二、组织形式

不同形式的组织都可以履行财务职能,主要的组织形式包括个体业主企业、合伙企业和公司。

(一)个体业主企业

个体业主企业(Sole Proprietorship)是指个人拥有企业的组织形式,具有决策简单、组织成本和运营成本低的优点。拥有 1～10 名雇员的小企业大多数是个体业主企业。个体业主企业的主要缺点是所有者对企业负有无限责任。清偿公司债务时,所有者不仅会失去已经投资的资本,还会失去个人资产。这的确会带来严重后果,如果没有个人税务担保,贷款者很少愿意把资金提供给小企业。

个体业主企业按企业主个人的损益纳税。假如某个体业主企业赚了 50000 元,企业主应该以此收益计算税收返还(在公司制组织形式中,公司要以利润缴税,然后公司所有者再以个人分配利润纳税)。美国 3000 万家企业中,大约 72%是个体业主企业,它们大约创造了美国经济总收入的 10.0%和总利润的 4.2%。

(二)合伙企业

合伙企业(Partnership)是第二种组织形式,它除了有两名或两名以上的所有者,其余特征与个体业主企业类似。多个所有者使企业可能筹集到更多资金,并分担权益职责。大多数合伙企业通过合伙人协议而成立,该协议称为合伙制章程(Articles of Partnership),其中明确了所有者权利、利润分配方法,合伙企业撤资方式等。出于税收目的,合伙企业损益直接分配到合伙的个人,不像公司那样双重纳税。

与个体业主企业一样,合伙企业的所有者对公司债务负无限责任。合伙企业的优点是所有者共同承担可能发生的损失,以个人财产承担不均等的经营损失。如果一个合伙企业由3个人组建,每人出资10000元,假设企业经营亏损100000元,如果其他两名合伙人没有足够的个人资产,富裕的那名合伙人要负担不应由他负担的那部分亏损。

为了避免无限责任,出现了一种特殊形式的合伙企业——有限责任合伙企业(Limited Liability Partnership),在这种形式下,一名或多名合伙人称作一般合伙人,对企业债务负无限责任;其他合伙人称作有限责任合伙人,只对各自的初始投资额负有限责任。有限责任合伙人正常参与企业的管理活动。大多数有限责任合伙人是医生、律师和注册会计师,由一名本行业专家担任一般合伙人。

(三)公司

从创造收入和利润的角度看,迄今为止公司仍是最重要的一种经济单位。美国的企业只有20%是公司形式,它们贡献了83%的销售收入和超过70%的利润。公司是一个独立的法律实体,即法人。公司可以提起诉讼或被起诉,可以签订合同,可以取得财产权。公司通过公司章程组建,公司章程明确规定公司的权利和义务。

公司由股东所拥有,股东享有有限责任,也就是说,股东的责任风险一般不会大于他们的初始投资。公司还具有连续生命的特征,不依赖于任何一个股东维持其合法存在。

公司的一个主要特征是通过发行股票简单地分散所有者权益。大多数企业的合伙人几乎不会超过10000名或20000名,而公司的股东可以超过数十万人。比如通用电气公司发行在外的普通股有106亿股,其中50.2%由机构投资者(养老基金、共同基金等)持有。

股东的权益最终由公司董事会管理。董事既包括公司的主要管理人员,也包括公司的独立董事。独立董事作为股东的受托人工作,也对管理失当负责。独立董事的作用日益重要,公司必须遵守国家颁布的更加严格的公司治理法规。

因为公司是独立法人,因此对自己的收益要申报并缴纳税收。如前所述,以股利的形式向股东支付的留存收益,要求股东二次纳税。公司组织形式的关键缺点之一,就是这种潜在的收益双重税收。

虽然个体业主企业、传统合伙企业以及各种形式的有限合伙企业都是重要的,但是本书主要讨论公司形式的企业。因为公司形式的企业已经全面深入经济社会,也因为大多数成长中的企业最终会成为公司制企业,本书所论述的大多数决策往往是从公司制角度考虑的。

三、财务管理机构

财务管理机构是指在企业中组织、领导、管理和控制财务活动的机构,是财务管理的主体。目前,较小的企业往往不单独设置财务管理机构,但在一些大型企业中,财务管理非常重要,独立的财务管理机构能够帮助企业完成资金筹集、投资决策等方面的工作。

(一)不独立的财务管理机构

不独立的财务管理机构是指企业设有一个财务与会计机构,这个机构集财务管理职能和会计职能于一身,但往往以会计职能为主、以财务管理职能为辅。这种形式的机构如图 1-2 所示:

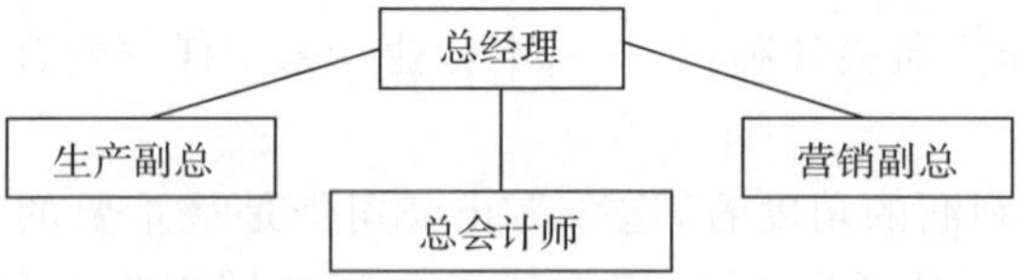

图 1-2 不独立的财务管理机构

在这种组织形式下,企业一般在厂长或总经理的领导下,由总会计师或财务副总经理分管财务或会计部门。会计核算人员直接负担财务管理工作,财务管理的过程直接融入会计核算过程,这样,企业就能够掌握和控制企业的财务活动。这种设置的优点是能够充分利用会计信息,及时根据会计信息实施可行的财务管理措施,减少财务人员与会计人员之间的摩擦,提高管理效率。不利之处是企业容易忽视财务管理工作,将财务管理简化为费用开支标准的管理。

(二)半独立的财务管理机构

半独立的财务管理机构是指企业将财务管理部门从单一的财会机构中分离出来,财务管理工作不再由会计机构负责,而是独立设置一个专业的部门来负责。企业的财务部门与会计部门同等重要,均由 CFO(Chief Financial Officer,首席财务官)或总会计师、财务总监、财务副总经理分管。财务管理机构由财务经理或财务长、财务主管领导,会计机构由会计经理或会计长、会计主管领导。

由于企业所处的行业特点以及企业本身对财务管理的需求各不相同,因此,企业在决定财务管理机构的工作职能和人员的设置时也会有所不同,但总的来说,一般企业财务管理部门的职能及财务活动有四个方面:筹资活动、投资活动、营运资金管理活动以及股利分配活动。

应该指出,企业在设置财务管理机构和决定财务管理机构的职能、人员设置时,由于涉及企业的财权安排和财务治理结构,所以,必须服从于企业治理结构的要求,由企业组织体制所决定。

四、财务管理人员的职责

企业财务管理人员的财务责任和财务权利的分配,一般由企业的财务管理体制决定，不同层次的财务人员其职责有所不同。

我国《总会计师条例》对总会计师的职责进行了界定，规定总会计师应当负责本单位的财务管理和经济核算，参与单位的重大经济活动。总会计师的主要职责有：组织编制和执行各种预算与计划，建立经济核算制度，强化成本管理，负责人员配备和考核；总会计师协助参与的工作包括：协助业务部门作出决策，参与新产品开发、技术改造、项目研究、薪酬方案的制订等。

CFO，直译过来是首席财务执行官的意思，在我国更多地称为财务副总裁或财务总监。CFO在西方被认为是企业内仅次于董事长和首席执行官(CEO)的第三号人物，可以说企业财务的一切行为和关系都由CFO来负责。CFO和CEO作为公司的最高领导层，更多地需要做出战略决策。这些决策主要包括以下三个方面：

(一)制定战略，创造价值

CFO被要求通过财务手段进行战略层面的操作，使企业转变为一个优秀的价值管理公司。CFO将企业战略与财务职责联系在一起，全过程参与企业价值创造战略的制定，并与CEO一起，全方位培养企业的价值创造能力。

(二)协调投资者关系

CFO应当像做产品销售一样把公司推销给投资者，把公司的业绩展现给投资者，使投资者对公司产生兴趣进而慷慨解囊，这将使公司股价上涨、公司价值增加。为此，CFO应当通过优化资本结构、做出正确投资决策、控制财务风险、提高投资报酬率、设计吸引投资者的股利分配政策等，提升公司业绩。

(三)兼并与收购

兼并与收购能够使公司以较低的风险和较少的代价控制一家较好的企业，满足公司扩张的需求，CFO的职责是通过兼并与收购或其他方式将公司的战略以最低的成本实施完成。CFO要完成这些职责，就要求他们应具有高度的战略眼光，善于利用国内外市场，对市场即将发生的变化应具有准确的预测，并善于捕捉商机；他们应具有超前意识，把握科技进步的趋势，并对先进企业的经营管理动态保持高度的敏感和关注；他们应具有卓越的领导才能，善于发挥群体力量；他们应具有坚韧的精神，面对困难，一往无前。这要求他们应该具备良好的职业道德、超强的专业能力、杰出的战略领导能力以及杰出的协调能力，协调股东、政府、债权人、供应商、客户以及企业职工等利益相关者之间的利益关系，兼顾各方利益。

另外，财务人员的职责还包括财务预测、财务预算、财务控制和财务分析等工作。财务预测是指根据企业财务活动的历史资料，考虑现实的要求和条件，对企业未来的财务活动和财务成果作出科学的预计和测算。财务预算是指运用科学的技术手段和数量方法，对未来财务活动的内容及指标所进行的具体规划。财务控制是指在企业财务管理中，以预算的各项定额为依据，利用有关信息和特定手段，对企业财务活动所施加的影响或进行的调节，以便实现预算所规定的目标。财务分析是指根据有关信息资料，运用特定方法，对企业财务活动过程及其结果进行分析和评价的工作。

任务七 财务管理的演化过程及发展趋势

一、财务管理的演化过程

像其他学科一样，财务学的领域随着时间推移也在不断发展和变化着，本节主要以美国为例介绍财务管理的发展。20 世纪初，洛克菲勒、卡内基和杜邦等早期的工业家创建了大型石油、钢铁、化工、铁路工业公司的时候，财务学从经济学中分离出来。在早期，人们将时间花在对兼并、收购十分重要的金融工具的学习上。到 20 世纪 30 年代，当时美国处于最低潮时期，财务学实践就一直围绕着资本保存、流动性保持、财务困境、公司重组、公司破产等话题。到 20 世纪 50 年代中期，财务学不再具有描述性和定义的特征，而是越来越具有其可分析的特征，其中的主要发展之一是，购置实物资本（Real Capital，即长期的厂房和设备）和金融资本（Financial Capital，即钱）的分配成为一种决策导向的过程。当对现金和存货管理、资本结构理论和股利政策做决策时，对分析信息的要求越来越详细，企业分析和决策的重点也从外部人视角看公司，转移到了那些对业绩产生影响的内部财务管理者的日常工作上来。

二、财务学的现代问题

现代财务学的焦点，是风险与回报的关系，以及一定风险水平上的投资收益最大化。1990 年诺贝尔经济学奖授予哈利·马科维茨（Harry Markowitz）教授和威廉·夏普（William Sharpe）教授，以表彰他们对风险与回报理论以及证券组合理论的贡献，彰显了这些原理的重要程度。默顿·米勒（Merton Miller）教授因对资本结构理论（Capital Structure Theory，研究负债和权益相关性）的研究，也获得了诺贝尔经济学奖。这三位学者是首次获得诺贝尔经济学奖的财务学教授，他们的工作对以后 50 年的财务学领域产生了巨大影响，后来者依然跟随其后而行。

财务学一如既往地变得可分析和可量化。关于风险对冲的新的金融产品已经被财务管理者广泛应用，以降低利率变化和汇率变化带来的风险。

价格上涨，或者叫通货膨胀（Inflation），已经成为财务决策中的关键变量。美国在 20 世纪 30 年代到 1965 年左右，其通货膨胀平均每年为 1%左右，那时它还不十分重要。但是1965年以后，价格上涨加速，到20世纪70年代已经变得相当重要，几年时间就达到两位数的水平。此后，通货膨胀一直保持着相当高的水平，直到1982年美国经济遭遇了一段反通货膨胀(Disinflation，价格上涨的速度下降)时期。对财务管理者来说，通货膨胀和反通货膨胀对财务预测、资本预算决策中的期望报酬率、资本成本的影响都十分显著，这些影响在决策中已变得十分重要。

三、财务管理发展的趋势

(一)风险管理与财务危机

财务危机将对财务制度产生影响。下一个十年中，风险管理将是一个强势焦点，这是新千年年初房地产泡沫引发的财务危机的一个结果。2008年的次贷危机是这场危机的集中表现。大多数金融机构不愿意加强风险控制，放宽了高风险借款者的信用范围，而这些借款者很多都不能偿还贷款。除了信用不佳借款，不少金融产品设计师还用抵押证券构造证券组合，这些抵押证券中也包括很多风险贷款。评级机构给这样的金融产品的信用评级很高(AAA)，因此，投资者(包括很有经验的机构投资者)认为持有这样的资产很安全。随着经济走入衰退期，借款者不再偿还借款，这些抵押证券的价值变得很低，很多金融机构的资产负债表因此遭受重大损失，而不得不按照市值计价的会计准则被迫注销这些资产。注销资产在一定程度上使银行资本金减至警戒水平，甚至降到最低要求之下，导致银行去筹集更多的资本金。

美国有一种新型的、非常规的、可以应对借款者贷款违约的保险，即信用违约互换(Credit Default Swaps，CDS)，使事情更加复杂。有些金融机构缺乏充足的资本金支持自己信用担保的保险，却支持这些信用违约互换产品。最终，政府被迫干预流动性停滞、停止运转的金融机构，为其注入资本金。

2008年秋季，第五大投资银行Bear Steams(贝尔斯登公司)被实力雄厚的摩根大通银行(JP Morgan Chase)收购。2009年9月15日，第四大投资银行雷曼兄弟(Lehman Brothers)宣布破产，甚至美林证券(Merrill Lynch)也不得不被美国银行(Bank of America)收购才得以挽救。9月25日，联邦存款保险公司(Federal Deposit Insurance Corporation)攫取了华盛顿共同基金(Washington Mutual)的控制权，而摩根大通银行成为美国历史上最大接管失败的银行。随着市场的继续崩盘，美国联邦储备委员会(Federal Reserve)，以下简称美联储，提供5400亿美元用于货币市场的赎回需要。这场危机持续至2009年，到2009年2月11日，美国国会通过7890亿美元的经济刺激方案保持经济不再下滑。克莱斯勒(4月)和通用汽车(6月)签署了破产文件，2009年，在美联储的帮助下，货币市场和资本市场趋于平稳，转而开始良性运转。

这次危机创造了大萧条以来最大的经济衰退，迫使金融机构注重风险控制。除非借款者信用等级很高，否则很难获得资金。以前忽视风险管理团队警示的执行官们，加强了对也许会引起灾难再度来袭的金融交易的控制，国会着手制定新的金融机构管理规则，从而产生了新的监管机构。

（二）互联网的影响

所谓的“新经济”创造了20世纪90年代的互联网狂潮。互联网在我们周围已经存在很长时间了，但是直到20世纪90年代，企业在试图取得技术先期投入的回报时，才开始把它用于商业运营。“新经济”从未有过，只不过是公司通过科技变化而不断改变，到今天依然如此。

计算机技术，包括软件和硬件技术的迅速发展，继续把互联网转变成推动经济的力量，并影响着商业运行的方式。互联网的迅速发展，以及美国人民对其广泛接受，创造了新的商业模式和公司，如亚马逊（Amazon）、易贝（eBay）、谷歌（Google）等。“旧经济”的公司也在加速强化电子商务解决方案。这些电子商务解决方案包括用不同的方式接触客户，比如企业—企业模式（B2B）和企业—消费者模式（B2C）。

强生公司前主席和首席执行官拉尔夫·拉森（Ralph Larsen）说：互联网正在改变我们的经营方式，而且越变越好，从最直接的管理功能，到运营、营销和销售、供应链关系、筹资、研发，到客户关系，没有哪一部分商业活动不被这一技术革命所触及。

对财务管理者来说，电子商务影响到财务管理工作，因为它影响现金流向企业的方式和速度。在B2C模式下，产品以信用卡方式购买，因而销售公司获得现金流的速度比使用自己的信用渠道更快。在B2B模式下，下订单、存货管理和产品供应的投标等都可以在线生成；B2B模式可以帮助公司降低存货、应收账款和现金的管理成本。电子商务和互联网对财务的职能正产生着深刻的影响。

（三）金融市场国际化

国际贸易增长的趋势仍在继续并且不断深化发展。互联网的发展，中国的“一带一路”发展政策，让全球化进一步加速，越来越多的国家、地区、人民参与到全球化的发展中，也催生出越来越多的国际知名公司，像苹果、三星、可口可乐、华为、奥迪、梅赛德斯、阿里巴巴、腾讯、中国重车、格力、三一重工等品牌享誉全世界。公司在全球范围寻找低价值资金，全球化公司的增长必然带来国际筹资的增长。

在全球范围配置资本和寻找低成本的融资渠道，正在成为跨国公司的游戏规则。人们已经注意到，越来越多的外国公司在纽约证券交易所挂牌上市，以此募集美国资本市场的资金。几百家外国公司的股票以美国银行证券存单（ADRs）的方式在美国交易。

国际事件影响着所有工业国家的经济，资本从一个国家到另一个国家的流动速度也超出了任何想象。计算机组成了一个巨大的国际金融网络，市场对投资者情绪的变化比以前更为敏感。公司财务管理者被施加了越来越多的外部影响，财务管理者需要熟悉并理解国际资本流动、计算机电子资金转账系统、外币风险对冲以及金融市场的其他功能。

(四)互联网和资本市场变化

技术已经深深影响了资本市场，其最大的影响是降低了证券交易成本。20 世纪 90 年代后期和 21 世纪公益计算机技术的发展刺激了电子交易网络的诞生。和传统市场相比，这些电子化市场兼具速度和成本优势，并拿走了证券交易所的市场份额。

此外，成本压力和资本需求使主要的股票市场变成了以营利为目的的上市公司。以美国为例来看，美国的第一个上市交易所是芝加哥商业交易所(Chicago Mercantile Exchange)，然后是纳斯达克、纽约证券交易所、芝加哥期货交易所。一旦这些交易所成为上市企业，就可以用自己的股票从事兼并与收购。2007 年，纽约证券交易所兼并了欧洲大型交易所泛欧(Euronext)，成为全球化市场，而纳斯达克购买了伦敦证券交易所 30% 的股份，仅在 2007 年秋季就分配到大量利润。随后，纳斯达克又兼并了一家北欧证券交易所 OMX，该交易所经营北欧和波罗的海诸国的 8 个证券交易所。OMX 被认为是交易技术的领航者，全球超过 35 家的股票交易所都使用它的技术。2007 年，芝加哥期货交易所与芝加哥商业交易所合并，继续着更大、全球化程度更高的低成本结构趋势。未来的市场全球化过程，会更强调技术手段。

互联网应用的另外一个领域是股票零售交易。嘉信理财(Charles Schwab)、E-TRADE(亿创理财)、TD Ameritrade(宏达理财)和其他贴现经纪商，允许客户利用互联网进行交易，为美林和摩根士丹利等全球服务经纪人提出了一个竞争难题。这些贴现企业迫使全球服务零售经纪人向客户提供互联网交易，尽管互联网交易的盈利情况不如经纪人交易，还是将交易的决定交给了客户，他们根据自己的判断和决策进行交易。

巩固训练

一、单选题

1. 企业财务关系中最为重要的关系是(　　)。

A. 股东与经营者之间的关系

B. 股东、经营者、债权人之间的关系

C. 股东与债权人之间的关系

D. 企业与作为社会管理的政府有关部门、社会公众之间的关系

2. 现代财务管理的最优目标是(　　)。

A. 产值最大化　　B. 利润最大化

C. 每股盈余最大化　　D. 企业价值最大化

3. 没有风险和通货膨胀情况下的均衡点利率是(　　)。

A. 企业债券利率　　B. 市场利率

C. 无风险报酬率　　D. 纯利率

4. 企业与政府之间的财务关系体现为(　　)。

A. 风险收益对等关系　　B. 债权与债务关系

C. 资金结算关系　　D. 强制和无偿的分配关系

5. 影响财务管理目标实现的两个最基本的因素是(　　)。

A. 时间价值和投资风险　　B. 投资报酬率和风险

C. 投资项目和资本结构　　D. 资金成本和贴现率

二、多选题

1. 由于(　　),以企业价值最大化作为财务管理目标,通常被认为是一个较为合理的财务管理目标。

A. 更能揭示市场认可企业的价值

B. 考虑了资金的时间价值

C. 考虑了投资风险价值

D. 企业价值确定容易

2. 财务管理的内容包括(　　)。

A. 筹资管理　　B. 投资管理

C. 利润分配管理　　D. 营运资金管理

3. 金融市场的基本构成要素有(　　)。

A. 交易对象　　B. 交易主体

C. 交易工具　　D. 交易价格

4. 一般而言,资金利率的构成部分有(　　)。

A. 纯利率　　B. 通货膨胀补偿率

C. 风险附加率　　D. 名义利率

5. 利润最大化目标的缺陷在于(　　)。

A. 没有考虑货币的时间价值

B. 没有考虑风险因素

C. 只考虑近期收益而没有考虑远期收益

D. 没有考虑投入资本和获利之间的关系

三、判断题

1. 纯粹利率是指不考虑通货膨胀、不考虑风险条件下的平均利率，其高低受平均利润率、资金供求关系、国家调节等因素的影响。(　　)

2. 根据风险收益对等原则，高风险的项目一定会获得高收益。(　　)

3. 企业财务活动的内容也是企业财务管理的基本内容。(　　)

4. 企业价值只有在风险和报酬达到恰当均衡时才能达到最大。(　　)

5. 企业同其债务人之间的财务关系，在性质上属于投资与受资关系。(　　)

四、案例分析

2008 年 9 月 15 日，美国第四大投资银行雷曼兄弟公司按照美国公司破产法案的相关规定提交了破产申请，成为美国有史以来倒闭的最大金融公司。雷曼兄弟公司成立于 1850 年，在成立初期，公司性质为家族企业，规模相对较小，其财务管理目标是利润最大化。随着雷曼兄弟公司从经营干洗、兼营小件寄存的小店逐渐转型为金融投资公司，公司的性质从一个地道的家族企业逐渐成长为在美国乃至世界都名声显赫的上市公司。雷曼兄弟公司开始转型经营美国当时最有利可图的大宗商品期货交易，其后，公司又开始涉足股票承销、证券交易、金融投资等业务。1899 年至 1906 年的 7 年间，雷曼兄弟公司从一个金融门外汉成长为纽约当时最有影响力的股票承销商之一。其每一次业务转型都是资本追逐利润的结果，然而，公司在过度追求利润的同时忽视了对经营风险的控制，最终为其破产埋下了伏笔。

由于公司性质的变化，雷曼兄弟公司财务管理的目标也由利润最大化转变为股东财富最大化。雷曼兄弟公司自 1984 年上市以来，实现了 14 年连续盈利的显著经营业绩和 10 年间高达 1103%的股东回报率。为了使本公司的股票在一个比较高的价位上，雷曼兄弟公司自 2000 年开始连续 7 年将公司税后利润的 92%用于购买自己的股票，此举虽然对抬高公司的股价有所帮助，但同时减少了公司的现金持有量，降低了其应对风险的能力。

根据上述资料，回答下列问题：

① 利润最大化的财务管理目标在雷曼兄弟公司发展过程中起到哪些积极作用？

② 分析过分强调股东财富最大化对雷曼兄弟公司破产的影响。

③ 雷曼兄弟公司破产对公司制定财务管理目标有什么启示？

项目二　财务管理基础

知识目标

1. 理解资金时间价值的概念；
2. 理解复利终值、现值的概念；
3. 理解各种年金的概念及区别。

技能目标

1. 掌握复利终值、现值的计算；
2. 理解风险与风险价值的概念及风险的分类；
3. 掌握年金终值、现值的计算；
4. 掌握衡量风险大小的有关指标的计算；
5. 掌握风险价值的计算；
6. 学会插值法的运用；
7. 能够把资金时间价值与风险价值观念用于各种决策。

情景导入

1797 年 3 月，拿破仑在卢森堡第一国立小学演讲时说："为了答谢贵校对我，尤其是对我夫人约瑟芬的盛情款待，我不仅今天呈上一束玫瑰花，并且在未来的日子里，只要我们法兰西存在一天，每年的今天我将亲自派人送给贵校一束价值相等的玫瑰花，作为法兰西与卢森堡友谊的象征。"时过境迁，拿破仑穷于应付连绵的战争和此起彼伏的政治事件，最终惨败而流放到圣赫勒拿岛，把在卢森堡的诺言忘得一干二净。可卢森堡这个小国对这位"欧洲巨人"与卢森堡孩子亲切、和谐相处的一刻"念念不忘"，并载入史册。1984 年年底，卢森堡旧事重提，向法国提出违背"赠送玫瑰花"诺言的索赔：要么从 1797 年起，用 3 路易作为一束玫瑰花的本金，以 5 厘复利（即利滚利）计息全部清偿这笔"玫瑰花"债；要么法国政府在法国各大报刊上公开承诺拿破仑是个言而无信的小人。

起初，法国政府准备不惜重金赎回拿破仑的声誉，却又被电脑算出的数字惊呆了:原本3路易的许诺,本息竟高达1375596法郎。经苦思冥想,法国政府斟词酌句的答复是:以后,无论在精神上还是物质上,法国将始终不渝地对卢森堡大公国的中小学教育事业予以支持与赞助,来兑现我们的拿破仑将军那一诺千金的玫瑰花信誉。这一措辞最终得到了卢森堡人民的谅解。

导问:案例中的本息是如何计算的?

任务一 资金时间价值

一、资金时间价值的概念

(一)资金时间价值的含义

资金的时间价值也称货币时间价值,是指货币随着时间的推移而发生的增值,是资金周转使用后的增值额;当前所持有的一定量货币比未来获得的等量货币具有更高的价值。

人们在日常生活中会发现,一定量的资金在不同时点上具有不同的价值,现在的1元钱比将来的1元钱更值钱。例如,我们现在有1000元存入银行,银行的年利率为5%,1年后可得到1050元,于是现在的1000元与1年后的1050元相等。因为这1000元经过1年时间增值了50元,这增值的50元就是原资金经过1年时间的价值。同样,企业的资金投到生产经营中,经过生产过程的不断运行和资金的不断运动,随着时间的推移会创造新的价值,使资金得以增值。因此,一定量的资金投入生产经营或存入银行,会取得一定的利润或利息,从而产生资金的时间价值。

资金时间价值可以用绝对数表示,也可以用相对数表示,即以利息额和利息率来表示,亦即上例中的50元和5%。在实际财务活动中,一般以利息率来表示。在通常情况下,它相当于没有风险和通货膨胀下的社会平均资金利润率,是利润平均化规律发生作用的结果。时间价值是财务管理的一个重要概念,也是评价公司投资方案的基本标准。时间价值的大小由两个因素决定:一是资本让渡的时间期限;二是利率水平。一笔资本投入使用的时间越早,时间价值就越大。因此,资本要及时、尽早使用,不要闲置。

由于不同时间的单位货币价值不相等,所以不同时间的货币不能直接进行比较,需要把它们换算到相同的时间基础上,才能进行比较。因此,时间价值有现值和终值两种表现形式。

现值(Present Value)包括两方面的含义:一是指未来某一时点的一定量资本

折合到现在的价值；二是指现在的本金，通常记作“P”。

终值(Future Value)又称将来值，是现在一定量的资本在未来某一时点的价值，即未来的本利和，通常记作“F”。

(二)利率的概念

利率即利息率，是资金使用权的价格，是一定时期内利息额与借款本金的比率。其中利息是资金所有者暂时让渡给使用者而收取的报酬。

利率是国家对宏观经济实施调控的重要经济杠杆，也是影响企业财务活动决策的重要因素。利率由三部分组成：纯利率(即资金时间价值)、通货膨胀补偿率、风险附加率。而风险附加率是投资者要求的除纯利率和通货膨胀之外的风险补偿，包括违约风险附加率、流动风险附加率、到期风险附加率。

纯利率是指没有风险和通货膨胀下的社会平均资金利润率。通常在没有通货膨胀条件下，国库券的利率可以看作是纯利率。纯利率的高低，受社会平均资金利润率、资金供求关系和国家宏观调控的影响。

通货膨胀补偿率，是指由于持续的通货膨胀会不断降低货币的实际购买力，为补偿其购买力损失而要求提高的利率。

违约风险附加率，是指为了弥补因债务人无法到期还本付息而带来的风险，由债权人要求提高的利率。违约风险的大小主要取决于借款企业的信誉。若企业信誉好，违约可能性就小，资金供应者要求的额外报酬就低；反之，资金供应者要求的额外报酬就高。

流动风险附加率，是指为了弥补因债务人资产流动性不好而带来的风险，由债权人要求提高的利率。其目的是弥补证券不能及时变现所遭受的损失。流动风险溢酬的大小主要取决于各种证券风险的大小。风险大的证券，变现力低，投资者要求的变现力溢酬就高。

到期风险附加率，是指为了弥补因偿债期长而带来的风险，由债权人要求提高的利率。

二、资金时间价值的计算

资金时间价值一般用利率表示。利息的计算通常包括单利和复利两种形式。

(一)单利及其计算

单利(Simple Interest)是指只对本金计算利息，即资本无论期限长短，各期的利息都是相同的，本金所派生的利息不再加入本金计算利息。

1. 单利终值

单利终值是指一定量的资本在若干期以后包括本金和单利利息在内的未来价值。单利终值的计算公式为：

$$F=P+P\times n\times i=P\times(1+n\times i)$$

单利利息的计算公式为：$I=P\times n\times i$，式中，P 是现值（本金），F 是终值（本利和），I 是利息，i 是利率，n 是计算利息的期数。

【例 2-1】 某人于 2015 年 1 月 1 日存入中国建设银行 10000 人民币，存期 5 年，存款年利率为 5%，到期本息一次性支付。到期单利终值与利息分别是多少？

解：

单利终值为：$F=10000\times(1+5\times5\%)=12500$（元）

利息为：$I=10000\times5\%\times5=2500$（元）

2. 单利现值

单利现值是指未来在某一时点取得或付出的一笔款项，按一定折现率计算的现在的价值。单利现值的计算公式为：

$$P=\frac{F}{1+n\times i}$$

【例 2-2】 某人 3 年后将为其子女支付留学费用 300000 元人民币，2015 年 3 月 5 日，他将款项一次性存入中国银行，存款年利率为 4.5%。现在至少应存款多少？

解：

$$P=\frac{300000}{1+3\times4.5\%}\approx264317.181\text{（元）}$$

现值的计算与终值的计算是互逆的，由终值计算现值的过程称为折现，这时的利率称为折现率，相应的计息期称为折现期数。

（二）复利及其计算

复利（Compound Interest）是指资本经过一个计息期，要将该期所派生的利息再加入本金，一起计算利息，俗称利滚利。计息期是指相邻两次计息的间隔，如年、季或月等。

1. 复利终值

复利终值是指一定量的资本按复利计算在若干期以后的本利和。如果年利率为 i，本金 P 在 n 期后的终值为 F，则 F 与 P 的关系可表达如下：

第 1 期末：$F=P\times(1+i)$

第 2 期末：$F=P\times(1+i)\times(1+i)=P\times(1+i)^2$

第 3 期末：$F=P\times(1+i)\times(1+i)\times(1+i)=P\times(1+i)^3$

第 n 期末：$F=P\times(1+i)^n$

式中，$(1+i)^n$ 称为复利终值系数或一元复利终值系数，用符号 $(F/P,i,n)$ 表示，为简化计算手续，可以直接查阅复利终值系数表。

这样，复利终值的计算公式也可以表示为：$F=P\times(F/P,i,n)$，式中，F 是终值（本利和），P 是现值（本金），i 是利率，n 是计算利息的期数。

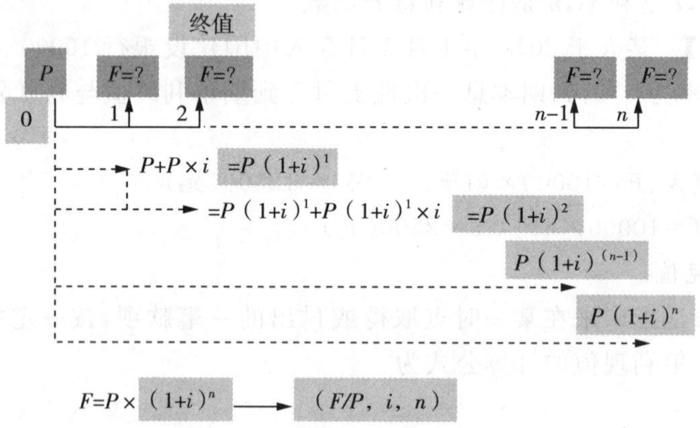

图 2-1　复利终值图示

【例 2-3】 某人拟购房一套，开发商提出两个付款方案：方案一，现在一次性付款 80 万元；方案二，5 年后一次性付款 100 万元。假如购房所需资金可从银行贷款取得，银行贷款利率为 7%，哪个方案对购房者有利？

解：

方案一 5 年后的终值为：

$$F=80\times(F/P,7\%,5)=80\times1.4026=112.208(\text{万元})$$

由于方案一 5 年后的付款额终值 112.208 万元大于方案二 5 年后的付款额 100 万元，所以选择方案二对购房者有利。

2. 复利现值

复利现值是指未来在某一时点取得或付出的一笔款项按复利计算的现在的价值。复利现值的计算正好与复利终值的计算相反，也可以说复利现值是复利终值的逆运算。根据复利终值的计算公式，可以得到复利现值的计算公式为：

$$F=\frac{P}{(1+i)^n}$$

式中：$(1+i)^n$ 称为复利现值系数或一元复利现值系数，用符号 $(P/F,i,n)$ 表示。为简化计算手续，可以直接查阅复利现值系数表。复利现值系数 $(P/F,i,n)$ 与复利终值系数 $(F/P,i,n)$ 互为倒数。

这样，复利现值的计算公式也可以表示为：

$$P=F\times(P/F,i,n)$$

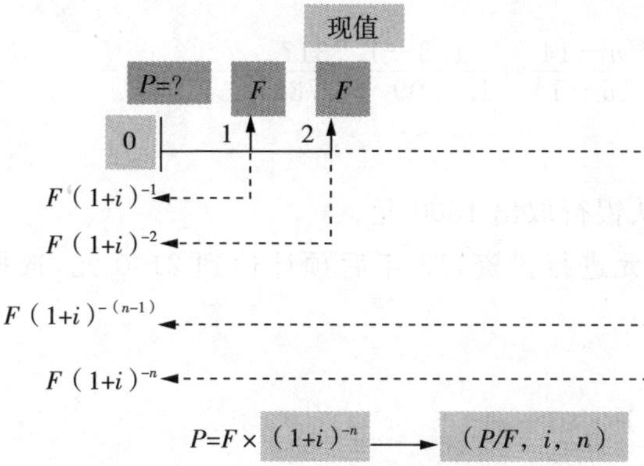

图 2-2　复利现值图示

【例 2-4】　承前【例 2-3】,比较两个付款方案的现值。

解：

方案二 5 年后付款 100 万元的现值为：

$$P=F\times(P/F,i,n)=100\times(P/F,7\%,5)=100\times0.7130=71.3\text{(万元)}$$

由于方案二的付款现值 71.3 万元小于方案一的现值 80 万元,所以选择方案二对购房者更有利。

【例 2-5】　假定李林在 5 年后需要 10000 元,那么在年利息率为 5%的条件下,李林现在需要向银行存入多少钱?

解：

$$P=F\times(P/F,i,n)=10000\times(P/F,5\%,5)=10000\times0.7835=7835\text{(元)}$$

计算结果表明,李林现在需要向银行存入 7835 元。

【例 2-6】　甲将 1000 元存入银行,年利率为 4%,几年后甲可以从银行取出 1800 元?

解：

根据复利终值公式 $F=P\times(1+i)^n$

即 $1800=1000\times(F/P,4\%,n)$

查复利终值系数表,在年数为 14 或者 15 的情况下,最接近的值为：

$$(F/P,4\%,14)=1.7317$$

$$(F/P,4\%,15)=1.8009$$

利用插值法：

$$\frac{n-14}{15-14}=\frac{1.8-1.7317}{1.8009-1.7317}$$

计算 $n=14.99$

所以，14.99 年后甲可从银行取出 1800 元。

【例 2-7】 甲用 1500 元进行投资，12 年后预计达到 2100 元，选择该投资的报酬率为多少？

解：

根据复利终值公式 $F=P\times(1+i)^n$

即 $2100=1500\times(F/P,i,12)$

$$(F/P,i,12)=1.4$$

查复利终值系数表，在计息期 $n=12$ 时，最接近的值为：

$$(F/P,2\%,12)=1.2682,(F/P,3\%,12)=1.4258$$

利用插值法：

$$\frac{3\%-i}{3\%-2\%}=\frac{1.4258-1.4}{1.4285-1.2682}$$

计算得：$i=2.84\%$

所以，该投资的报酬率为 2.84%时，可使现在的 1500 元 12 年后达到 2100 元。

3. 名义利率与实际利率

复利的计息期不一定总是一年，有可能是季、月或日，这就使得实际利率不等于名义利率。

(1)名义利率与实际利率的概念

名义利率：当利息在一年内要复利多次时，所给出的年利率即为名义利率，用 r 表示。

实际利率：是指一年复利一次的年利率，用 i 表示。

(2)实际利率与名义利率的相互推算

在实际生活中，会出现计息期限不是按年计息，而是按半年、季度、月等计息的现象，这就会出现名义利率与实际利率之间的推算。

$$i=(1+r/m)^m-1$$

其中，m 为每年复利次数。

【例 2-8】 甲企业投资一个新项目，投资金额为 5 万元，年利率为 6%，每半年复利一次，5 年后甲企业能得到的本利和是多少？

解：

根据名义利率与实际利率的关系：

$$i=(1+r/m)^m-1$$

本例中，$r=6\%$，$m=2$，

则：$i=(1+6\%/2)^2-1=6.09\%$

$$F=P\times(1+i)^n=5\times(1+6.09\%)^5\approx6.7195(万元)$$

这种方法先计算以年利率表示的实际利率，然后按复利计息年数计算到期本利和，由于计算出的实际利率百分数往往不是整数，不利于通过查表的方式计算到期本利和。因此，可以将 nm 作为计息期数进行计算，则：

$$F=P\times(1+r/m)^{mn}=5\times(1+6\%/2)^{2\times5}$$
$$=5\times(F/P,3\%,10)=6.7195(万元)$$

(三)年金及其计算

年金是指一定时期内每期相等金额的系列收付款项。年金具有两个特点：一是每次收付金额相等；二是时间间隔相同。年金是在一定时期内每隔一段时间就必须发生一次收款(或付款)的业务，各期发生的收付款项在数额上必须相等。年金一般用符号 A 表示。在日常生活中，利用年金的形式很多，如保险费、养老金、租金、等额分期收款、等额分期付款以及零存整取或整存零取储蓄等。年金按每次收付款发生的时点不同，可分为普通年金、即付年金、递延年金、永续年金四种形式。

1. 普通年金

普通年金是指从第一期起，在一定时期内每期期末等额收付款项的系列款项，又称后付年金。这种年金形式在现实经济生活中最常见。普通年金的收付形式如图 2-3 所示。横轴表示时间的延续，数字表示各期的顺序，A 表示各期收付款的金额。

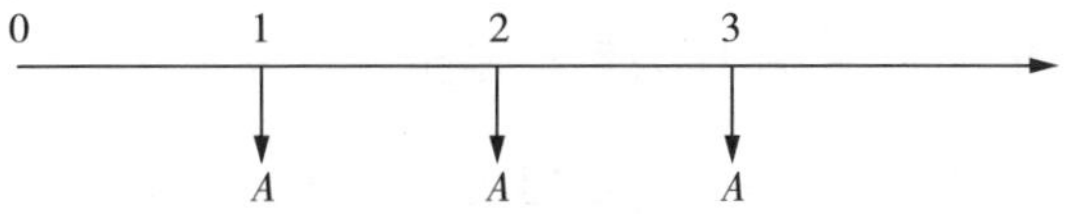

图 2-3 普通年金

(1)普通年金终值

普通年金终值是指在一定期间内每期期末等额收付款项的复利终值之和，它是其最后一次收付时的本利和，如图 2-4 所示。

由图 2-4 可知，普通年金终值为：

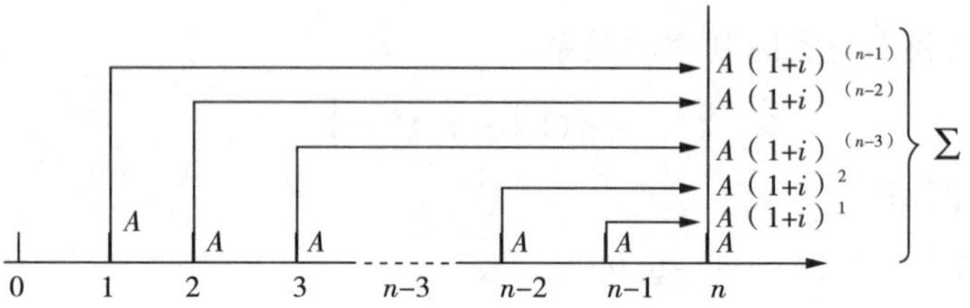

图 2-4　普通年金终值

$$F = A + A(1+i) + A\ (1+i)^2 + \cdots + A\ (1+i)^{n-3} + A\ (1+i)^{n-2} + A\ (1+i)^{n-1}$$

$$= A \times \frac{(1+i)^n - 1}{i}$$

式中$\frac{(1+i)^n-1}{i}$称为年金终值系数，记作$(F/A,i,n)$，是指普通年金为 1 元、利率为 i、经过 n 期的普通年金的终值，可以查阅年金终值系数表。因此，普通年金终值的计算公式为：

$$F = A \times \frac{(1+i)^n - 1}{i}$$

$$= A \times (F/A, i, n)$$

【例 2-9】 假设甲企业投资一个项目，在 5 年建设期内每年年末从银行借款 5 万元，借款年复利率为 7%，则该项目竣工时企业应付本息的总额为多少？

解：

根据普通年金终值计算公式：$F = A \times (F/A, i, n)$

$$F = 5 \times (F/A, 7\%, 5) = 5 \times 5.7507 = 28.7538（万元）$$

(2)偿债基金

偿债基金是指为使年金终值达到既定金额，每年年末应支付的年金数额（即已知普通年金终值 F，求年金 A，A 即为偿债基金）。

由
$$F = A \times \frac{(1+i)^n - 1}{i}$$

有
$$F = F \div \frac{(1+i)^n - 1}{i} = F \times \frac{i}{(1+i)^n - 1}$$

$$= F \times (A/F, i, n)$$

式中，$\frac{i}{(1+i)^n-1}$称为偿债基金系数，记作$(A/F,i,n)$。偿债基金和普通年金终值互为逆运算，偿债基金系数和普通年金终值系数互为倒数。因此，偿债基金计算公式为：

$$A=\frac{F}{(F/A,i,n)}$$

【例 2－10】　李林今年上高一，其父亲要在 3 年后为其准备上大学的费用 10 万元，从现在起每年年末等额存入银行一笔款项。假设银行存款年利率为 4%，请问李林的父亲每年需要存入多少万元？

解：

根据偿债基金计算公式：

$$A=F\times(A/F,i,n)=\frac{F}{(F/A,i,n)}=\frac{10}{(F/A,4\%,3)}=\frac{10}{3.1216}\approx3.2(\text{万元})$$

李林的父亲需要存入 3.2 万元。

(3)普通年金现值

普通年金的现值是指一定时期内每期期末等额收支款项的复利现值之和。实际上就是指为了在每期期末取得或支出相等金额的款项，现在需要一次投入或借入多少金额，如图 2－5 所示。

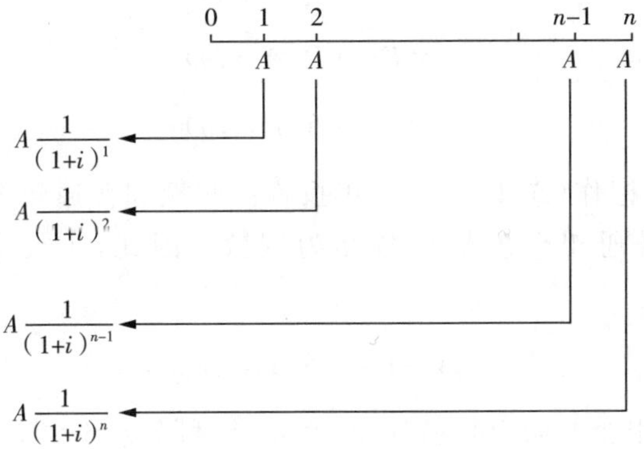

图 2－5　普通年金现值

由图 2－5 可知，普通年金现值为：

$$P=A\times(1+i)^{-1}+A\times(1+i)^{-2}+\cdots+A\times(1+i)^{-n}$$

$\frac{1-(1+i)^{-n}}{i}$称为年金现值系数，记作$(P/A,i,n)$，是指普通年金为 1 元、利率为 i、经过 n 期的年金的现值，可以查阅年金现值系数表。因此，普通年金现值的计算公式为：

$$P=A\times\frac{1-(1+i)^{-n}}{i}$$

【例 2-11】 某投资项目从今年起，每年年末可带来 50000 元现金净流入，按年利率 5%计算，预期 5 年的收益现值为多少？

解：

根据普通年金现值的计算公式：

$$P=A\times(P/A,i,n)=50000\times(P/A,5\%,5)=216475(\text{元})$$

(4)年投资回收额

年投资回收额是指在约定年限内等额收回初始投入资本或清偿所欠债务的金额。年投资回收额实际是已知普通年金现值 P，求年金 A。

根据普通年金现值公式，年投资额的公式为：

$$P=A\times\frac{i\ (1+i)^{-n}}{i}$$

$$A=P\div\frac{1-(1+i)^{-n}}{i}$$

$$=P\times\frac{i}{1-(1+i)^{-n}}$$

$$=P\div(P/A,i,n)$$

$$=P\times(A/P,i,n)$$

投资回收系数记作$(A/P,i,n)$。年投资回收额和普通年金现值互为逆运算，投资回收系数和普通年金现值系数互为倒数。因此，年投资回收额的计算公式为：

$$A=P\times(A/P,i,n)$$

【例 2-12】 甲企业向银行借款 50 万元，年利率为 6%，计划在 3 年内等额偿还，则每年应还款的金额是多少？

解：

根据年投资回收额计算公式：

$$A=P\times(A/P,i,n)=50/(P/A,6\%,3)=50/2.6730\approx18.7056(\text{万元})$$

2. 即付年金

即付年金又称先付年金或预付年金，是指从第一期开始每期期初等额收付的年金。即付年金的收付形式如图 2-6 所示。横轴表示时间的延续，数字表示各期的顺序号，A 表示各期收付款的金额。

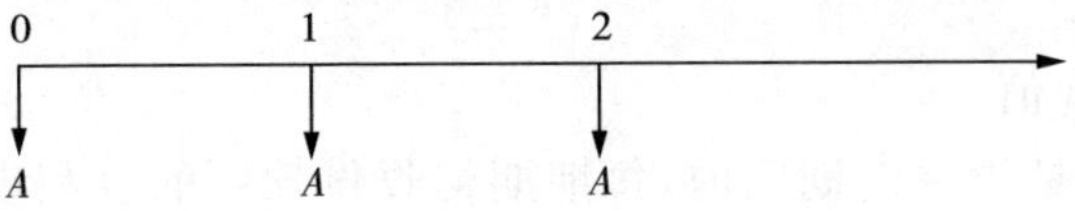

图 2-6 即付年金

(1)即付年金终值

即付年金终值是指一定期间内每期期初等额收付款项的复利终值之和,它是其最后一次收付时的本利和,如图 2-7 所示。

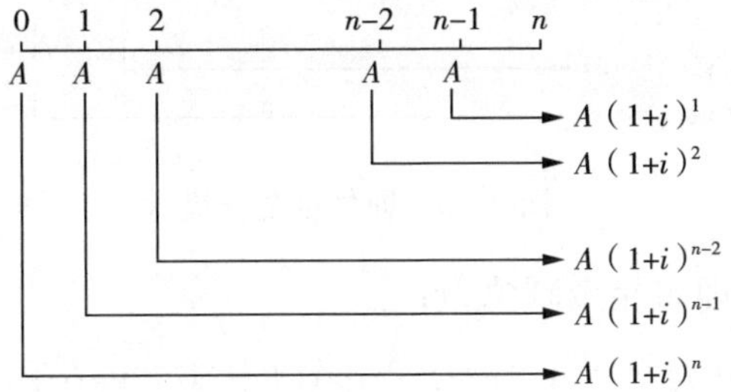

图 2-7 即付年金终值

由图 2-7 可知,即付年金终值为:

$$F=A(1+i)+A(1+i)^2+A(1+i)^3+\cdots+A(1+i)^n$$

$$=A\left[\frac{(1+i)^{n+1}-1}{i}-1\right]$$

式中,$\left[\frac{(1+i)^{n+1}-1}{i}-1\right]$是即付年金终值系数,是指即付年金 1 元、利率为 i、经过 n 期的年金的终值,它跟普通年金终值系数相比,期数加 1,系数减 1,可记作 $[(F/A,i,n+1)-1]$,查阅年金终值系数表,查$(n+1)$期的值,然后减 1 后得出即付年金终值系数。

因此,即付年金终值的计算公式为:

$$F=A\times[(F/A,i,n+1)-1]$$

【例 2-13】 甲公司进行一项投资,每年年初投入资金 5 万元,预计该项目 5 年后建成。该投资款均来自银行贷款,贷款年利率为 7%,则该投资的投资总额是多少?

解:

根据即付年金终值计算公式:

$$F=A\times[(F/A,i,n+1)-1]=5\times[(F/A,7\%,6)-1]$$

$=5\times(7.1533-1)\approx30.7665$(万元)

(2)即付年金现值

即付年金现值是指一定期间内,每期期初收付款项的复利现值之和,如图 2-8 所示。

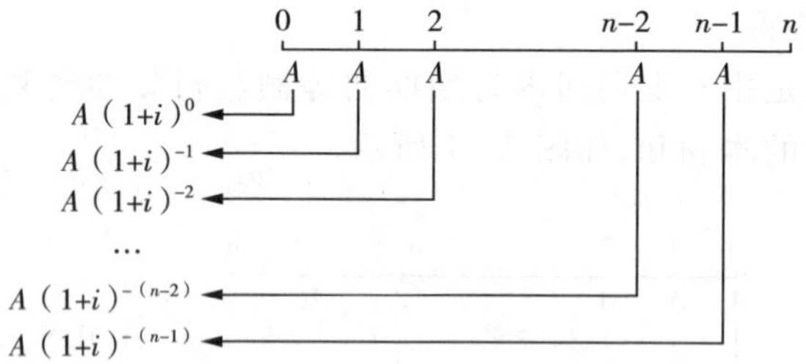

图 2-8 即付年金现值

由图 2-8 可知,即付年金现值为:

$$P=A+A(1+i)^{-1}+A(1+i)^{-2}+A(1+i)^{-3}+\cdots+A(1+i)^{-(n-1)}$$

$$=A[\frac{1-(1+i)^{-(n-1)}}{i}+1]$$

式中,$[\frac{1-(1+i)^{-(n-1)}}{i}+1]$是即付年金现值系数,它跟普通年金现值系数$\left(\frac{1-(1+i)^{-n}}{i}\right)$相比,期数减 1,系数加 1,可记作$[(P/A,i,n-1)+1]$,查阅年金现值系数表,查$(n-1)$期的值,然后加上 1 后得出即付年金现值系数。因此,即付年金现值的计算公式为:

$$P=A\times[(P/A,i,n-1)+1]$$

【例 2-14】 张某采用分期付款方式购入一辆汽车,每年年初付款 3 万元,分 10 年付清,假定银行贷款年利率为 6%,该付款方式相当于一次性付款的价款是多少?

解:

根据即付年金现值的计算公式:

$$P=A\times[(P/A,i,n-1)+1]=3\times[(P/A,6\%,9)+1]$$

$$=3\times(6.8017+1)\approx23.4051\text{(万元)}$$

3. 递延年金

递延年金又称"延期年金",是指在最初若干期没有收付款项的情况下,后面若干期等额的系列收付款项。它是普通年金的特殊形式,如图 2-9 所示。横轴表示时间的延续,数字表示各期的顺序号,A 表示各期收付款的金额。图 2-9 中前两期没有款项支付,一般用 m 表示递延期数,第一次收付款发生在第 m 期期末,连续收(或付)n 次。

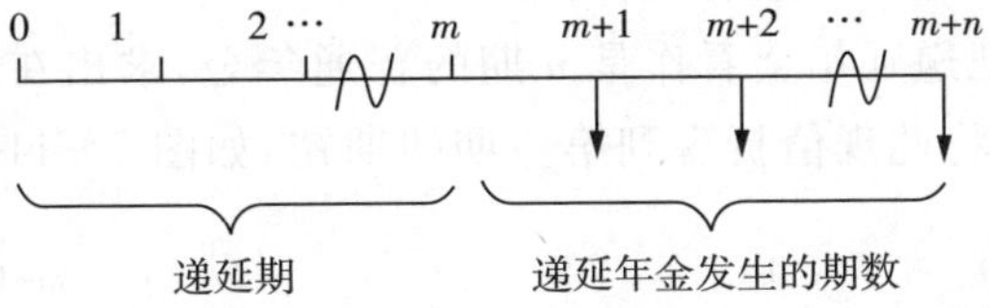

图 2-9 递延年金

(1)递延年金终值

递延年金终值和普通年金终值的计算方法一样。如图 2-10 所示,横轴表示时间的延续,数字表示各期的顺序号,A 表示各期收付款的金额,m 表示递延期,n 表示收付款次数。

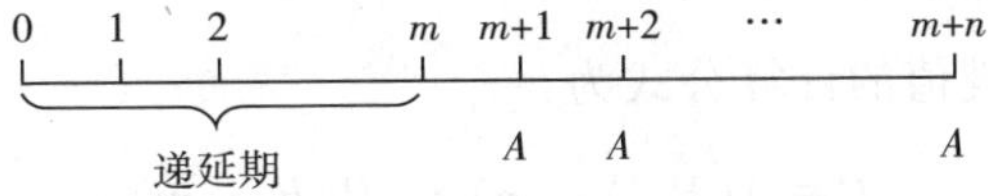

图 2-10 递延年金终值

由图 2-10 可知,递延年金终值为:

$$F=A\times[\frac{(1+i)^n-1}{i}]$$

$$=A\times(F/A,i,n)$$

由此可见,递延年金终值只与 A 的个数有关,而与递延期无关。

因此,递延年金终值计算公式为:

$$F=A\times(F/A,i,n)$$

【例 2-15】 某投资者拟购买一处房产,开发商提出三个付款方案:方案一:从现在起 15 年内每年年末支付 3 万元;方案二:从现在起 15 年内每年年初支付 2.5 万元;方案三:前 5 年不支付,从第 6 年起到第 15 年,每年年末支付 5 万元。假设按银行贷款利率 6%复利计息,若采用终值比较方式,哪一种付款方式对购买者有利?

解:

方案一:$F=3\times(F/A,6\%,15)=3\times23.2760\approx69.828$(万元)

方案二:$F=2.5\times[(F/A,6\%,15+1)-1]\approx61.681$(万元)

方案三：$F=5\times(F/A,6\%,10)=5\times13.1808\approx65.904$(万元)

从上述计算可得出，采用方案二对购房者有利。

(2)递延年金现值

递延年金现值的计算方法有三种：

第一种方法是把递延年金看作是 n 期的普通年金，求出在递延期第 m 期的普通年金现值，然后再将此现值折现到第一期的期初，如图 2-11 所示。

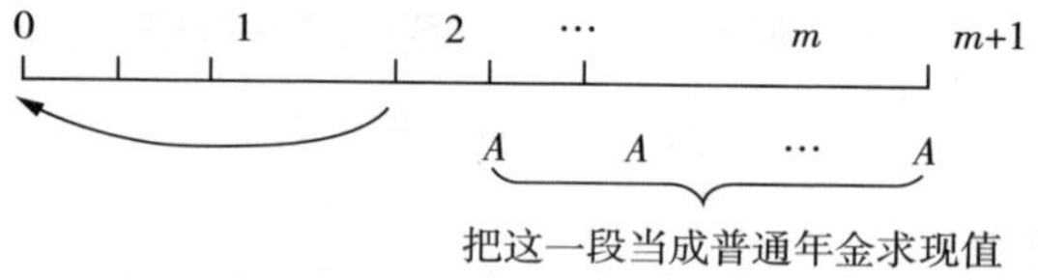

图 2-11 递延年金现值(1)

由图 2-11 可得，递延年金的现值为：

$$P=A(P/A,i,n)\times(P/F,i,m)$$

因此，递延年金现值的计算公式为：

$$P=A(P/A,i,n)\times(P/F,i,m)$$

式中，m 为递延期，n 为连续收付款的期数。

第二种方法是先计算 $m+n$ 期的年金现值，再减去 m 期年金现值，如图 2-12 所示。

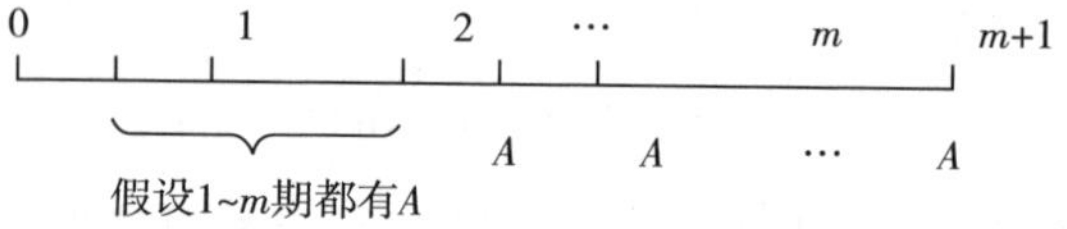

图 2-12 递延年金现值(2)

由图 2-12 可得递延年金现值为：

$$P=P''-P'=A\times[(P/A,i,m+n)-(P/A,i,m)]$$

因此，递延年金现值的计算公式为：

$$P=A\times[(P/A,i,m+n)-(P/A,i,m)]$$

式中，m 为递延期，n 为连续收付款的期数。

第三种方法是先求 n 次连续款项的终值，再将其折现到第一期的期初。如图 2-13所示。

由图 2-13 可得递延年金现值为：

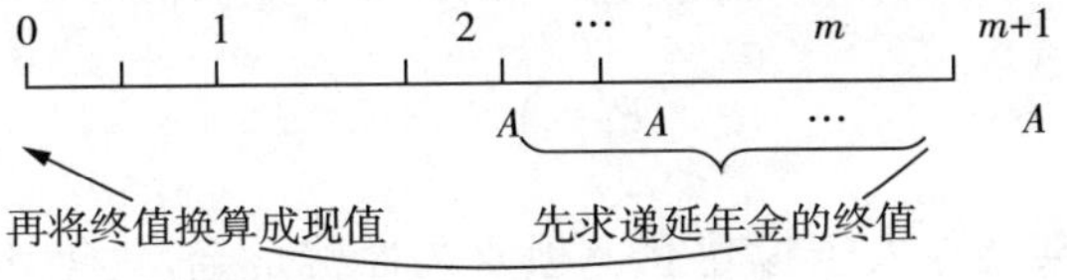

图 2－13 递延年金现值(3)

$$P=F(P/F,i,m+n)=A\times(F/A,i,n)\times(P/F,i,m+n)$$

因此,递延年金现值计算公式为:

$$P=A\times(F/A,i,n)\times(P/F,i,m+n)$$

式中,m 为递延期,n 为连续收付款的期数。

【例 2－16】 某企业向银行借入一笔款项,银行贷款的年利率为 6%,每年复利一次。借款合同约定前 5 年不用还本付息,从第 6 年至第 10 年年末偿还本息 50000 元。这笔款项的金额是多少?

解:

根据递延年金现值计算公式:

$$P=A\times(F/A,i,n)\times(P/F,i,m+n)=50000\times(P/A,6\%,5)\times(P/F,6\%,5)$$

$$\approx157396.326(\text{元})$$

或:

$$P=A\times[(P/A,i,m+n)-(P/A,i,m)]=50000\times[(P/A,6\%,10)-(P/A,6\%,5)]$$

$$\approx157385(\text{元})$$

或:

$$P=A\times(F/A,i,n)\times(P/F,i,m+n)=50000\times(F/A,6\%,5)\times(P/F,6\%,10)$$

$$\approx157387.832(\text{元})$$

不同计算方法的计算结果存在差异,是由于计算各种系数时小数点的尾数造成的。

4. 永续年金

永续年金是指无限期定额收付的年金。现实中的存本取息就是永续年金的一个例子。由于永续年金没有终止时间,因此没有终值,只有现值。

永续年金的现值可以看作是一个期限 n 为无穷大的普通年金的现值,因此,永续年金现值的计算公式为:

$$P=A\times\frac{1-(1+i)^{-n}}{i}$$

当 $n \to +\infty$ 时，$(1+i)^{-n}$ 的极限为零，故永续年金现值的计算公式为：

$$P=A\times\frac{1}{i}$$

【例 2-17】 某慈善人士拟建立一项永久性奖学金，每年计划颁发 50000 元奖金，若年利率为 5%，该奖学金的本金应为多少？

解：

由于每年都要拿出 50000 元作为奖学金，因此，该奖学金的性质是一项永续年金，其现值为：

$$P=50000/5\%=1000000(元)$$

任务二 风险与风险报酬

在市场经济环境下，公司的经营活动充满着风险，风险与收益如影随形。如何防范和化解风险以达到风险和收益的均衡，是现代财务管理的重要内容。

一、风险的含义

风险是指在一定条件下和一定时期内可能发生的各种结果的变动程度。风险是事件本身的不确定性，具有客观性。风险常常和不确定性联系在一起。具体到财务管理活动中，风险是指由于各种难以或无法预料、控制的因素产生作用，使投资者的实际收益和预计收益发生背离的可能性。风险不仅能带来超出预期的损失，表现其不利的一面，还可能带来超出预期的收益，表现其有利的一面。

风险和收益是投资者必须考虑的两个因素。投资者都希望在较低风险的情况下获得相对较高的收益。那么风险能否被降低或分散呢？以投资于证券市场为例，购买哪一家或哪几家公司的股票能够降低风险？这就涉及风险的分类。

二、风险的种类

财务管理中的风险是多种多样的，从不同角度看，有不同类型的风险。

(一)系统风险和非系统风险

按照风险可分散特性的不同，风险可分为系统风险和非系统风险。

1. 系统风险

系统风险是指由市场收益率整体变化所引起的市场上所有资产的收益率的变动性，它是由那些影响整个市场的风险因素引起的，因而又称为市场风险。这些因素包括战争、经济衰退、通货膨胀、税制改革、世界能源状况的改变等。这类风险是影响所有资产的风险,因而不能通过投资组合分散,故又称为不可分散风险。尽管大多数公司或项目都不可避免地受到系统风险的影响,但并不意味着系统风险对所有公司或项目都有完全相同的影响,有的公司或项目可能受到系统风险的影响大一些,而有的公司或项目可能受系统风险的影响比较小。

2. 非系统风险

非系统风险是指由于某一特定原因对某一特定资产收益率造成影响的可能性。它是特定公司或行业所特有的风险,因而又称为可分散风险、公司特有风险。例如,公司的工人罢工、新产品开发失败、失去重要的销售合同、诉讼失败或者发现新矿藏等。这类事件的发生是非预期的、随机的,它只影响一个或少数几个公司,不会对整个市场产生太大的影响。这种风险可以通过多样化的投资来分散,即发生于一家公司的不利事件可以被其他公司的有利事件所抵消。

由于非系统风险可以通过分散消除,因此一个充分的投资组合几乎没有非系统风险。假设投资者都是理智的,会选择充分投资组合,则非系统风险将与资本市场无关。市场不会对非系统风险给予任何价格补偿,就像商品市场只承认社会必要劳动时间而不承认个别劳动时间一样。市场不会给"浪费"以价格回报,不会给那些不必要的风险以补偿。

值得注意的是,在风险分散化过程中,不应该过分强调投资多样化和增加投资项目的作用。在投资实践中,经常出现以下情况:在投资组合中,投资项目增加的初期,风险分散化的效应比较明显,但增加到一定程度,风险分散的效应就会逐渐减弱。经验数据表明,当投资组合中的资产数量随机选择达到 20 种左右时,绝大多数的非系统风险均已被消除,此时,如果继续选择投资项目,对分散风险已经没有多大实际意义,更不能指望通过风险分散化来达到消除全部风险的目的。这是因为被分散的风险只是非系统风险,而系统风险不能通过风险分散化来消除。如图 2 - 14 所示。

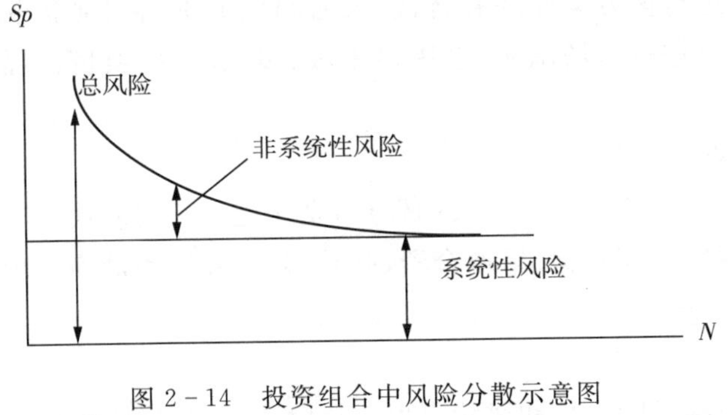

图 2 - 14 投资组合中风险分散示意图

(二)经营风险和财务风险

从公司本身看,风险按形成原因可以分为经营风险和财务风险。

1. 经营风险

经营风险是指因生产经营方面的原因给公司目标带来不利影响的可能性，这些生产经营条件的变化可能来自公司内部的原因，也可能来自公司外部的原因。如生产成本加大、生产技术老化、生产组织不合理等，以及外部客观环境的变化，如顾客购买力发生变化、竞争对手增加、产品不适销对路、市场份额减少、新产品更新跟不上潮流等。这些内外因素，使公司的生产经营产生不确定性，最终引起收益变化。

2. 财务风险

财务风险，是指由于借款而给公司目标带来的可能影响，是筹资决策所带来的风险，也叫筹资风险。公司借款，虽可以解决公司资金短缺的困难、提高自有资金的盈利能力，但也改变了公司的资金结构和自有资金利润率，还须还本付息，并且借入资金所获得的利润是否大于支付的利息额，具有不确定性，因此借款就有风险。在全部资金来源中，借入资金所占的比重大，公司的负担就重，风险程度也就增加；借入资金所占的比重小，公司的负担就轻，风险程度也就减轻。因此，必须确定合理的资金结构，这样既可以提高资金盈利能力，又能防止财务风险加大。

（三）风险控制对策

1. 规避风险

当资产风险所造成的损失不能由该资产可能获得的收益予以抵消时，应当放弃该资产，以规避风险。例如，拒绝与不守信用的厂商进行业务往来，放弃可能明显导致亏损的投资项目。

2. 减少风险

减少风险主要有两个方面的意思：一是控制风险因素，减少风险的发生；二是控制风险发生的频率和降低风险的损害程度。减少风险的常用方法有：进行准确的预测；对决策进行多方案优选和替代；及时与政府部门沟通获取政策信息；在发展新产品前，充分进行市场调研；采用多领域、多地域、多项目、多品种的经营或投资以分散风险。

3. 转移风险

对可能给企业带来灾难性损失的资产，企业应以一定的代价，采取某种方式转移风险。如向保险公司投保；采取合资、联营、联合开发等措施实现风险共担；通过技术转让、租赁经营和业务外包等实现风险转移。

4. 接受风险

接受风险包括风险自担和风险自保。风险自担，是指风险损失发生时，直接将损失摊入成本或费用，或冲减利润；风险自保，是指企业预留一笔风险金或随着生产经营的进行，有计划地计提资产减值准备金等。

三、风险报酬的计算

(一)单项资产的风险与收益衡量

1. 概率与概率分布

资产的风险是资产收益率的不确定性,其大小可用资产收益率的离散程度来衡量。离散程度是资产收益率的各种可能结果与预期收益率的偏差。衡量风险大小的指标主要有标准离差、标准离差率等。

一个事件的概率是指这一事件产生的某种结果的可能性大小。如果把某一事件所有可能的结果都列示出来,对每个结果给予一定的概率,就构成概率分布。

以P_i表示概率,以n表示可能出现的所有情况,概率必须符合以下两个要求:

① 所有的概率P_i都在0和1之间,即:$0 \leqslant P_i \leqslant 1$。

② 所有可能结果的概率之和等于1,即:$\sum P_i = 1$。

2. 期望值

期望值又称预期收益,是指对于某一投资方案未来收益的各种可能结果,以概率为权数计算的加权平均数。它是衡量风险大小的基础,但它本身不能表明风险的高低,其基本计算公式是:

$$R = \sum_{i-1}^{n} R_i P_i$$

式中,R是期望值;P_i是第i种结果出现的概率;n是所有可能结果的个数;R_i是第i种可能情况下该资产的收益率。

在投资额相同的情况下,期望值越大,说明预期收益越好。在期望值相同的情况下,概率分布越集中,实际可能的结果就越接近期望值,实际收益偏离预期收益的可能性就越小,投资的风险也就越小;反之,投资的风险就越大。

3. 标准离差和标准离差率

标准离差是反映某资产收益率的各种可能结果与其期望值之间的离散程度的一个指标。标准离差通常用符号σ表示,其计算公式为:

$$\sigma = \sqrt{\sum_{i-1}^{n} (R_i - R)^2 P_i}$$

标准离差以绝对数衡量风险的高低,只适用于期望值相同的决策方案风险程度的比较。在期望值相同的情况下,标准离差越大,说明各种可能情况与期望值的偏差越大,风险越大;反之,标准离差越小,说明各种可能情况越接近于期望值,意味着风险越小。

标准离差率是标准离差与期望值之比,也可称为变异系数,通常用符号V表示，其计算公式为：

$$V=\frac{\sigma}{R}$$

标准离差率是以相对数衡量资产的全部风险的大小，它表示每单位预期收益所包含的风险，即每一元预期收益所承担的风险大小。在期望值不同的情况下，标准离差率越大，风险越大；反之，标准离差率越小，风险越小。

【例 2－18】 H 公司有甲、乙两个投资项目，计划投资额均为 1000 万元，可能的收益率及概率分布见表 2－1 所列。哪个项目风险相对较低？

表 2－1 项目概率分布表

市场状况	概　率	甲项目收益率(%)	乙项目收益率(%)
好	0.3	20	30
一般	0.5	10	10
差	0.2	5	－10

解：

甲、乙项目收益率的期望值分别为：

$$R_{甲}=20\%\times0.3+10\%\times0.5+5\%\times0.2=12\%$$

$$R_{乙}=30\%\times0.3+10\%\times0.5+(-10\%)\times0.2=12\%$$

甲、乙项目收益率的标准离差分别为：

$$\sigma_{甲}=\sqrt{(20\%-12\%)^2\times0.3+(10\%-12\%)^2\times0.5+(5\%-12\%)^2\times0.2}$$
$$=0.057$$

$$\sigma_{乙}=\sqrt{(30\%-12\%)^2\times0.3+(10\%-12\%)^2\times0.5+(-10\%-12\%)^2\times0.2}$$
$$=0.986$$

由于甲、乙两个项目投资额相同，收益率的期望值亦相同，而甲项目的标准离差小于乙项目，故可以判断甲项目风险相对较低。

通过上述方法将决策方案的风险加以量化后，决策者便可据此做出决策。对于单个方案，决策者可根据其标准离差(率)的大小，并将其同可接受的此项指标的最高限值对比，做出取舍。对于多方案择优的情况，其决策准则应是选择低风险高收益的方案，即选择标准离差最低、期望收益最高的方案。然而高收益往往伴有高风险，低收益方案的风险程度往往也较低。究竟选择何种方案，就要权衡期望收益与风险，而且还要视决策者对风险的态度而定。厌恶风险的决策者可能会选择期望收益低同时风险也较低的方案，偏好风险的决策者则可能选择风险虽高但同时预期收益也高的方案。

(二)风险和收益的关系

投资组合的风险通常要低于单项投资的风险，这是因为通过适当的组合投资后，非系统风险可以被分散。资本资产定价模型(Capital Asset Pricing Model, CAPM)阐述了在充分多元化的组合投资中证券的风险和收益之间的均衡关系。

1. 单个证券风险与收益关系

单个证券的风险与收益关系可以用资本资产定价模型表示。资本资产定价模型用公式表示为：

$$R=R_f+\beta\times(R_m-R_f)$$

式中，R 表示某资产的必要收益率，β 表示该资产的系统风险系数，R_m 表示市场组合收益率，R_f 表示无风险收益率。由于当 $\beta=1$ 时，$R=R_m$，而 $\beta=1$ 时代表的是市场组合的平均风险，所以 R_m 还可以称为平均风险的必要收益率、市场组合的必要收益率等。公式中(R_m-R_f)称为市场风险溢酬。

在资本资产定价模型中，证券的风险与收益之间的关系可以表示为证券市场线 *SML*，如图 2-15 所示。而个别证券的系统风险可用该证券的 β 系数度量。

个别证券的 β 系数是反映个别证券收益率与市场平均收益率之间变动关系的一个量化指标，它表示个别证券收益率的变化受市场平均收益率变动的影响程度。也就是相对于市场组合的平均风险而言，个别证券系统风险的大小。市场组合的 β 系数为 1。

当个别证券的 $\beta=1$ 时，说明该证券的收益率与市场平均收益率呈同方向、同比例的变化，即如果市场平均收益率增加(或减少)1%，那么该证券的收益率也相应地增加(或减少)1%，也就是说，该证券所含的系统风险与市场组合的风险一致。

当个别证券的 $\beta<1$ 时，说明该证券收益率的变动幅度小于市场组合收益率的变动幅度，因此，其所含的系统风险小于市场组合的风险。

当个别证券的 $\beta>1$ 时，说明该证券收益率的变动幅度大于市场组合收益率的变动幅度，因此，其所含的系统风险大于市场组合的风险。绝大多数证券的 β 系数是大于 0 的。如果 β 系数是负数，表明这类证券与市场平均收益率的变化方向相反。

理解图 2-15 时应注意以下几点：

① 纵轴表示投资者要求的收益率，横轴用 B 系数表示系统风险的度量；

② 无风险证券的 $\beta=0$，所以 R_f 为证券市场线在纵轴的截距；

③ 证券市场线的斜率反映了证券市场总体风险的厌恶程度。一般来说，投资者对风险的厌恶程度越高，证券市场线的斜率越大，对证券所要求的风险补偿越

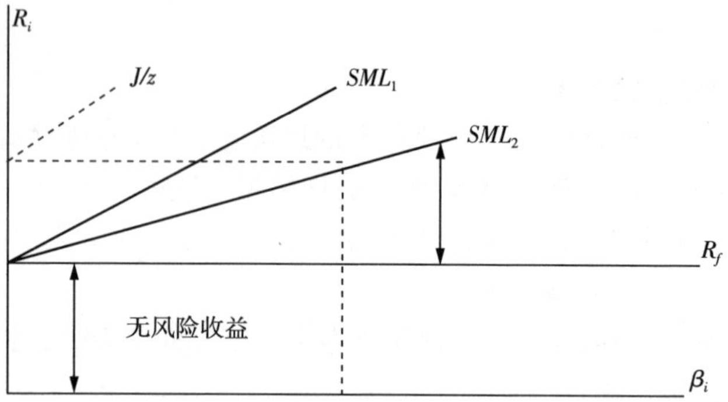

图 2-15 证券市场线(SML)

大,证券要求的收益率越高。

从证券市场线可以看出,投资者要求的收益率不仅取决于市场风险,而且取决于无风险收益率(证券市场线的截距)和市场风险补偿程度(证券市场线斜率)。由于这些因素始终处于变动之中,所以证券市场线也不会一成不变。预计通货膨胀率提高时,无风险收益率随之提高,进而导致证券市场线向上平移(如图 2-15 中的虚线)。风险厌恶感的增强,会提高证券市场线的斜率(SML_2)。

【例 2-19】 已知市场上所有股票的平均收益率为 10%,无风险收益率为 5%。如果 A、B、C 三家公司股票的 β 系数分别为 2.0、1.0 和 0.5,根据资本资产定价模型,各公司股票的收益率最低达到多少时投资者才会购买?

解:

A 公司股票的收益率为:

$$R_A = 5\% + 2.0 \times (10\% - 5\%) = 15\%$$

即当 A 公司股票的 β 系数为 2.0 时,该公司股票的收益率应达到或者超过 15%时,投资者才会购买。

B 公司股票的收益率为:

$$R_B = 5\% + 1.0 \times (10\% - 5\%) = 10\%$$

即当 B 公司股票的 β 系数为 1.0 时,其投资者所要求的收益率与市场平均收益率相同,都是 10%。

C 公司股票的收益率为:

$$R_C = 5\% + 0.5 \times (10\% - 5\%) = 7.5\%$$

即当 C 公司股票的 β 系数为 0.5 时,其投资者所要求的收益率低于市场平均收益率 10%。

由以上计算过程可知，单个证券的市场风险可用β系数来表示，β系数不同，就有不同的风险收益率。β系数越高，要求的风险收益率就越高，在无风险收益率不变的情况下，投资者要求的收益率也就越高。

2. 证券组合的风险与收益关系

前面探讨了个别证券的β系数，而证券投资组合的β系数是个别证券β系数的加权平均数，权数为各种证券在投资组合中所占的比例。其计算公式为：

$$\beta_p = \sum W_i \beta_i$$

式中，β_p为证券投资组合的β系数；W_i为第1种证券在投资组合中所占的比例；β_i为第i种证券的β系数；i为证券投资组合中证券的数量。

【例2-20】 某投资者持有由甲、乙、丙三种股票构成的投资组合，它们的β系数分别为2.0、1.0和0.5，它们在证券投资组合中所占的比例分别为50%、30%和20%，股票市场的收益率为14%，无风险收益率为8%。要求：①确定该证券投资组合的风险收益率；②如果该投资者为了降低风险，出售部分甲股票，买进部分丙股票，使三种股票在证券投资组合中所占的比例变为20%、30%和50%，计算此时的风险收益率。

解：

① 证券投资组合的β系数为：

$$\beta_p = 50\% \times 2.0 + 30\% \times 1.0 + 20\% \times 0.5 = 1.4$$

该证券投资组合的风险收益率为：

$$R_p = \beta_p (R_m - R_f) = 1.4 \times (14\% - 8\%) = 8.4\%$$

② 改变投资比例后，证券投资组合的β系数为：

$$\beta_p = 20\% \times 2.0 + 30\% \times 1.0 + 50\% \times 0.5 = 0.95$$

该证券投资组合的风险收益率为：

$$R_p = \beta_p \times (R_m - R_f) = 0.95 \times (14\% - 8\%) = 5.7\%$$

由此可见，投资组合的β系数受到不同证券投资的比重和个别证券β系数的影响。若在证券组合中加入β系数值较高的股票，由此得到的投资组合的β系数值也较高，从而其风险将增大；与此相反，如果新加入的股票的β系数值较低，则投资组合的风险也将降低。

值得注意的是，投资组合中某项投资β系数的变化与其投资收益率的变化并不完全成正比，所以，投资者可以通过不同的投资组合来寻找既满足公司的预期收益率要求，又能使其平均β系数在公司愿意承担的风险程度内的投资组合形式。

巩固训练

一、单选题

1. 某人现在存入银行 1500 元，利率 5%，复利计息，5 年末的本利和为(　　)元。

A. 1914.45　　B. 1834.13

C. 1916.53　　D. 1708.45

2. 某人在 5 年后有 5000 元到期债务需要偿还，从现在开始，每年年末存入银行一笔等额资金，利率为 5%，则每年应存入(　　)元。

A. 1000　　B. 979

C. 721　　D. 905

3. 某商场准备把售价 25000 元的电脑以分期付款方式出售，期限为 3 年，利率为 6%，顾客每年应付的款项为(　　)元。

A. 9353　　B. 2099

C. 7852　　D. 8153

4. 某企业于 2016 年年初存入 5 万元，在年利率为 12%、期限为 5 年、每半年复利一次的情况下，其实际利率为(　　)。

A. 24%　　B. 12.36%

C. 6%　　D. 12.25%

5. 现有两个投资项目甲和乙，已知甲、乙项目的期望值分别为 10%、25%，标准离差分别为 20%、49%，那么(　　)。

A. 甲项目的风险程度大于乙项目的风险程度

B. 甲项目的风险程度小于乙项目的风险程度

C. 甲项目的风险程度等于乙项目的风险程度

D. 不能确定

6. 企业发行债券，在名义利率相同的情况下，对其最不利的复利计息期是(　　)。

A. 1 年　　B. 半年

C. 1 个季度　　D. 1 个月

7. 一定时期内每期期初等额收付的系列款项是(　　)。

A. 即付年金　　B. 永续年金

C. 递延年金　　D. 普通年金

8. 已知$(F/A,10\%,5)=6.1051$，$(F/A,10\%,7)=9.4872$。则 6 年、10%的即

付年金终值系数为(　　)。

A. 8.4872　　B. 7.7156

C. 7.1051　　D. 5.1051

9. 甲公司从银行借入期限为10年、年利率为10%的一笔长期借款30000元，用于投资某个寿命为10年的项目，若该投资项目对企业是有利项目，则每年至少应收回的现金为(　　)元。

A. 6000　　B. 3000

C. 5374　　D. 4882

10. 有一投资项目期限为8年，前3年年初没有产生现金流量，从第4年年初开始，每年年初产生500万元的现金流量，假定年利率为10%，则其现值为(　　)元。

A. 1995　　B. 1566

C. 1136　　D. 1423

二、多选题

1. 递延年金的特点是(　　)。

A. 第一期没有支付额　　B. 终值大小与递延期长短有关

C. 终值计算与普通年金相同　　D. 现值计算与普通年金相同

2. 属于在期末发生的年金形式有(　　)。

A. 即付年金　　B. 永续年金

C. 普通年金　　D. 递延年金

3. 市场风险产生的原因有(　　)。

A. 高利率　　B. 战争

C. 经济衰退　　D. 通货膨胀

4. 由影响所有企业的外部因素引起的风险，可以称为(　　)。

A. 可分散风险　　B. 不可分散风险

C. 系统风险　　D. 市场风险

5. 在财务管理中，经常用来衡量风险大小的指标有(　　)。

A. 标准差　　B. 边际成本

C. 风险报酬率　　D. 标准差系数

6. 下列各项中，属于普通年金形式的是(　　)。

A. 零存整取存款的整取额　　B. 定期定额支付的养老金

C. 年资本回收额　　D. 偿债基金

7. 下列可以视为永续年金的是(　　)。

A. 零存整取

B. 存本取息

C. 利率较高、持续期限较长的等额定期系列收付款项

D. 整存整取

8. 某人向银行借款 6 万元，期限 3 年，每年还本付息 2.3 万元，则借款利率为（　　）。

A. 小于 6%
B. 大于 8%
C. 大于 7%
D. 小于 8%

9. 下列说法不正确的是（　　）。

A. 风险越大，风险投资人获得的投资收益就越高

B. 风险越大，意味着损失越大

C. 风险是客观存在的，投资人无法选择是否承受风险

D. 人们进行财务决策时，选择低风险是因为低风险会带来高收益

10. 影响资金时间价值大小的因素主要有（　　）。

A. 资金额
B. 利率和期限
C. 计息方式
D. 风险

三、判断题

1. 在终值与利率一定的情况下，计息期越多，复利现值就越小。（　　）

2. 永续年金可视作期限无限的普通年金，终值与现值的计算可在普通年金的基础上求得。（　　）

3. 预付年金的终值与现值，可在普通年金终值与现值的基础上乘 $(1+i)$ 得到。（　　）

4. 对于不同的投资方案，其标准差越大，风险越大；反之，标准差越小，风险越小。（　　）

5. 甲方案在每年年初付款 50000 元，连续付款 5 年，乙方案在 5 年中每年年末付款 50000 元，若利率相同，则乙方案的终值大。（　　）

6. 一般情况下，资金时间价值就是指没有通货膨胀条件下的投资报酬。（　　）

7. 递延年金现值的计算类似于普通年金，它与递延期无关。（　　）

8. 递延年金终值的计算类似于普通年金，它与递延期无关。（　　）

9. 系统风险涉及所有企业，企业能通过多元化投资来分散风险。（　　）

10. 在现值及期限一定的情况下，利率越高，终值越大；在终值及期限一定的情况下，利率越高，现值越大。（　　）

四、计算分析题

1. 王某拟于2016年年初借款50000元，每年年末还本付息均为6000元，连续10年还清。假设预期最低借款利率为7%，试问王某能否按其计划借到款项？

2. 企业借入一笔款项，年利率为8%，前10年不用还本付息，从第11年至第20年每年年末还本息4000元，则这笔款项的现值应为多少？

3. 某公司有一笔123600元资金准备存入银行，希望在7年后利用这笔款项的本利和购买一套生产设备，当时的存款利率为复利10%，该设备预计价格为240000元，这笔钱7年后能否购买该设备？

4. 某公司有一项付款业务，有两种付款方式可供选择：①现在支付15万元，一次性支付；②分5年支付，每年年初支付款项分别为3万元、4万元、5万元、3万元、2万元。假定年利率为6%，按现值计算，则该公司应选择哪种付款方式比较合适？

5. 甲打算购买一套住房，有两种付款方式可供选择：①从现在起，每年年初支付3万元，连续支付15年，共45万元；②从第5年起，每年年初支付3.2万元，连续支付15年，共48万元。假设银行利率为10%，则甲应选择哪种付款方式比较合适？

6. 甲拟在5年后偿还100000元的债务，从现在起每年年末等额存入银行一笔款项，假设银行利率为10%，每年需存入多少元？

7. 某慈善机构拟建一项永久性奖学金，每年奖金额度为20000元，银行利率为5%，则现在应存入多少元？

8. 某企业有A、B两个投资项目，计划投资额均为100万元，其收益(净现值)的概率分布见表2-2所列。要求：①分别计算A、B两个项目净现值的期望值；②分别计算A、B两个项目期望值的标准差；③判断A、B两个投资项目的优劣。

表2-2　概率分布

市场状况	概　率	A项目净现值(万元)	B项目净现值(万元)
好	0.2	20	30
一般	0.6	10	10
差	0.2	5	−5

9. 某企业准备投资开发新产品。调研资料见表2-3所列。要求：计算投资开发各种新产品的风险大小，并进行比较。

表 2-3 某企业准备投资开发新产品的调研资料

市场状况	概 率	预计年报酬率(%)		
		A 产品	B 产品	C 产品
繁荣	0.3	30	40	50
一般	0.5	15	15	15
较差	0.2	—	15	30

10. 如果你突然收到一张事先不知道的1260亿美元的账单,你一定会大吃一惊。而这样的事件却发生在瑞士的田纳西镇的居民身上。纽约布鲁克林法院判决田纳西镇应向美国投资者支付这笔款。最初,田纳西镇的居民以为这是一件小事,但当他们收到账单时,他们被这张巨额账单惊呆了。他们的律师指出,若高级法院支持这一判决,为偿还债务,所有田纳西镇的居民在其余生不得不靠吃麦当劳等廉价快餐度日。田纳西镇的问题源于1966年的一笔存款。斯兰黑不动产公司在内部交换银行(田纳西镇的一个银行)存入一笔6亿美元的存款。存款协议要求银行按每周1%的利率(复利)付息(该银行第二年破产)。1994年,纽约布鲁克林法院作出判决:从存款到田纳西镇对该银行进行清算的7年中,这笔存款应按每周1%的复利计息,而在银行清算后的21年后,每年按8.54%的复利计息。要求:①请用你学的知识说明1260亿美元是如何计算出来的。②如利率为每周1%,按复利计算,6亿美元增加到12亿美元需要多长时间?增加到1000亿美元需要多长时间?③本案例中的每周1%的复利,其实际利率为多少?④本案例对你有何启示?请详细阐述资金时间价值的概念、成因及具体计算方法,要求对一次性收付款、年金的计算及相互关系、折现率、期间的推算等作详细总结。

项目三　预算管理与财务控制

知识目标

1. 了解预算的含义和作用、预算体系的构成；
2. 掌握预算的编制方法、预算执行与考核；
3. 理解财务控制、责任中心和内部转移价格；
4. 掌握成本中心、利润中心和投资中心的基本内容与考核指标。

技能目标

1. 掌握预算的编制方法与程序，能结合实际资料，选择适当的方法编制预算；
2. 能够对责任中心各项考核指标进行计算；
3. 能够对内部转移价格运用进行正确分析。

情景导入

鞍钢附属企业公司是20世纪70年代末为解决鞍钢职工子女就业而成立的大型集体所有制企业。现有直管单位31家(各类法人实体近380家)，经营门类涉及制造、建筑、交通运输、化工、轻工和餐饮等多个领域。其中工业和建筑业占主体。2005年实现销售收入19.3亿元。

公司成立初的短短几年里，就安置了18.3万人就业，当1995年鞍钢实施主辅分离后，企业的外部环境和经营条件发生了巨大变化。由于企业人满为患，加之90年代中后期钢铁市场不景气，公司的生产经营形势十分严峻。为此，公司于1997年开始试行财务预算管理，2000年在公司所属直管单位中推广，试行以来，对公司财务管理水平提高以及改善公司财务状况发挥了重要作用。

但实践证明，不建立供、产、销各环节联动的全面预算管理体系，只靠财务部门单一牵动，很难实现全公司管理水平的整体提高和整体资源的优化配置。为此，2003年领导决定在全公司范围内推行全面预算管理，实施以销售预算为先导、以生产预算为主体、以资金预算为核心、以定额管理为基础的全面预算管理。围绕实现企业经营目标，开展市场调研与科学预判，建立一整套经济指标体系，并结合企业各项业务对预算执行实施有效控制。

为保证全面预算管理的全员参加、全过程控制、全方位管理，公司一改落后的事后管理，向先进的事先管理、事中控制、事后考核的管理方式过渡，实现了供、产、销全过程一体化联动控制管理。每月 25 日左右，各企业以年度预算为基础，在综合考虑市场变化因素、季节性特点、企业内部环境条件的变化及上月预算执行情况的前提下，制定下月月份进度预算，据此确定月份生产经营目标和月份工作任务，并召开企业内部资金平衡会，平衡与落实下月货币资金收支指标，每月 5 日前将本月财务预算及货币收支计划上报公司计划财务部，按公司业务部的具体要求报送月业务预算。公司预算下达后，企业须将预算的执行、控制与企业日常业务工作等结合起来。同时公司引导基层企业在资金流量与流向上进行全过程的有效控制。2005 年销售收入在比 2004 年递增 26.21%的情况下，管理费用和制造费用分别降低了 2.71%和 2.92%。2005 年调剂项目资金 3695 万元，流动资金 3160 万元，贴现承兑汇票 1090 万元。

导问：公司应该如何进行预算执行的管理，又该怎样进行财务控制？

任务一　财务预算概述

一、财务预算的定义

（一）财务预算的概念

财务预算是一系列专门反映企业未来一定预算期内预计财务状况和经营成果，以及现金收支等价值指标的各种预算的总称，具体包括现金预算、预计利润表、预计资产负债表和预计现金流量表等内容。

财务预算在预测和决策的基础上，围绕企业目标，依据国家会计准则，对一定时期内企业资金取得和投放、各项收入和支出、企业经营成果及其分配等资金运动所做的具体安排。它以业务预算、资本预算为基础，以经营利润为目标，以现金流为核心进行编制。

（二）全面预算的含义

为更加合理而有效地使用资源，统一协调各种经营活动，提高企业管理水平，实现企业财富的最大化，实施预算管理是重要手段。所谓预算，就是以货币计量，将决策的目标具体地、系统地反映出来。简单讲，预算就是决策目标的具体化。为了对企业全面协调和控制，适应现代企业管理发展的要求，企业应当实施全面预算管理。

全面预算是指所有以货币及其他数量形式反映的、有关企业未来一段期间的全部经营活动的各项目标的行动计划以及相应措施的具体化和数量化。内容上包括经营预算（也称业务预算）、资本预算、财务预算三类。

(三)全面预算的体系和内容

全面预算的体系主要包括日常业务预算、专门决策预算和财务预算。

1. 日常业务预算

日常业务预算又称经营预算，是指与企业日常业务直接相关、具有实质性的基本活动的预算，主要包括销售预算、应收账款预算、毛利率预算、成本预算、生产预算、人力资源预算、研发预算等。它是整个预算体系的基础。

2. 专门决策预算

专门决策预算又称资本预算，是指企业不经常发生的、重大的资本支出与资本筹集的预算。如固定资产的购置等。

3. 财务预算

财务预算是指一系列专门反映企业未来一定预算期间的财务状况和经营成果，以及现金收支等价值指标的各种预算的总称，也称总预算，属于全面预算体系中的最后环节。其主要依据国家会计准则，在经营预算的基础上编制而成，具体包括现金预算、预计利润表、预计资产负债表和预计现金流量表等内容。

全面预算是一个数字相互衔接、完整的整体。不同的企业，同一企业的不同阶段，其全面预算的模式可能会有所不同，但其起点都建立在企业的发展战略之上。经营预算是核心，其一般在销售预算的基础上编制生产预算等其他业务预算，以销售预算为中心进行各种指标之间的平衡；财务预算则是在经营预算的基础上进行归类汇总，综合预计财务状况和财务成果；资本预算属企业长期预算。经营预算、财务预算和资本预算构成了完整的全面预算体系，如图 3－1 所示。

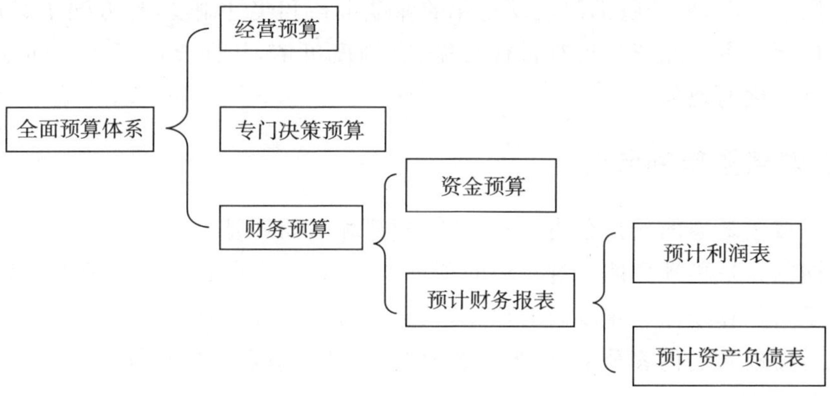

图 3－1　全面预算体系

二、财务预算的地位与作用

预算是各部门工作的目标、协调的工具、控制的标准、考核的依据。全面预算的作用表现为以下几点：

(一)明确目标

企业目标具有层次性和多元性，为此，必须通过预算将其分解成各级、各部门的具体目标。通过编制全面预算，使企业内部各部门和各环节都参与进来，可以做到经营目标的及时层层下达、经营责任的层层分解，使各级、各部门的工作目标与企业总目标协调一致。

(二)保证企业内部的协调与配合

预算运用货币度量来表达，具有高度的综合性。其通过综合平衡，促进了企业内部各级各部门间的合作与交流，减少了相互间的冲突与矛盾；由于目标及责任的明确，避免了因责任不清造成的相互推诿事件的发生，保证了内部各级各部门间的协调与配合。

(三)控制日常经济活动

预算的基础是计划。计划一经确定，就进入了实施阶段，管理的重心也随之转入控制过程。全面预算能促使企业的各级各部门经理提前编制计划，当实际状况与预算指标有较大差异时，可让管理者及时查明原因并采取措施。

(四)实现资源的有效配置

以战略目标为导向，通过预算编制过程中的综合平衡，使各级各部门间相互协调，从而实现企业资源的最优配置。

(五)有利于绩效评估

由于全面预算是企业多方面计划的数量化和货币化的表现，因此，预算为业绩评估提供了标准，便于各部门实现量化的业绩考核和奖惩制度，也方便了对员工的激励与控制。由于经营活动有目标可循、有制度可依，从而克服了指令朝令夕改、活动随意变化的现象。

三、财务预算的分类

(一)按预算期的长短分类，分为长期预算和短期预算

长期预算是指预算期超过一年的预算，如企业资本预算和长期销售预算等；短期预算是指预算期在一年以内的预算，如企业日常业务预算等。

(二)按预算的内容分类，分为财务预算、业务预算和专门预算

财务预算是指企业在一定时期内货币资金的收支及财务状况的预算，包括短期现金收支预算和信贷预算，以及长期的资本支出预算和资金筹措预算；业务预算是指对企业的基本经济业务的预算，包括销售预算和生产预算等；专门预算是指对企业某专项投资而编制的预算，如购买固定资产的预算等。

三种预算在编制时各有侧重，且密不可分，业务预算和专门预算是财务预算的基础,财务预算是业务预算和专门预算的汇总。

四、预算工作的组织

(一)机构的设立

企业可根据情况设立财务预算委员会或者指定财务管理部门负责财务预算事宜,它对企业法定代表人负责。

(二)部门职责

财务预算委员会主要拟定财务预算的目标、政策,制定财务预算管理的具体措施和办法,审议和平衡财务预算方案并下达财务预算,协调解决预算编制和执行中的问题,考核和评价财务预算的执行情况,督促财务预算目标的完成。

企业财务管理部门则具体负责组织财务预算的编制、审查、汇总、上报、下达及报告等具体工作,跟踪检查企业财务预算的执行情况,分析实际与预算的差异及其原因,及时提出改进措施和建议。

内部生产、投资、物资、人力资源及营销等职能部门具体负责本部门所涉及的财务预算的编制、执行、分析、控制等工作。

企业所属基层单位是企业主要的财务预算执行单位,具体负责本单位现金流量、经营成果和各项成本费用预算的编制、控制、分析工作,接受企业的检查和考核,并由主要负责人对本单位财务预算的执行结果负责。

任务二　预算的编制方法与程序

一、预算的编制方法

企业编制预算的方法较多,主要有固定预算、弹性预算、零基预算和滚动预算等,在实践中,几种方法不是孤立存在或相互排斥的,往往是相互交叉和综合应用的。

(一)固定预算法与弹性预算法

1. 固定预算法

固定预算法又称静态预算法,是指以预算期内正常的、最可实现的某一业务量(是指企业产量、销售量、作业量等与预算项目相关的弹性变量)水平为固定基础,不考虑可能发生的变动的预算编制方法。

固定预算法的缺点表现在两个方面:

一是适应性差。因为编制预算的业务量基础是事先假定的某个业务量。在这个方法下，不论预算期内业务量水平实际可能发生哪些变动，都只按事先确定的某一个业务水平作为编制预算的基础。

二是可比性差。当实际业务量与编制预算所依据的某一业务量发生较大差异时，有关预算指标的实际数与预算数就会因业务量基础不同而失去可比性。例如，某企业预计业务量为销售 100000 件产品，按此业务量给销售部门的预算费用为 5000 元。如果该销售部门实际销售量达到 120000 件，超出了预算业务量，固定预算下的费用预算仍为 5000 元。

2. 弹性预算法

弹性预算法又称动态预算法，是指企业在分析业务量与预算项目之间数量依存关系的基础上，分别确定不同业务量及其相应预算所消耗资源的预算编制方法。

理论上，弹性预算法适用于编制全面预算中所有与业务量有关的预算，但实务中主要用于编制成本费用预算和利润预算，尤其是成本费用预算。

编制弹性预算，要选用一个最能代表生产经营活动水平的业务量计算单位。例如，以手工操作为主的车间，就应选用人工工时；制造单一产品或者零件的部门，可选商品实物量；修理部门可选用修理工时等。

弹性预算法所采用的业务量范围，视企业或部门的业务量变化情况而定，务必使实际业务量不至于超出相关的业务量范围。一般来讲，可定在正常生产能力的 70％～110％，或以历史最高业务量和最低业务量为其上下限。弹性预算法编制预算的准确性，在很大程度上取决于成本形态分析的可靠性。

与按特定业务量水平编制的固定预算相比，弹性预算的优点明显：一是预算范围宽，能反映预算期内多种业务量水平相对应的不同预算额，预算的适应范围增大，便于预算指标的调整；二是可比性强，如预算期实际业务量与计划业务量不一致，可将实际指标与实际业务量相应的预算额进行对比，使预算执行情况的评价与考核更加现实和可比，以更好地发挥预算的控制作用。

企业应用弹性预算法，一般按照以下程序进行：

第一步，确定弹性预算适用的项目，识别相关的业务量并预测业务量在预算期内可能存在的不同水平和弹性幅度；

第二步，分析预算项目与业务量之间的数量依存关系，确定弹性定额；

第三步，构建弹性预算模型，形成预算方案；

第四步，审定预算方案并上报企业预算管理委员会等专门机构审议后，报董事会等机构审议。

弹性预算的编制方法又分为公式法和列表法两种具体方法。

公式法是运用总成本性态模型，测算预算期的成本费用数额，并编制成本费用预算的方法。根据成本性态，成本与业务量之间的数量关系可用公式表示：

$$y=a+bx$$

式中，y 表示某项预算成本总额，a 表示该项成本中的固定基数，b 表示与业务量相关的弹性定额，x 表示预计业务量。

【例 3－1】 某企业制造费用中的修理费用与修理工时密切相关。经测算，预算期的修理费用中的固定修理费用为 30000 元，单位工时的变动修理费用为 30 元；预计预算期的修理工时为 3500 小时。运用公式法，测算预算期内的修理费用总额为：30000＋30×3500＝135000（元）。

因为任何成本都可用公式 $y=a+bx$ 来近似地表示，所以只要在预算中列示 a（固定成本）和 b（单位变动成本），便可随时利用公式计算任一业务量 x 的预算成本 y。

【例 3－2】 某企业经过分析得出某种产品的制造费用与人工工时密切相关，采用公式法编制的制造费用预算见表 3－1 所列。

表 3－1　制造费用预算（公式法）

业务量范围	420～660（人工工时）	
费用项目	固定费用（元/月）	变动费用（元/人工工时）
运输费用	—	2
电力费用	—	10
材料费用	—	1
修理费用	850	8.5
油料费用	1080	2
折旧费用	3000	—
人工费用	1000	—
合　计	5930	23.5
备　注	当业务量超过 600 工时后，修理费用中的固定费用将由 850 元上升到 1850 元	

本例中，针对制造费用而言，在业务量为 420～660 人工工时的情况下，$y=5930+23.5x$；在业务量为 600～660 人工工时的情况下，$y=6930+23.5x$。如果业务量为 500 人工工时，则制造费用 5930＋23.5×500＝17680（元）；如果业务量为 650 人工工时，则制造费用 6930＋23.5×650＝22205（元）。

公式法的优点是便于在一定范围内计算任何业务量的预算成本，可比性和适应性强，编制预算的工作量相对较小。缺点是按公式进行成本分解比较麻烦，对每个费用子项目甚至细目逐一进行成本分解，工作量很大。另外对于阶梯成本和曲线成本只能先用数学方法修正为直线,才能应用公式法。必要时,还需在“备注”中说明适用不同业务量范围的固定费用和单位变动费用。此外,应用公式法编制预算时,相关弹性定额可能仅适用于一定业务量范围内。当业务量变动超出该适用范围时,应及时修正、更新弹性定额,或改为列表法编制。

列表法是指在确定的业务量范围内划分出若干个不同的等级,分别计算并列示该预算项目与业务量相关的不同可能预算方案的方法。

应用列表法编制预算,首先要在确定的业务量范围内划分出若干不同水平,然后分别计算各项预算值,汇总列入一个预算表格。

列表法的优点是:不管实际业务量多少,不必经过计算即可找到与业务量相近的预算成本;混合成本中的阶梯成本和曲线成本,可按总成本性态模型计算填列,不用数学方法修正为近似值的成本。但是,运用列表法编制预算,在评价和考核实际成本时往往需要使用值法来计算实际业务量的预算成本,比较麻烦。

【例 3-3】 根据表 3-1,某企业采用列表法编制的 2021 年 6 月制造费用预算见表 3-2 所列。

表 3-2 制造费用预算(列表法) 金额单位:元

业务量(直接人工工时)(小时)	420	480	540	600	660
占正常生产能力百分比(%)	70	80	90	100	110
变动成本	—				
运输费用($b=2$)	840	960	1080	1200	1320
电力费用($b=10$)	4200	4800	5400	6000	6600
材料费用($b=1$)	420	480	540	600	660
合　计	5460	6240	7020	7800	8580
混合成本	—				
修理费用	4420	4930	5440	5950	7460
油料费用	1920	2040	2160	2280	2400
合　计	6340	6970	7600	8230	9860
固定成本	—				
折旧费用	3000	3000	3000	3000	3000
人工费用	1000	1000	1000	1000	1000
合　计	4000	4000	4000	4000	4000
总　计	15800	17210	18620	20030	22440

表 3－2 中分别列示了五种业务量水平的成本预算数据(根据企业情况，也可以按更多的业务量水平来列示)。这样，无论实际业务量达到何种水平，都有适用的一套成本数据来发挥控制作用。

如果固定预算法是按 600 小时编制的，成本总额为 20030 元。在实际业务量为 500 小时的情况下，不能用 20030 元去评价实际成本的高低，也不能按业务量变动的比例调整后的预算成本 16692 元(20030×500÷600)去考核实际成本，因为并不是所有的成本都一定同业务量呈同比例关系。

如果采用弹性预算法，就可以根据各项成本与业务量的不同关系，采用不同方法确定实际业务量的预算成本，去评价和考核实际成本。实际业务量为 500 小时，运输费等各项变动成本可用实际工时数乘以单位业务量变动成本来计算，即变动总成本为 6500 元(500×2＋500×10＋500×1)。固定总成本不随业务量变动，仍为 4000 元。混合成本可用插值法逐项计算：500 小时处在 480～540 小时之间，修理费应该在 4930～5440 元之间，设实际业务的预算修理费为 x 元，则：

$$(500-480)\div(540-480)=(x-4930)\div(5440-4930)$$

$$x=5100\text{ 元}$$

油料费用在 480 小时和 540 小时分别为 2040 元和 2160 元，用插值法计算 500 小时应为 2080 元。可见：

$$500\text{ 小时预算成本}=(2+10+1)\times500+5100+2080+4000=17680(\text{元})$$

这样计算出来的预算成本比较符合成本的变动规律，可以用来评价和考核实际成本，比较确切，且被考核人容易接受。

(二)定期预算法与滚动预算法

编制预算的方法按其预算期的时间特征不同，可分为定期预算法和滚动预算法两大类。

1. 定期预算法

定期预算法又称静态预算，是指在编制预算时以不变的会计期(如会计年度)作为预算期的一种编制预算的方法。编制时，一般以一个会计年度作为固定的预算期，先反映年度预算，再细分为季度预算、月度预算。

其特点是预算期与会计年度一致，不同会计年度的预算期是有间隔的，不同会计年度的预算相互独立，便于考核和评价预算的执行结果。

其缺点：一是远期指导性差，由于往往在执行年度开始前几个月或年初进行，难以预测预算期后期情况。二是连续性差，因其只考虑一个会计年度的经营活动，对长远发展考虑很少，不能适应连续不断的经营活动，不利于企业的长远发展。三是灵活性差，因其不能随情况的变化作出及时调整，预算执行中的许多变化因素会阻碍预算的指导功能，甚至使预算滞后过时，以致丧失作用。

实践中，为克服定期预算的缺点，可采用滚动预算。

2. 滚动预算法

滚动预算法又称连续预算或永续预算，是指在编制预算时，将预算期与会计年度脱离开，随着预算的执行不断延伸，补充预算，逐期向后滚动，使预算期永远保持为一个固定期间(如1年)的一种预算编制方法。其特点是预算期始终保持一年，当执行完一个月(或一个季度)的预算后，及时再增补一个月(或一个季度)的预算数，使预算逐期向后滚动。

按照预算编制周期，可以将滚动预算分为中期滚动预算和短期滚动预算。中期滚动预算的预算编制周期通常为3年或5年，以年度作为预算滚动频率。短期滚动预算通常以1年为预算编制周期，以月度、季度作为预算滚动频率。短期滚动预算通常使预算期始终保持12个月，每过1个月或1个季度，立即在期末增列1个月或1个季度的预算，逐期往后滚动，因而在任何一个时期都使预算保持为12个月的时间长度。这种预算能使企业各级管理人员对未来始终保持整整12个月时间的考虑和规划，从而保证企业的经营管理工作能够稳定而有序地进行。

滚动预算在实践中有着突出的优点：一是及时性强，有较强的适应性。定期预算一般预算期长达1年，在编制预算时很难预测市场的变化，由此形成的是一个粗略的预算。而滚动预算能结合不断变化的因素，及时进行调整和修订近期预算。二是连续性、完整性和稳定性突出。由于滚动预算在时间上不再受日历年度的限制，能连续不断地规划未来的经营活动，不会造成预算的人为间断，确保企业管理工作的完整性和稳定性。三是能适应各个时期计划的需要。由于滚动预算的长期性和多样性，促使管理人员不仅能作短期的周详安排，而且能进行长远的整体规划。

但因滚动预算自动延伸的工作量大，实践中较少被企业采用。

(三)增量预算法与零基预算法

按编制预算出发点的特征不同，可分为增量预算法与零基预算法。

1. 增量预算法

增量预算法是指以历史期实际经济活动及其预算为基础，结合预算期经济活动及相关影响因素的变动情况，通过调整历史期经济活动项目及金额形成预算的预算编制方法。增量预算法以过去的费用发生水平为基础，主张不需在预算内容上作较大的调整，它的编制遵循以下假定：

第一，企业现有业务活动是合理的，不需要进行调整；

第二，企业现有各项业务的开支水平是合理的，在预算期予以保持；

第三，以现有业务活动和各项活动的开支水平确定预算期各项活动的预算数。

增量预算法的缺陷是可能导致无效费用开支无法得到有效控制，使得不必要开支合理化，造成预算上的浪费。

2. 零基预算法

零基预算法是指企业不以历史期经济活动及其预算为基础，以零为起点，从实际需要出发分析预算期经济活动的合理性，经综合平衡，形成预算的预算编制方法。零基预算法适用于企业各项预算的编制，特别是不经常发生的预算项目或预算编制基础变化较大的预算项目。零基预算法的应用程序如下：

第一，明确预算编制标准。企业应搜集和分析对标单位、行业等外部信息，结合内部管理需要形成企业各预算项目的编制标准，并在预算管理过程中根据实际情况不断分析评价、修订完善预算编制标准。

第二，制订业务计划。预算编制责任部门应依据企业战略、年度经营目标和内外环境变化等安排预算期经济活动，在分析预算期各项经济活动合理性的基础上制订详细、具体的业务计划，作为预算编制的基础。

第三，编制预算草案。预算编制责任部门应以相关业务计划为基础，根据预算编制标准编制本部门相关预算项目，并报预算管理责任部门审核。

第四，审定预算方案。预算管理责任部门应在审核相关业务计划合理性的基础上，逐项评价各预算项目的目标、作用、标准和金额等，按战略相关性、资源限额和效益性等进行综合分析和平衡，汇总形成企业预算草案，上报企业预算管理委员会等专门机构审议后报董事会等机构审批。

零基预算法的优点体现在以下两点：一是以零为起点编制预算，不受历史期经济活动中的不合理因素影响，能够灵活应对内外环境的变化，预算编制更贴近预算期企业经济活动需要；二是增加预算编制透明度，有利于进行预算控制。

其缺点主要体现在以下两点：一是预算编制工作量较大、成本较高；二是预算编制的准确性受企业管理水平和相关数据标准准确性影响较大。

零基预算的编制要深入调查论证，提出预算方案。各部门在充分酝酿的基础上，提出本部门在预算期内应当发生的项目及预算数额。

将全部费用划分为不可避免项目和可避免项目，对不可避免项目必须保证资金供应，对可避免项目需逐级进行成本—效益分析，确定各项费用预算的优先顺序。

合理分配可动用的预算资金：按重要性原则，进一步划分哪些是可以延缓的项目、哪些是不可延缓的项目，依据各项目的轻重缓急顺序，分配资金，落实预算。

【例 3－4】 某企业对销售管理费用预算采用零基预算的编制方法，预算编制人员提出的预算年度开支水平如下：业务招待费 180000 元、广告费 300000 元、劳动保护费 150000 元、办公费 100000 元、保险费 120000 元。经过充分论证得出：上述业务招待费和广告费以外的成本费用项目都不能再压缩，必须得到全额保证。

根据历史资料对业务招待费和广告费进行成本—效益分析，得到：业务招待费成本与收益之比为1∶4，广告费成本与收益之比为1∶6。

假定企业预算年度对上述费用可动用的财力资源只有700000元，要求分析每一成本费用项目的预算金额。

分析：

不可避免项目预算金额＝100000＋120000＋150000＝370000(元)

因为上述费用是预算期必不可少的，需要全额得到保证。

业务招待费和广告费可分配的预算金额＝700000－370000＝330000(元)

按成本—效益比重将可分配的预算金额在业务招待费和广告费之间进行分配：

$$\text{业务招待费}=330000\times\frac{4}{4+6}=132000(\text{元})$$

$$\text{广告费}=330000\times\frac{6}{4+6}=198000(\text{元})$$

二、预算的编制程序

企业编制预算，一般应按照“上下结合、分级编制、逐级汇总”的程序进行。

(一)下达目标

企业董事会或经理办公会根据企业发展战略和预算期经济形势的初步预测，在决策的基础上，提出下一年度企业预算目标，包括销售或营业目标、成本费用目标、利润目标和现金流量目标，并确定预算编制的政策，由预算管理委员会下达至各预算执行单位。

(二)编制上报

各预算执行单位按照企业预算管理委员会下达的预算目标和政策，结合自身特点以及预算的执行条件，提出本单位详细的预算方案，上报企业财务管理部门。

(三)审查平衡

企业财务管理部门对各预算执行单位上报的财务预算方案进行审查、汇总，提出综合平衡的建议。在审查、平衡过程中，预算管理委员会应当进行充分协调，对发现的问题提出初步调整意见，并反馈给有关预算执行单位予以修正。

(四)审议批准

企业财务管理部门在有关预算执行单位修正调整的基础上，编制出企业预算方案，报企业预算管理委员会讨论。对于不符合企业发展战略或者预算目标的事项，企业预算管理委员会应当责成有关预算执行单位进一步修订、调整。在讨论、调整的基础上，企业财务管理部门正式编制企业年度预算草案，提交董事会或经理办公会审议批准。

(五)下达执行

企业财务管理部门对董事会或经理办公会审议批准的年度总预算,一般在次年3月底以前,分解成一系列的指标体系,由预算管理委员会逐级下达各预算执行单位执行。

任务三　编制财务预算

企业应建立和完善预算编制的工作制度,明确预算编制依据、编制内容、编制程序和编制方法,确保预算编制依据合理、内容全面、程序规范、方法科学,确保形成各层级广泛接受的、符合业务假设的、可实现的预算控制目标。

一、经营预算的编制

(一)销售预算

销售预算是指在销售预测的基础上根据销售计划编制的,用于规划预算期销售活动的一种经营预算。销售预算是整个预算的编制起点,其他预算的编制都以销售预算作为基础。表3-3是M公司本年的销售预算(为方便计算,本章均不考虑增值税)。销售预算的主要内容是销量、单价和销售收入。销量是根据市场预测或销货合同并结合企业生产能力确定的,单价是通过价格决策确定的,销售收入是两者的乘积,在销售预算中计算得出。

表3-3　销售预算　　金额单位:元

项　目	第1季度	第2季度	第3季度	第4季度	全　年
项目预计销售量(件)	1000	1500	2000	1800	6300
预计销售单价	2800	2800	2800	2800	2800
销售收入	2800000	4200000	5600000	5040000	17640000
预计现金收入	—				
上年应收账款	620000	—	—	—	620000
第1季度(销货2800000)	1680000	1120000	—	—	2800000
第2季度(销货4200000)	—	2520000	1680000	—	4200000
第3季度(销货5600000)	—	—	3360000	2240000	5600000
第4季度(销货5040000)	—	—	—	3024000	3024000
现金收入合计	2300000	3640000	5040000	5264000	16244000

销售预算通常要分品类(或品种)、分月份、分销售区域、分推销员来编制。为了简化,表中只划分了季度销售数据。

销售预算中通常还包括预计现金收入的计算,其目的是为编制资金预算提供必要的资料。第1季度的现金收入包括两部分,即上年应收账款在本年第1季度收到的货款以及本季度销售中可能收到的货款。表中假设每季度销售收入中,本季度收到现金60%,另外的40%现金要到下季度才能收到。

(二)生产预算

生产预算是为规划预算期生产规模而编制的一种经营预算,它是在销售预算的基础上编制的,并可以作为编制直接材料预算和产品成本预算的依据。其主要内容有销售量、期初和期末产成品存货、生产量。在生产预算中,只涉及实物量指标,不涉及价值量指标。表3-4是M公司本年的生产预算。

表3-4　生产预算　　单位:件

项　目	第1季度	第2季度	第3季度	第4季度	全　年
加:预计销售量	1000	1500	2000	1800	6300
预计期末产成品存货	150	200	180	200	200
合　计	1150	1700	2180	2000	6500
减:预计期初产成品存货	100	150	200	180	100
预计生产量	1050	1550	1980	1820	6400

通常,企业的生产和需求不宜做到"同步同量",需要设置一定的存货,以保证能在意外需求时按时供货,并可均衡生产,节省赶工的额外支出。期末产成品存货数量通常按下一期销售量的一定百分比确定,本例按10%安排期末成品存货。年初产成品存货是编制预算时预计的,年末产成品存货根据长期销售趋势来确定。表中假设年初有产成品存货100件,年末留存200件。

生产预算的预计销售量来自销售预算,其他数据在表3-4中计算得出:

预计期末产成品存货=下季度销售量×10%

预计期初产成品存货=上季度期末产成品存货

预计生产量=预计销售量+预计期末产成品存货-预计期初产成品存货

生产预算在实际编制时是比较复杂的,产量受到生产能力的限制,产成品存货数量受到仓库容量的限制,只能在此范围内来安排产成品存货数量和各期生产量。此外,有的季度可能销量很大,可以用赶工方法增产,为此要多付加班费。如果提前在淡季生产,会因增加产成品存货而多付资金利息。因此,要权衡两者得失,选择成本最低的方案。

(三)直接材料预算

直接材料预算是为了规划预算期直接材料采购金额的一种经营预算。直接材料预算以生产预算为基础编制,同时要考虑原材料存货水平。

表 3-5 是 M 公司本年的直接材料预算。其主要内容有材料的单位产品材料用量、生产需用量、期初和期末存量等。预计生产量的数据来自生产预算,单位产品材料用量的数据来自标准成本资料或消耗定额资料,生产需用量是上述两项的乘积。年初和年末的材料存货量,是根据当前情况和长期销售预测估计的。各季度期末材料存量根据下季度生产需用量的一定百分比确定,表中按 20%计算。各季度期初材料存量等于上季度的期末材料存量。预计各季度采购量根据下式计算确定:

预计采购量=生产需用量+期末存量-期初存量

表 3-5　直接材料预算

项　目	第 1 季度	第 2 季度	第 3 季度	第 4 季度	全　年
预计生产量(件)	1050	1550	1980	1820	6400
单位产品材料用量(千克/件)	10	10	10	10	10
生产需要量(千克)	10500	15500	19800	18200	64000
加:预计期末存量(千克)	3100	3960	3640	4000	4000
减:预计期初存量(千克)	3000	3100	3960	3640	3000
预计材料采购量(千克)	10600	16360	19480	18560	65000
单价(元/千克)	80	80	80	80	80
预计采购金额(元)	848000	1308800	1558400	1484800	5200000
预计现金支出(元)	—				
上年应付账款	235000	—	—	—	235000
第 1 季度(销货 2800000)	424000	424000	—	—	848000
第 2 季度(销货 4200000)	—	654400	654400	—	1308000
第 3 季度(销货 5600000)	—	—	779200	779200	1558400
第 4 季度(销货 5040000)	—	—	—	742400	742400
合　计	659000	1078400	1433600	1521600	4692600

为了便于以后编制资金预算,通常要预计材料采购各季度的现金支出。每个季度的现金支出包括偿还上期应付账款和本期应支付的采购货款。表中假设材料采购的货款有 50%在本季度内付清,另外 50%在下季度付清。这个百分比一般是

根据经验确定的。如果材料品种很多，需要单独编制材料存货预算。

（四）直接人工预算

直接人工预算是一种既要反映预算期内人工工时消耗水平，又要规划人工成本开支的经营预算。直接人工预算也是以生产预算为基础编制的。其主要内容有预计产量、单位产品工时、人工总工时、每小时人工成本和人工总成本。“预计产量”数据来自生产预算，单位产品人工工时和每小时人工成本数据来自标准成本资料，人工总工时和人工总成本是在直接人工预算中计算出来的。由于人工工资都需要使用现金支付，所以，不需要另外预计现金支出，可直接参加资金预算的汇总。M公司全年的直接人工预算见表3-6所列。

表3-6 直接人工预算

项　目	第1季度	第2季度	第3季度	第4季度	全　年
预计生产量（件）	1050	1550	1980	1820	6400
单位产品工时（小时/件）	10	10	10	10	10
人工总工时（小时）	10500	15500	19800	18200	64000
每小时人工成本（元/小时）	60	60	60	60	60
人工总成本（元）	630000	930000	1188000	1092000	3840000

（五）制造费用预算

制造费用预算通常分为变动制造费用预算和固定制造费用预算两部分。变动制造费用预算是以生产预算为基础来编制。如果有完善的标准成本资料，用单位产品的标准成本与产量相乘，即可得到相应的预算金额。如果没有标准成本资料，就需要逐项预计计划量需要的各项制造费用。固定制造费用，需要逐项进行预计，通常与本期产量无关，按每季度实际需要的支付额预计，然后求出全年数。表3-7是M公司本年制造费用预算。

表3-7 制造费用预算 单位：元

项　目	第1季度	第2季度	第3季度	第4季度	全　年
变动制造费用	—				
间接人工（20元/件）	21000	31000	39600	36400	128000
间接材料（15元/件）	15750	23250	29700	27300	96000
修理费（20元/件）	21000	31000	39600	36400	128000
水电费（10元/件）	10500	15500	19800	18200	64000
小　计	68250	100750	128700	118300	416000

（续表）

项　目	第1季度	第2季度	第3季度	第4季度	全　年
固定制造费用	—				
修理费	10000	11400	15000	15000	51400
折　旧	100000	100000	100000	100000	400000
管理人员工资	119000	131000	110000	110000	470000
保险费	15500	17100	19000	27000	78600
财产税	6000	6000	6000	6000	24000
小　计	250500	265500	250000	258000	1024000
合　计	318750	366250	378700	376300	1440000
减:折旧	100000	100000	100000	100000	400000
现金支出	218750	266250	278700	276300	1040000

为了便于以后编制产品成本预算，需要计算小时费用率。

变动制造费用小时费用率＝416000÷64000＝6.5（元/小时）

固定制造费用小时费用率＝1024000÷64000＝16（元/小时）

为了便于以后编制资金预算，需要预计现金支出。制造费用中，除折旧费外都需支付现金，所以，根据每个季度制造费用数额扣除折旧费后，即可得出现金支出的费用。

（六）产品成本预算

产品成本预算，是销售预算、生产预算、直接材料预算、直接人工预算、制造费用预算的汇总。其主要内容是产品的单位成本和总成本。单位产品成本的有关数据，来自直接材料预算、直接人工预算和制造费用预算。生产量、期末存货量来自生产预算，销售量来自销售预算。生产成本、存货成本和销货成本等数据，根据单位成本和有关数据计算得出。表3-8是M公司本年的产品成本预算。

表3-8　产品成本预算

项　目	单位成本			生产成本	期末成本	销货成本
	单价（元/千克或小时）	单耗（千克或小时）	成本（元）	6400（件）	200（件）	6300（件）
直接材料	80	10	800	5120000	160000	5040000
直接人工	60	10	600	3840000	120000	3780000

（续表）

项　目	单位成本			生产成本	期末成本	销货成本
	单价（元/千克或小时）	单耗（千克或小时）	成本（元）	6400（件）	200（件）	6300（件）
变动制造费用	6.5	10	65	416000	13000	409500
固定制造费用	16	10	160	1024000	32000	1008000
合　计	—	—	1625	10400000	325000	10237500

(七)销售及管理费用预算

销售费用预算是指为了实现销售预算所需支付的费用预算。它以销售预算为基础，根据费用计划编制。编制该预算时要求分析销售收入、销售利润和销售费用的关系，力求实现销售费用的最有效使用。在安排销售费用时，要利用本量利分析方法，费用的支出应能获取更多的收益。在草拟销售费用预算时，要对过去的销售费用进行分析，考察过去销售费用支出的必要性和效果。销售费用预算应和销售预算相配合，应有按品种、按地区、按用途的具体预算数额列示。

管理费用是搞好一般管理业务所必需的费用。随着企业规模的扩大，一般管理职能日益重要，其费用也相应增加。在编制管理费用预算时，要分析企业的业务成绩和一般经济状况，务必做到费用合理化。管理费用多属于固定成本，所以，一般是以过去的实际开支为基础，按预算期的可预见变化来调整。重要的是，必须充分考察每种费用是否必要，以便提高费用使用效率。表 3-9 是 M 公司本年的销售及管理费用预算。

表 3-9　销售及管理费用预算　　单位：元

项　目	金　额
销售费用	—
销售人员工资	300000
广告费	550000
包装费、运输费	300000
保管费	270000
折　旧	100000
管理费用	—
管理人员薪金	400000

（续表）

项　目	金　额
福利费	80000
保险费	60000
办公费	140000
折　旧	150000
合　计	2350000
减：折旧	250000
每季度支付现金	525000

二、专门决策预算的编制

专门决策预算主要是长期投资预算（又称资本支出预算），通常是指与项目投资相关的预算，它往往涉及长期建设项目的资金投放与筹集，并经常跨越多个年度。编制专门决策预算的依据，是项目财务可行性分析资料以及企业筹资决策资料。

专门决策预算的要点是准确反映项目资金投资支出与筹资计划，它同时也是编制资金预算和预计资产负债表的依据。表3－10是M公司本年的专门决策预算。

表3－10　专门决策预算　　单位：元

项　目	第1季度	第2季度	第3季度	第4季度	全　年
投资支出预算	5000000	—	—	7000000	12000000
借入长期借款	3000000	—	—	7000000	10000000

三、财务预算的编制

（一）资金预算

资金预算是以经营预算和专门决策预算为依据编制的，专门反映预算期内预计现金收入与现金支出，以及为满足理想现金余额进行筹资或者归还借款等的预算。资金预算可由可供使用现金、现金支出、现金余缺、现金筹措与运用四部分构成。M公司本年的资金预算见表3－11所列。

表 3-11 资金预算 单位:元

项　目	第1季度	第2季度	第3季度	第4季度	全　年
期初现金余额	800000	319750	302600	306300	800000
加:现金收入(表 3-3)	2300000	3640000	5040000	5264000	16244000
可供使用现金	3100000	3959750	5342600	5570300	17044000
减:现金支出	—				
直接材料(表 3-5)	659000	1078400	1433600	1521600	4692600
直接人工(表 3-6)	630000	930000	1188000	1092000	3840000
制造费用(表 3-7)	218750	266250	278700	276300	1040000
销售及管理费用(表 3-9)	525000	525000	525000	525000	2100000
所得税费用	150000	100000	230000	220000	700000
购买设备(表 3-10)	5000000	—	—	7000000	12000000
股　利	—	—	—	950000	950000
现金支出合计	7182750	2899650	3655300	11584900	25322600
现金余缺	−4082750	1060100	1687300	−6014600	−8278600
现金筹措与运用	—				
借入长期借款(表 3-10)	3000000	—	—	7000000	10000000
取得短期借款	1900000	—	—	—	1900000
归还短期借款	—	260000	890000	—	—
短期借款利息(年利 10%)	47500	47500	41000	18750	154750
长期借款利息(年利 12%)	450000	450000	450000	660000	2010000
期末现金余额	319750	302600	306300	306650	306650

表中:可供使用现金=期初现金余额+现金收入

可供使用现金−现金支出=现金余缺

现金余缺+现金筹措−现金运用=期末现金余额

其中:期初现金余额是在编制预算时预计的,下一季度的期初现金余额等于上一季度的期末现金余额,全年的期初现金余额指的是年初的现金余额,所以等于第一季度的期初现金余额。

现金收入的主要来源是销货取得的现金收入,销货取得的现金收入数据来自销售预算。

现金支出部分包括预算期的各项现金支出。直接材料、直接人工、制造费用、销售及管理费用、购买设备的数据分别来自前述有关预算。此外还包括所得税费用、股利分配等现金支出，有关的数据分别来自另行编制的专门预算。

财务管理部门应根据现金余缺与理想期末现金余额的比较，并结合固定的利息支出数额以及其他的因素，来确定预算期现金运用或筹措的数额。本例中理想的现金余额是 300000 元，如果资金不足，可以取得短期借款，银行的要求是，借款额必须是 100000 元的整数倍。本例中借款利息按季支付，作资金预算时假设新增借款发生在季度的期初，还借款发生在季度的期末（如果需要归还借款，先归还短期借款，归还的数额为 10000 元的整数倍）。本例中，M 公司上年末的长期借款余额为 12000000 元（见表 3－13），所以，第 1 季度、第 2 季度、第 3 季度的长期借款利息均为（12000000＋3000000）×12％/4＝450000（元），第 4 季度的长期借款利息＝（12000000＋3000000＋7000000）×12％/4＝660000（元）。

由于第 1 季度的长期借款利息支出为 450000 元，理想的现金余额是 300000 元，所以，（现金余缺＋借入长期借款 3000000 元）的结果只要小于 750000 元，就必须取得短期借款，而第 1 季度的现金余缺是－4082750 元，所以，需要取得短期借款。本例中 M 公司上年末不存在短期借款，假设第 1 季度需要取得的短期借款为 W 元，则根据理想的期末现金余额要求可知：－4082750＋3000000＋W－W×10％/4－450000＝300000（元），解得：W＝1879743.6 元，由于按照要求必须是 100000 元的整数倍，所以，第 1 季度需要取得 1900000 元的短期借款，支付 1900000×10％/4＝47500（元）短期借款利息，期末现金余额＝－4082750＋3000000＋1900000－47500－450000＝319750（元）。

第 2 季度的现金余缺是 1060100 元，还需要支付 47500 元的短期借款利息和 450000 元的长期借款利息，期末现金余额＝1060100－47500－450000＝562600（元）。如果归还借款，必须保证期末理想的现金余额是 300000 元，且还款额必须是 10000 元的整数倍，所以，本期可以还款 260000 元。期末现金余额为 302600 元。

第 3 季度的现金余缺是 1687300 元，利息支出为（1900000－260000）×10％/4＋450000＝491000（元），所以，按照理想的现金余额是 300000 元的要求，最多可以归还短期借款 1687300－491000－300000＝896300（元），由于必须是 10000 元的整数倍，所以，可以归还短期借款 890000 元，期末现金余额＝1687300－491000－890000＝306300（元）。

第 4 季度的现金余缺是－6014600 元，利息支出为（1900000－260000－890000）×10％/4＋（450000＋7000000×12％/4）＝678750（元），第 4 季度的现金余缺＋借入的长期借款＝－6014600＋7000000＝985400（元）（大于固定的利息支

出 678750＋理想的现金余额 300000)，所以，不需要取得短期借款。期末现金余额＝－6014600＋7000000－678750＝306650(元)。

全年的期末现金余额指的是年末的现金余额，即第 4 季度末的现金余额，所以，应该是 306650 元。

(二)预计利润表的编制

预计利润表用来综合反映企业在计划期的预计经营成果，是企业最主要的财务预算表之一。通过编制预计利润表，可以了解企业预期的盈利水平。如果预算利润与最初编制方针中的目标利润有较大差距，就需要调整部门预算，设法达到目标，或者经企业领导同意后修改目标利润。编制预计利润表的依据是各经营预算、专门决策预算和资金预算。表 3－12 是 M 公司本年的利润表预算，它是根据上述各有关预算编制的。

表 3－12 利润表预算 单位:元

项 目	金 额
销售收入(表 3－3)	17640000
销售成本(表 3－8)	10237500
毛 利	7402500
销售及管理费用(表 3－9)	2350000
利 息	2164750
利润总额	2887750
所得税费用(估计)	700000
净利润	2187750

其中:销售收入项目的数据来自销售预算;

销售成本项目的数据来自产品成本预算;

毛利项目的数据是前两项的差额;

销售及管理费用项目的数据来自销售及管理费用预算;

利息项目的数据来自资金预算。

另外，所得税费用项目是在利润规划时估计的，并已列入资金预算。它通常不是根据利润总额和所得税税率计算出来的，因为有诸多纳税调整的事项存在。此外，从预算编制程序上看，如果根据利润总额和税率重新计算所得税，就需要修改资金预算，引起信贷计划修订，进而改变利息，最终又要修改利润总额，从而陷入数据的循环修改。

(三)预计资产负债表的编制

预计资产负债表用来反映企业在计划期末预计的财务状况。编制预计资产负债表的目的，在于判断预算反映的财务状况的稳定性和流动性。如果通过预计资产负债表的分析，发现某些财务比率不佳，必要时可修改有关预算，以改善财务状况。预计资产负债表的编制需以计划期开始日的资产负债表为基础，结合计划期间各项经营预算、专门决策预算、资金预算和预计利润表进行编制。它是编制全面预算的终点。表 3－13 是 M 公司本年的预计资产负债表。

表 3－13　预计资产负债表　　单位：元

资　产	年初余额	年末余额	负债和股东权益	年初余额	年末余额
流动资产	—		流动负债	—	
货币资金（表 3－11）	800000	306650	短期借款	0	750000
应收账款（表 3－3）	620000	2016000	应付账款（表 3－5）	235000	742400
存货（表 3－5、表 3－8）	402500	645000	流动负债合计	235000	1492400
流动资产合计	1822500	2967650	非流动负债	—	
非流动资产	—		长期借款	12000000	22000000
固定资产	4000000	3350000	非流动负债合计	12000000	22000000
在建工程	10000000	22000000	负债合计	12235000	23492400
非流动资产合计	14000000	25350000	股东权益	—	
			股　本	2000000	2000000
			资本公积	500000	500000
			盈余公积	750000	750000
			未分配利润	337500	1575250
			股东权益合计	3587000	4825250
资产合计	15822500	28317650	负债和股东权益合计	15822500	28317650

其中：货币资金的数据来源于表 3－11 中现金的年初和年末余额。应收账款的年初余额 620000 元来自表 3－3 的“上年应收账款”，年末余额 2016000（元）＝5040000－3024000＝5040000×（1－60％）。

存货包括直接材料和产成品，直接材料年初余额＝3000×80＝240000（元），年末余额＝4000×80＝320000（元）；产成品成本年初余额＝（200＋6300－6400）×1625＝162500（元），年末余额＝200×1625＝325000（元）。存货年初余额＝240000＋162500＝402500（元），年末余额＝320000＋325000＝645000（元）。

固定资产的年末余额 3350000（元）＝4000000－650000，其中的 650000＝400000＋100000＋150000，指的是本年计提的折旧，数字来源于表 3－7 和表 3－9。

在建工程的年末余额 22000000(元)=10000000+12000000,本年的增加额 1200000 元来源于表 3-10(项目本年未完工)。

固定资产、在建工程的年初余额来源于 M 公司上年末的资产负债表。

短期借款本年的增加额 750000(元)=1900000-260000-890000,来源于表3-11。

应付账款的年初余额 235000 元来源于表 3-5 的上年应付账款,年末余额 742400(元)=1484800-742400=1484800×(1-50%)。

长期借款本年的增加额 10000000 元来源于表 3-10;短期借款、长期借款的年初余额,来源于 M 公司上年末的资产负债表。

未分配利润本年的增加额 1237750(元)=本年的净利润 2187750 元(见表 3-12)-本年的股利 950000 元(见表 3-11);股东权益各项目的期初余额均来源于 M 公司上年末的资产负债表。各项预算中都没有涉及股本和资本公积的变动,所以,股本和资本公积的余额不变。M 公司没有计提任意盈余公积,由于法定盈余公积达到股本的 50%时可以不再提取,所以,M 公司本年没有提取法定盈余公积,即盈余公积的余额不变。

任务四　预算的执行和考核

预算编制完成后,应按照相关法律法规及企业章程的规定报经企业预算管理决策机构审议批准,以正式文件形式下达执行。预算审批包括预算内审批、超预算审批、预算外审批等。预算内审批事项,应简化流程,提高效率;超预算审批事项,应执行额外的审批流程;预算外审批事项,应严格控制,防范风险。

一、预算的执行

企业预算一经批复下达,各预算执行单位就必须认真组织实施,将预算指标层层分解,从横向到纵向落实到内部各部门、各单位、各环节和各岗位,形成全方位的预算执行责任体系。

预算执行一般按照预算控制、预算调整等程序进行。

(一)预算控制

预算控制,是指企业以预算为标准,通过预算分解、过程监督、差异分析等促使日常经营不偏离预算标准的管理活动。

企业应建立预算授权控制制度,强化预算责任,严格预算控制。企业应建立预算执行的监督、分析制度,提高预算管理对业务的控制能力。企业应将预算目标层层分解至各预算责任中心。预算分解应按各责任中心权、责、利相匹配的原则进行，既公平合理，又有利于企业实现预算目标。

企业应当将预算作为预算期内组织、协调各项经营活动的基本依据，将年度预算细分为月份和季度预算，以便分期实施预算控制，确保年度预算目标的实现。企业应当强化现金流量的预算管理，按时组织预算资金的收入，严格控制预算资金的支付，调节资金收付平衡，控制支付风险。

对于预算内的资金拨付，按照授权审批程序执行；对于预算外的项目支出，应当按预算管理制度规范支付程序；对于无合同、无凭证、无手续的项目支出，不予支付。

对于预算编制、执行和考评过程中的风险，企业应当采取一定的防控措施来对风险进行有效管理。必要时，可以建立企业内部负责日常预算管理需求的部门，增强员工的风险意识，以个人为预算风险审查对象，并形成相应的奖惩机制，通过信息技术和信息管理系统控制预算流程中的风险。

企业应当严格执行销售、生产和成本费用预算，努力完成利润指标。在日常控制中，企业应当健全凭证记录，完善各项管理规章制度，严格执行生产经营月度计划和成本费用的定额、定率标准，加强适时监控。对预算执行中出现的异常情况，企业有关部门应及时查明原因，提出解决办法。

企业应通过信息系统展示、会议、报告、调研等多种途径及形式，及时监督、分析预算执行情况，分析预算执行差异的原因，提出对策建议。

企业财务管理部门应当利用财务报表监控预算的执行情况，及时向预算执行单位、企业预算管理委员会以至董事会或经理办公会提供财务预算的执行进度、执行差异及其对企业预算目标的影响等财务信息，促进企业实现预算目标。

（二）预算调整

年度预算经批准后，原则上不做调整。企业应在制度中严格明确预算调整的条件、主体、权限和程序等事宜，当内外战略环境发生重大变化或突发重大事件等，导致预算编制的基本假设发生重大变化时，可进行预算调整。

企业应当建立内部弹性预算机制，对于不影响预算目标的经营预算、资本预算、筹资预算之间的调整，企业可以按照内部授权批准制度执行，鼓励预算执行单位及时采取有效的经营管理对策，保证预算目标的实现。

企业调整预算，应当由预算执行单位逐级向企业预算管理委员会提出书面报告，阐述预算执行的具体情况、客观因素变化情况及其对预算执行造成的影响程度，提出预算指标的调整幅度。

企业财务管理部门应当对预算执行单位的预算调整报告进行审核分析，集中编制企业年度预算调整方案，提交预算管理委员会以至企业董事会或经理办公会审议批准，然后下达执行。

对于预算执行单位提出的预算调整事项，企业进行决策时，一般应当遵循以下要求：①预算调整事项不能偏离企业发展战略。②预算调整方案应当在经济上能够实现最优化。③预算调整重点应当放在预算执行中出现的重要的、非正常的、不符合常规的关键性差异方面。

二、预算的分析与考核

企业应当建立预算分析制度，由预算管理委员会定期召开预算执行分析会议，全面掌握预算的执行情况，研究、解决预算执行中存在的问题，纠正预算的执行偏差。

开展预算执行分析，企业管理部门及各预算执行单位应当充分收集有关财务、业务、市场、技术、政策、法律等方面的信息资料，根据不同情况分别采用比率分析、比较分析、因素分析、平衡分析等方法，从定量与定性两个层面充分反映预算执行单位的现状、发展趋势及其存在的潜力。

针对预算的执行偏差，企业财务管理部门及各预算执行单位应当充分、客观地分析产生的原因，提出相应的解决措施或建议，提交董事会或经理办公会研究决定。企业预算管理委员会应当定期组织预算审计，纠正预算执行中存在的问题，充分发挥内部审计的监督作用，维护预算管理的严肃性。

预算审计可以采用全面审计或者抽样审计。在特殊情况下，企业也可组织不定期的专项审计。审计工作结束后，企业内部审计机构应当形成审计报告，直接提交预算管理委员会以及董事会或经理办公会，作为预算调整、改进内部经营管理和财务考核的一项重要参考。

预算年度终了，预算管理委员会应当向董事会或者经理办公会报告预算执行情况，并依据预算完成情况和预算审计情况对预算执行单位进行考核。

预算考核主要针对定量指标进行考核，是企业绩效考核的重要组成部分。企业应建立健全预算考核制度，并将预算考核结果纳入绩效考核体系，切实做到有奖有惩、奖惩分明。预算考核主体和考核对象的界定应坚持上级考核下级、逐级考核、预算执行与预算考核职务相分离的原则。

企业内部预算执行单位上报的预算执行报告，应经本部门、本单位负责人按照内部议事规范审议通过，作为企业进行财务考核的基本依据。企业预算按调整后的预算执行，预算完成情况以企业年度财务会计报告为准。

预算考核以预算完成情况为考核核心，通过预算执行情况与预算目标的比较，确定差异并查明产生差异的原因，进而据以评价各责任中心的工作业绩，并通过与相应的激励制度挂钩，促进其与预算目标相一致。

任务五 财务控制概述

一、企业财务控制的概念与特征

企业财务控制是指利用有关信息和特定手段，对企业财务活动实施影响或调节，以保证其财务预算实现的全过程。财务控制作为企业财务管理工作的重要环节，具有以下特征：

(一)价值控制

财务控制的对象是以实现财务预算为目标的财务活动，它是企业财务管理的重要内容。财务管理以资金运动为主线，以价值管理为特征，决定了财务控制必须实行价值控制。

(二)综合控制

财务控制以价值为手段，可以将不同部门、不同层次和不同岗位的各种业务活动综合起来，实行目标控制。

二、财务控制应具备的条件

(一)建立组织机构

通常情况下企业为了确定财务预算，应建立决策和预算编制机构；为了组织和实施日常财务控制，应建立日常监督、协调、仲裁机构；为了考评预算的执行情况，应建立相应的考核评价机构。在实际工作中，可根据需要将这些机构的职能进行归并或合并到企业的常设机构中。为将企业财务预算分解落实到各部门、各层次和各岗位，还要建立各种执行预算的责任中心。按照财务控制的要求建立相应组织机构，是实施企业财务控制的组织保证。

(二)建立责任会计核算体系

企业的财务预算通过责任中心形成责任预算，而责任预算和总预算的执行情况都必须由会计核算来提供。通过责任会计核算，及时提供相关信息，以正确地考核与评价责任中心的工作业绩。通过责任会计汇总核算，进而了解企业财务预算的执行情况，分析存在的问题及原因，为提高企业的财务控制水平、作出正确的财务决策提供依据。

(三)制定奖罚制度

一般而言，人的工作努力程度往往受到业绩评价和奖励办法的极大影响。通过制定奖罚制度，明确业绩与奖惩之间的关系，可有效地引导人们约束自己的行为，争取尽可能好的业绩。恰当的奖惩制度，是保证企业财务控制长期有效运行的重要因素。奖惩制度的制定，要体现财务预算的目标要求，要体现公平、合理和有效的原则，要体现过程考核与结果考核的结合，真正发挥奖惩制度在企业财务控制中应有的作用。

三、财务控制的原则

（一）经济原则

实施财务控制总是有成本发生的，企业应根据财务管理的目标要求，有效地组织企业日常财务控制，只有当财务控制所取得的收益大于其代价时，这种财务控制措施才是必要的、可行的。

（二）目标管理及责任落实原则

企业的目标管理要求已纳入财务预算，将财务预算层层分解，明确规定有关方面或个人应承担的责任控制义务，并赋予其相应的权利，使财务控制目标和相应的管理措施落到实处，成为考核的依据。

（三）例外管理原则

企业日常财务控制涉及企业经营的各个方面，财务控制人员要将注意力集中在那些重要的、不正常、不符合常规的预算执行差异上。企业通过例外管理，一方面可以分析实际脱离预算的原因来达到日常控制的目的，另一方面可以检验预算的制定是否科学与先进。

任务六　责任中心

责任中心是指具有一定的管理权限并承担相应经济责任的企业内部责任单位，是一个责权利相结合的实体。划分责任中心的标准是：凡是可以划清管理范围，明确经济责任，能够单独进行业绩考核的内部单位，无论大小都可成为责任中心。

责任中心按其责任权限范围及业务活动的特点不同，可分为成本中心、利润中心和投资中心三大类。

一、成本中心

成本中心是指对成本或费用承担责任的责任中心。成本中心往往没有收入，其职责是用一定的成本去完成规定的具体任务，一般包括产品生产的生产部门、提供劳务的部门和有一定费用控制指标的企业管理部门。

成本中心是责任中心中应用最为广泛的一种责任中心形式。任何发生成本的责任领域,都可以确定为成本中心,上至整个企业,下至车间、工段、班组,甚至个人都可以划分为成本中心。成本中心的规模不一,一个成本中心可以由若干个更小的成本中心组成,因而在企业中可以形成一个逐级控制并层层负责的成本中心体系。

(一)成本中心的类型

广义的成本中心有两种类型:标准成本中心和费用中心。

标准成本中心是以实际产出量为基础,并按标准成本进行成本控制的成本中心,通常制造业工厂、车间、工段、班组等是典型的标准成本中心。在产品生产中,这类成本中心的投入与产出有着明确的函数对应关系,它不仅能够计量产品产出的实际数量,而且每个产品因有明确的原材料、人工和制造费用的数量标准和价格标准,从而可以对生产过程实施有效的弹性成本控制。实际上,任何一项重复性活动,只要能够计量产出的实际数量,并且能够建立起投入与产出之间的函数关系,都可以作为标准成本中心。

费用中心是指产出物不能以财务指标来衡量,或者投入与产出之间没有密切关系的有费用发生的单位,通常包括一般行政管理部门、研究开发部门及某些销售部门。一般行政管理部门的产出难以度量,研究开发和销售活动的投入量与产出量没有密切的联系。费用中心的费用控制应侧重于预算总额的审批上。

狭义的成本中心是将标准成本中心划分为基本成本中心和复合成本中心两种。前者是指没有下属的成本中心,属于较低层次的成本中心;后者则有若干个下属成本中心,属于较高层次的成本中心。

(二)成本中心的责任成本与可控成本

由成本中心承担责任的成本就是责任成本,它是该中心的全部可控成本之和。基本成本中心的责任成本就是其可控成本,复合成本中心的责任成本既包括本中心的责任成本,也包括下属成本中心的责任成本,各成本中心的可控成本之和即是企业的总成本。

可控成本是指责任单位在特定时期内,能够直接控制其发生的成本。可控成本必须同时具备以下条件:第一,责任中心能够通过一定的方式预知成本的发生;第二,责任中心能够对发生的成本进行计量;第三,责任中心能够通过自己的行为对这些成本加以调节和控制;第四,责任中心可以将这些成本的责任分解落实。

凡不能同时满足上述条件的成本就是不可控成本。对于特定成本中心来说,它不应当承担不可控成本的相应责任。

正确判断成本的可控与否是成本中心承担责任成本的前提。从整个企业的空间范围和较长时间来看,所有的成本都是人的某种决策或行为的结果,都是可控的。但是，对于特定的人或时间段来说，则有些是可控的，有些是不可控的。所以，对成本的可控性理解应注意以下几个方面：

第一，成本的可控性总是与特定责任中心相关，与责任中心所处管理层次的高低、管理权年限及控制范围的大小有直接关系。

同一个成本项目，受到责任中心层次高低影响，其可控性不同。就整个企业而言，所有的成本都是可控成本，而对于企业内部的各部门、车间、工段、班组和个人来讲，则既有其各自的可控成本又有其各自的不可控成本。有些成本对于较高层次的责任中心来说属于可控成本，而对于其下属的较低层次的责任中心来讲，可能就是不可控成本。比如，车间主任的工资，尽管要计入产品成本，但不是车间的可控成本，而它的上级则可以控制；反之，属于较低层次责任中心的可控成本，则一定是其所属的较高层次责任中心的可控成本。至于下级责任中心的某项不可控成本对于上一级的责任中心来说，就有两种可能，要么仍然属于不可控成本，要么是可控成本。

成本的可控性要受到管理权限和控制范围的约束。同一个成本项目，对于某一责任中心来讲是可控成本，而对于处在同一层次的另一责任中心来讲却是不可控成本。比如广告费，对于销售部门是可控的，但对于生产部门却是不可控的；又如直接材料的价格差异对于采购部门来说是可控的，但对于生产耗用部门却是不可控的。

第二，成本的可控性要联系时间范围考虑。

一般说来，在消耗或支付的当期成本是可控的，一旦消耗或支付后就不再可控了。如折旧费、租赁费等成本是过去决策的结果，这在添置设备和签订租约时是可控的，而使用设备或执行契约时就无法控制了。成本的可控性是一个动态概念，随着时间推移，成本的可控性还会随企业管理条件的变化而变化。如某成本中心管理人员工资过去是不可控成本，但随着用工制度的改革，该责任中心既能决定工资水平，又能决定用工人数，则管理人员工资成本就转化为可控成本了。

第三，成本的可控性与成本性态和成本可辨认性的关系。

一般来讲，一个成本中心的变动成本大都是可控成本，固定成本大都是不可控成本。直接成本大都是可控成本，间接成本大都是不可控成本。但实际上也并不完全如此，需要结合有关情况具体分析，如广告费、科研开发费、教育培训费等酌量性固定成本是可控的，某个成本中心所使用的固定资产的折旧费是直接成本，但不是可控成本。

(三)成本中心的责任成本与产品成本

作为产品制造的标准成本中心，必然会同时面对责任成本和产品成本两个问题，承担责任成本还必须了解这两种成本的区别与联系。责任成本和产品成本的主要区别是：

① 成本归集的对象不同。责任成本是以责任成本中心为归集对象，产品成本则以产品为对象。

② 遵循的原则不同。责任成本遵循“谁负责谁承担”的原则，承担责任成本的是“人”；产品成本则遵循“谁受益谁负担”的原则，负担产品成本的是“物”。

③ 核算的内容不同。责任成本的核算内容是可控成本；产品成本的构成内容是指应归属于产品的全部成本，既包括可控成本，又包括不可控成本。

④ 核算的目的不同。责任成本的核算目的是实现责权利的协调统一，考核评价经营业绩，调动各个责任中心的积极性；产品成本的核算目的是反映生产经营过程的耗费，规定配比的补偿尺度，确定经营成果。

责任成本和产品成本的联系是：两者内容同为企业生产经营过程中的资金耗费。就一个企业而言，一定时期发生的广义产品成本总额应当等于同期发生的责任成本总额。

(四)成本中心考核指标

由于成本中心只对成本负责，对其评价和考核的主要内容是责任成本，即通过对各责任成本中心的实际责任成本与预算责任成本进行比较，以评价各成本中心责任预算的执行情况。成本中心考核指标包括责任成本变动额和责任成本变动率两个指标，计算公式是：

$$责任成本变动额=实际责任成本-预算责任成本$$

$$责任成本变动率=责任成本变动额+预算责任成本\times100\%$$

在进行成本中心指标考核时，如果预算产量与实际产量不一致，应按弹性预算的方法先行调整预算指标，然后再按上述指标进行计算。

【例 3-5】 某企业内部甲车间为成本中心，生产甲产品，预算产量为 4000 件，单位成本 100 元；实际产量 5000 件，单位成本 95 元。要求：计算该成本中心的成本变动额和变动率。

解：

$$成本变动额=95\times5000-100\times5000=-25000(元)$$

$$成本变动率=-25000\div(100\times5000)=-5\%$$

(五)成本中心责任报告

成本中心责任报告是以实际产量为基础，反映责任成本预算实际执行情况，揭示实际责任成本与预算责任成本差异的内部报告。成本中心通过编制责任报告，以反映、考核和评价责任中心责任成本预算的执行情况。

【例 3-6】 表 3-14 是 M 成本中心责任报告。

表 3-14 M成本中心责任报告 单位:元

项 目	实 际	预 算	差 异
下属责任中心转来的责任成本	—		
A班组	11400	11000	+400
B班组	13700	14000	-300
合 计	25100	25000	+100
本成本中心的可控成本	—		
间接人工	1580	1500	+80
管理人员工资	2750	2800	-50
设备维修费	1300	1200	+100
合 计	5630	5500	+130
本责任中心的责任成本合计	30730	30500	+230

由表 3-14 可知,该成本中心实际责任成本较之于预算责任成本增加 230 元,上升了 0.8%,主要是本成本中心的可控成本增加 130 元和下属责任中心转来的责任成本增加 100 元所致,究其根本原因则是设备维修费超支 100 元和 A 班组责任成本超支 400 元,没有完成责任成本预算。B 班组责任成本减少 300 元,表明责任成本控制有初步成效。

二、利润中心

利润中心是既能控制成本,又能控制收入,对利润负责的责任中心,它是处于比成本中心高一层次的责任中心,其权利和责任都相对较大。利润中心通常是那些具有产品或劳务生产经营决策权的部门。

(一)利润中心的类型

利润中心分为自然利润中心和人为利润中心两种。自然利润中心是指能直接对外销售产品或提供劳务取得收入而给企业带来收益的利润中心。这类责任中心一般具有产品销售权、价格制定权、材料采购权和生产决策权,具有很大的独立性。

人为利润中心是不能直接对外销售产品或提供劳务,只能在企业内部各责任中心之间按照内部转移价格相互提供产品或劳务而形成的利润中心。大多数成本中心都可以转化为人为利润中心。这类责任中心一般也具有相对独立的经营管理权,即能够自主决定本利润中心生产的产品品种和产量、作业方法、人员调配和资金使用等。但这些部门提供的产品或劳务主要在企业内部转移,很少对外销售。

(二)利润中心考核指标

由于利润中心既对其发生的成本负责,又对其发生的收入和实现的利润负责,所以，利润中心业绩评价和考核的重点是边际贡献和利润，但对于不同范围的利润中心来说，其指标的表现形式也不相同。如某公司采用事业部制，其考核指标可采用以下几种形式：

部门边际贡献＝部门销售收入总额－部门变动成本总额(指标一)

部门经理可控利润＝部门边际贡献－部门经理可控固定成本(指标二)

部门可控利润＝部门经理边际贡献－部门经理不可控固定成本(指标三)

部门税前利润＝部门边际贡献－分配的公司管理费用(指标四)

其中，指标一部门边际贡献是利润中心考核指标中的一个中间指标。

指标二部门经理可控利润反映了部门经理在其权限范围内有效使用资源的能力，部门经理可控制收入以及变动成本和部分固定成本，因而可以对可控利润承担责任。该指标主要用于评价部门经理的经营业绩。这里的主要问题是，要将各部门的固定成本进一步区分为可控成本和不可控成本，这是因为有些费用虽然可以追溯到有关部门，却不为部门经理所控制，如广告费、保险费等。因此在考核部门经理业绩时，应将其不可控成本从中剔除。

指标三部门可控利润主要用于对部门的业绩进行评价和考核，用以反映该部门补偿共同性固定成本后对企业利润所作的贡献。如果要决定评价和考核，可控利润是有重要意义的信息。

指标四部门税前利润用于计算部门提供的可控利润必须抵补总部的管理费用等，否则企业作为一个整体就不会盈利。这样，部门经理可集中精力增加收入并降低可控成本，为企业实现预期的利润目标作出应有的贡献。

【例 3－7】 表 3－15 是甲企业的利润中心的有关资料。

表 3－15 甲企业利润中心相关资料

部门销售收入	100 万元
部门销售产品的变动生产成本和变动性销售费用	74 万元
部门可控固定成本	6 万元
部门不可控固定成本	8 万元
分配的公司管理费用	5 万元

该部门的各级利润考核指标分别是：

部门边际贡献＝100－74＝26(万元)

部门经理可控利润＝26－6＝20(万元)

部门可控利润＝20－8＝12(万元)

部门税前利润＝12－5＝7(万元)

(三)利润中心责任报告

利润中心通过编制责任报告,可以集中反映利润预算的完成情况,并对其产生差异的原因进行具体分析。

【例 3－8】 表 3－16 是 A 利润中心责任报告。

表 3－16 A 利润中心责任报告　　单位:万元

项　目	实　际	预　算	差　异
销售收入	250	240	＋10
变动成本	—		
变动生产成本	154	148	＋6
变动销售成本	34	35	－1
变动成本合计	188	183	＋5
边际贡献	62	57	＋5
固定成本	—		
直接发生的固定成本	16.4	16	＋0.4
上级分配的固定成本	13	13.5	－0.5
固定成本合计	29.4	29.5	－0.1
营业利润	32.6	27.5	＋5.1

由表 3－16 中计算可知,该利润中心的实际利润超额完成预算 5.1 万元,如果剔除上级分配来的固定成本这一因素,利润超额完成 4.6 万元。

三、投资中心

投资中心是指既要对成本、利润负责,又要对投资效果负责的责任中心。投资中心与利润中心的主要区别是:利润中心没有投资决策权,需要在企业确定投资方向后组织具体的经营;投资中心则不仅在产品生产和销售上享有较大的自主权,而且具有投资决策权,能够相对独立地运用其所掌握的资金,有权购置或处理固定资产,扩大或削减现有的生产能力。投资中心是最高层次的责任中心,它具有最大的决策权,也承担最大的责任。一般而言,大型集团所属的子公司、分公司、事业部往往都是投资中心。

投资中心拥有投资决策权和经营决策权,同时各投资中心在资产和权益方面应划分清楚，以便准确地算出各投资中心的经济效益，对其进行正确的评价和考核。

（一）投资中心考核指标

投资中心评价与考核的内容是利润及投资效果，反映投资效果的指标主要是投资报酬率和剩余收益。

1. 投资报酬率

投资报酬率是投资中心所获得的利润占投资额（或经营资产）的百分比，可以反映投资中心的综合盈利能力。其计算公式为：

投资报酬率＝净利润（或营业利润）÷投资额（或经营资产）×100％

投资报酬率指标可分解为：

投资报酬率＝投资（或经营资产）周转率×销售利润率

上述公式中，投资额（或经营资产）应按平均投资额（或平均经营资产）计算。

投资报酬率是个相对数正指标，数值越大越好。

目前，有许多企业采用投资报酬率作为评价投资中心业绩的指标。该指标的优点是：投资报酬率能反映投资中心的综合盈利能力，且由于剔除了因投资额不同而导致的利润差异的不可比因素，因而具有横向可比性，有利于判断各投资中心经营业绩的优劣。此外，投资利润率可作为选择投资机会的依据，有利于优化资源配置。

这一评价指标的不足之处是缺乏全局观念。当一个投资项目的投资报酬率低于某投资中心的投资报酬率而高于整个企业的投资报酬率时，虽然企业希望接受这个投资项目，但该投资中心可能拒绝它；当一个投资项目的投资报酬率高于该投资中心的投资报酬率而低于整个企业的投资报酬率时，该投资中心可能只考虑自己的利益而接受它，而不顾企业整体利益是否受到损害。

假设某个部门现有资产 200 万元，年净利润 44 万元，投资报酬率为 22％，部门经理目前面临一个投资报酬率为 17％的投资机会，投资额为 50 万元，每年净利润 8.5 万元。企业投资报酬率为 15％。尽管对整个企业来说，由于该项目投资报酬率高于企业投资报酬率，应当利用这个投资机会，但是它却使这个部门的投资报酬率由过去的 22％下降到 21％。

投资报酬率＝（44＋8.5）÷（200＋50）×100％＝21％

同样道理，当情况与此相反，假设该部门现有一项资产价值 50 万元，每年获利 8.5 万元，投资报酬率 17％，该部门经理却愿意放弃该项资产，以提高部门投资报酬率。

$$投资报酬率=(44-8.5)\div(200-50)\times100\%=23.67\%$$

当使用投资报酬率作为业绩评价标准时，部门经理可以通过加大公式的分子或减少公式的分母来提高这个比例。这样做，会失去不是最有利但可以扩大企业总净利润的项目。从引导部门经理采取与企业总体利益一致的决策来看，投资报酬率并不是一个很好的指标。

因此，为了使投资中心的局部目标与企业的总体目标保持一致，弥补投资报酬率这一指标的不足，还可以采用剩余收益指标来评价、考核投资中心的业绩。

2. 剩余收益

剩余收益是指投资中心获得的利润扣减投资额按预期最低投资报酬率计算的投资报酬后的余额。其计算公式为：

$$\begin{aligned}剩余收益&=利润-投资额\times预期最低投资报酬率\\&=投资额\times(投资利润率-预期最低投资报酬率)\end{aligned}$$

以剩余收益作为投资中心经营业绩评价指标，各投资中心只要投资利润率大于预期最低投资报酬率，即剩余收益大于零，该项投资项目就是可行的。剩余收益是个绝对数正指标，这个指标越大，说明投资效果越好。

【例 3-9】 某企业有若干个投资中心，平均投资报酬率为 15%，其中 A 投资中心的投资报酬率为 20%，该中心的经营资产平均余额为 150 万元。预算期 A 投资中心有一个增加投资的机会。投资额为 100 万元，预计利润为 16 万元。投资报酬率为 16%。要求：(1)假定预算期 A 投资中心接受了上述投资项目，分别用投资报酬率和剩余收益指标来评价考核 A 投资中心追加投资后的工作业绩。(2)分别从整个企业和 A 投资中心的角度，说明是否应当接受这一追加投资项目。

解：

(1)A 投资中心接受投资后的评价指标分别为：

$$投资报酬率=(150\times20\%+16)\div(150+100)\times100\%=18.40\%$$

$$剩余收益=16-100\times15\%=1(万元)$$

从投资报酬率指标看，A 投资中心接受投资后的投资报酬率为 18.40%，低于该中心原有的投资报酬率 20%，追加投资使 A 投资中心的投资报酬率指标降低了。从剩余收益指标看，A 投资中心接受投资后可增加剩余收益 1 万元，大于 0，表明追加投资使 A 投资中心有利可图。

(2)如果从整个企业的角度看，该追加投资项目的投资报酬率为 16%，高于企业的投资报酬率 15%；剩余收益为 1 万元，大于 0。结论是：无论从哪个指标看，企业都应当接受该项追加投资。

如果从A投资中心看，该追加投资项目的投资报酬率为16%，低于该中心的投资报酬率20%，若仅用这个指标来考核投资中心的业绩，则A投资中心不会接受这项追加投资（因为这将导致A投资中心的投资报酬率指标由20%降低为18.40%）。但若以剩余收益指标来考核投资中心的业绩，则A投资中心会因为剩余收益增加了1万元，而愿意接受该项追加投资。

通过上例可以看出，利用剩余收益指标考核投资中心的工作业绩，能使个别投资中心的局部利益与企业整体利益达到一致，避免投资中心出现本位主义倾向。

需要注意的是，以剩余收益作为评价指标，所采用的投资报酬率的高低对剩余收益的影响很大，通常应以整个企业的平均投资报酬率作为最低报酬率。

（二）投资中心责任报告

投资中心责任报告的结构与成本中心和利润中心类似。通过编制投资中心责任报告，可以反映该投资中心投资业绩的具体情况。

【例3-10】 表3-17是某投资中心责任报告。

表3-17 某投资中心责任报告 单位：万元

项目		实际	预算	差异
营业利润	①	600	450	150
平均经营资产	②	3000	2500	+500
投资报酬率	③=①÷②	20%	18%	2%
按最低投资报酬率15%计算的投资报酬	④=②×15%	450	375	+75
剩余收益	⑤=①-④	150	75	+75

由表3-17中计算可知，该投资中心的投资报酬率和剩余收益指标都超额完成了预算，表明该投资中心投资业绩比较好。

任务七 内部转移价格

企业内部的各责任单位，既相互联系又各自独立开展活动，它们经常相互提供产品和劳务。为了正确评价企业内部各责任中心的经营业绩，明确区分各自的经济责任，使考核建立在客观而可比的基础上，企业必须根据各责任中心业务活动的具体特点，正确制定企业内部的转移价格。

一、内部转移价格的含义

内部转移价格是指企业内部各责任中心之间转移中间产品或相互提供劳务，

而发生内部结算和进行内部责任结转所使用的计价标准。例如,上道工序加工完成的产品转移到下道工序继续加工,辅助生产部门为基本生产车间提供劳务等,都是一个责任中心向另一个责任中心“出售”产品或提供劳务,都必须采用内部转移价格进行结算。又如,某工厂生产车间与材料采购部门是两个成本中心,若生产车间所耗用的原材料由于质量不符合原定标准,发生超过消耗定额的不利差异,也应由生产车间以内部转移价格结转给采购部门。

在任何企业中,各责任中心之间的相互结算,以及责任成本的转账业务都是经常发生的,它们都需要依赖一个公正、合理的内部转移价格作为计价的标准。由于内部转移价格对于提供产品或劳务的生产部门来说意味着收入,对于使用这些产品或劳务的购买部门来说则意味着成本,所以,这种内部转移价格有两个明显的特征。

在内部转移价格一定的情况下,卖方(产品或劳务的提供方)必须不断改善经营管理,降低成本和费用,以其收入抵偿支出,以取得更多利润。买方(产品或劳务的接受方)则必须在一定的购置成本下,千方百计降低再生产成本,提高产品或劳务的质量,争取较高的经济效益。

内部转移价格所影响的买卖双方都存在于同一企业中,在其他条件不变的情况下,内部转移价格的变化会使买卖双方的收入或内部利润向相反方向变化,但就企业整体来看,内部转移价格无论怎样变化,企业总利润是不变的,变动的只是内部利润在各责任中心之间的分配份额。

二、内部转移价格的种类

内部转移价格主要有市场价格、协商价格、双重价格和以“成本”作为内部转移价格四种。

(一)市场价格

市场价格是根据产品或劳务的市场供应价格作为计价基础。以市场价格作为内部转移价格的责任中心应该是独立核算的利润中心。通常是假定企业内部各责任中心都处于独立自主的状态,即有权决定生产的数量、出售或购买的对象及其相应的价格。在西方国家,通常认为市场价格是制定内部转移价格的最好依据。因为市场价格客观公正,对买卖双方无所偏袒,而且还能激励卖方努力改善经营管理,不断降低成本,在企业内部营造一种竞争的市场环境,让每个利润中心都成为名副其实的独立生产经营单位,以利于相互竞争,最终通过利润指标来考核和评价其工作成果。

在采用市价作为计价基础时,为了保证各责任中心的竞争建立在与企业的总目标相一致的基础上,企业内部的买卖双方一般应遵循以下的基本原则:①如果卖方愿意对内销售，且售价不高于市价时，买方有购买的义务，不得拒绝；②如果卖方售价高于市价，买方有改为由外界市场购入的自由；③若卖方宁愿对外界销售，则应有不对内销售的权利。

然而，以市场价格作为内部转移价格的计价基础，也有其自身的局限性。这是因为企业内部相互转让的产品或提供的劳务，往往是本企业专门生产的，具有特定的规格，或是需经过进一步加工才能出售的中间产品，因而往往没有相应的市价作为依据。

(二)协商价格

协商价格，简称“议价”，它是指买卖双方以正常的市场价格为基础，定期共同协商，确定出一个双方都愿意接受的价格作为计价标准。成功的协商价格依赖于两个条件：①要有一个某种形式的外部市场，两个部门的经理可以自由地选择接受或是拒绝某一价格。如果根本没有可能从外部取得或销售中间产品，就会使一方处于垄断状态，这样的价格不是协商价格，而是垄断价格。②当价格协商的双方发生矛盾不能自行解决，或双方谈判可能导致企业非最优决策时，企业的高一级管理阶层要进行必要的干预，当然这种干预是有限的、得体的，不能使整个谈判变成上级领导裁决一切问题。

协商价格的上限是市价，下限是单位变动成本，具体价格应由买卖双方在其上下限范围内协商议定，这是由于：①外部售价一般包括销售费、广告费及运输费等，这是内部转移价格中所不包含的，因而内部转移价格会低于外部售价；②内部转移的中间产品一般数量较大，所以单位成本较低；③售出单位大多拥有剩余生产能力，因而议价只需略高于单位变动成本即可。

采用协商价格的缺陷是：在双方协商过程中，不可避免地要花费很多人力、物力和时间，当买卖双方的负责人协商相持不下时，往往需要企业高层领导进行裁定。这样就丧失了分权管理的初衷，也很难发挥激励责任单位的作用。

【例 3－11】 A、B 两公司均为某总公司下属的自然利润中心。A 公司产品可直接按 20 元/件外销，也可提供给 B 公司进一步加工，内部转让可减少固定销售费用 3 元/件。A 公司的变动生产成本 10 元，最大生产能力 2000 件，B 公司需用量 1000 件。分析：(1)假定 A 公司产品有完全竞争的外部市场，试确定其内部转移价格能为 A、B 两公司所共同接受的合理变动范围。(2)假定 A 公司产品在外部市场可实现的最大销量为 1500 件，其生产能力无法转移，试确定其内部转移价格的合理变动范围。

解：

(1)最高价＝市场价格＝20(元/件)

最低价＝市场价格－外销费用＝20－3＝17(元/件)

(2)内部转让将放弃外销500件,其机会成本为:

放弃外销的机会成本=(20-10)×500-3×500=3500(元)

内部转移价格的合理变动范围为:

最高价=市场价格=20(元/件)

最低价=变动生产成本+单位机会成本=10+3500÷1000=13.50(元/件)

(三)双重价格

双重价格是由买卖双方分别采用不同的内部转移价格作为计价的基础,如对于产品(半成品)的“出售”部门,可按协商的市场价格计价,而对于“购买”部门,则按“出售”部门的单位变动成本计价,其差额由会计部门进行调整。西方国家采用的双重价格通常有两种形式:①双重市场价格,即当某种产品或劳务在市场上出现几种不同价格时,买方采用最低的市价,卖方则采用最高的市价。②双重转移价格,即卖方按市价或协议价作为计价基础,而买方则按卖方的单位变动成本作为计价基础。

采用双重价格的好处是,既可较好地满足买卖双方不同的需要,也便于激励双方在生产经营上充分发挥其主动性和积极性。

(四)以“成本”作为内部转移价格

以产品或劳务的成本作为内部转移价格,是制定转移价格的最简单方法。由于成本的概念不同,以“成本”作为内部转移价格也有多种不同形式,它们对转移价格的制定、业绩评价将产生不同的影响。

1. 标准成本法

标准成本法是指以各中间产品的标准成本作为内部转移价格。这种方法适用于成本中心产品(半成品)或劳务的转移,其最大优点是能将管理和核算工作结合起来。由于标准成本在制定时就已排除无效率的耗费,因此,以标准成本作为转移价格能促进企业内买卖双方改善生产经营,降低成本。其缺点是不一定使企业利益最大化,如中间产品标准成本为30元,单位变动成本为24元,卖方有闲置生产能力,当买方只能接受26元以下的内部转移价格时,此法不能促成内部交易,从而使企业整体丧失一部分利益。

2. 标准成本加成法

标准成本加成法是指根据产品(半成品)或劳务的标准成本加上一定的合理利润作为计价基础。当转移产品(半成品)或劳务涉及利润中心或投资中心时,可以以标准成本加利润作为转移价格,以分清双方责任。但不足之处是,利润的确定难免带有主观随意性。

3. 标准变动成本

标准变动成本是以产品(半成品)或劳务的标准变动成本作为内部转移价格。

这种方式符合成本习性，能够明确揭示成本与产量的关系，便于考核各责任中心的业绩，也利于经营决策。不足之处是产品（半成品）或劳务中不包含固定成本，不能鼓励企业内卖方进行技术革新，也不利于长期投资项目的决策。

巩固训练

一、单选题

1. 在现金预算表内，(　　)应分类列示预算期内可能发生的一切。

A. 现金收支项目　　　B. 资金增减项目

C. 资金流入和流出项目　　　D. 营业收入和支出项目

2. 下列各项中，没有直接在现金预算中得到反映的是(　　)。

A. 期初期末现金余额　　　B. 现金筹措及运用

C. 预算期产量和销量　　　D. 预算期现金余缺

3. 与增量预算对称的是(　　)。

A. 静态预算　　　B. 滚动预算

C. 零基预算　　　D. 弹性预算

4. 下列各项中，不属于日常业务预算内容的是(　　)。

A. 生产预算　　　B. 产品成本预算

C. 销售费用预算　　　D. 资本支出预算

5. 某企业某年度各种产品销售业务量为100%时的年销售收入总额为5500万元，变动成本为3300万元，企业年固定成本总额为1300万元，利润为900万元，则当预计业务量为70%时的利润为(　　)。

A. 540万元　　　B. 240万元

C. 630万元　　　D. 680万元

6. 某企业编制"直接材料预算"，预计第四季度期初存量456千克. 季度生产需要量2120千克。预计期末存量为350千克，材料单价为10元，若材料采购货款有50%在本季度内要付清，另外50%在下季度付清，假设不考虑其他因素，则该企业预计资产负责表年末"应付账款"项目为(　　)元。

A. 11130　　　B. 14630

C. 10070　　　D. 13560

7. 全面预算体系的各种预算，是以企业决策确定的经营目标为出发点，根据以销定产的原则，按照先(　　)后(　　)的顺序编制的。

A. 经营预算 财务预算　　　B. 财务预算 经营预算

C. 经营预算 现金预算　　　D. 现金预算 财务预算

8. 需按成本性态分析的方法将企业成本划分为固定成本和变动成本的预算编制方法是(　　)。

A. 固定预算　　B. 零基预算

C. 滚动预算　　D. 弹性预算

9. 在编制零基预算时,对于所有的预算费用支出均以(　　)为基底。

A. 可能需要　　B. 零基预算

C. 现有费用支出　　D. 基期费用支出

10. 下列各项预算中,作为全面预算体系中最后环节的是(　　)。

A. 财务预算　　B. 日常业务预算

C. 销售预算　　D. 特种决策预算

二、多选题

1. 以下各项中,属于可控成本必须同时具备条件的是(　　)。

A. 可以预计　　B. 可以计量

C. 可以施加影响　　D. 可以落实责任

2. 考核投资中心投资效果的主要指标有(　　)。

A. 责任成本　　B. 营业收入

C. 剩余收益　　D. 投资报酬率

3. 不适宜作为考核利润中心负责人业绩的指标是(　　)。

A. 利润中心边际贡献　　B. 公司利润总额

C. 利润中心可控利润　　D. 利润中心负责人可控利润

4. 划分责任中心的标准包括(　　)。

A. 可以划清管理范围　　B. 能明确经济责任

C. 必须自负盈亏　　D. 能单独进行业绩考核

5. 内部转移价格的主要类型有(　　)。

A. 市场价格　　B. 协商价格

C. 双重价格　　D. 成本转移价格

6. 下列项目中,属于责任中心考核指标的有(　　)。

A. 剩余收益　　B. 可控成本

C. 利润　　D. 投资报酬率

7. 影响剩余收益的因素有(　　)。

A. 利润　　B. 投资额

C. 规定或预期的最低投资报酬率　　D. 利润留存比率

8. 甲利润中心常年向乙利润中心提供劳务,在其他条件不变的情况下,如提高劳务的内部转移价格可能出现的结果是(　　)。

A. 甲利润中心内部利润增加　　B. 乙利润中心内部利润诚少

C. 企业利润总额增加　　D. 企业利润总额不变

9. 下列各项中,能够揭示自然利润中心特征的表述包括(　　)。

A. 直接面向市场　　B. 具有部分经营权

C. 对投资效果负责　　D. 对外销售产品而取得收入

10. 投资报酬率可分解为(　　)。

A. 边际贡献率　　B. 投资周转率

C. 销售利润率　　D. 销售成本率

三、计算分析题

1. 某公司下设A、B两个分公司,其中A分公司2010年营业利润60万元,平均经营资产为200万元,总公司决定2011年通加投资100万元扩大A分公司经营规模,预计当年可增加营业利润24万元,总公司规定的最低投资报酬率为20%。

① 计算A分公司2010年投资报酬率和剩余收益。

② 计算A分公司2011年追加投资后的投资报酬率和剩余收益。

③ 根据以上计算结果,分别以投资报酬率和剩余收益指标评价A分公司的经营业绩,并说明A分公司接受该追加投资是否有利。

2. A公司下设甲、乙两个投资中心。甲投资中心的投资额为200万元,投资报酬率为15%;乙投资中心的投资报酬率为17%,剩余收益为20万元。A公司要求的平均最低投资报酬率为12%。A公司决定追加投资100万元,若投向甲投资中心,每年可增加利润20万元;若投向乙投资中心,每年可增加利润15万元。

① 计算追加投资前,甲投资中心的剩余收益。

② 计算追加投资前,乙投资中心的投资额。

③ 计算追加投资前A公司的投资报酬率。

④ 若甲投资中心接受追加投资,计算其剩余收益。

⑤ 若乙投资中心接受追加投资,计算其投资报酬率。

3. 某公司的平均投资报酬率为13%,其所属A投资中心的经营资产为800万元,经营净利润为130万元,销售收入为2000万元。

① 计算A投资中心的投资报酬率和剩余收益。

② 假定对该投资中心追加投资300万元,追加投资后该投资中心的剩余收益达到33万元,计算追加投资增加的净利润。

③ 另一B投资中心的投资报酬率与原A投资中心的报酬率相同,其销售净利率为5%。分别计算A、B两中心的资产周转率。

4. 某企业生产A产品，年生产能力20000件，每件产品工时定额为2小时，2010年制造费用资料如表3-18所示。如果产量达到正常生产能力的120%，则固定成本中的间接材料增加2%，修理费用增加10%，折旧增加5%。①根据上述资料，按正常生产能力的70%、80%、90%、100%、120%分别编制制造费用弹性预算。②编制弹性预算执行报告。

表3-18 某企业生产A产品2010年制造费用 单位：元

项 目	每小时变动费用率	全年预算固定成本	全年实际费用(18000件)
间接材料	0.5	10000	28800
间接人工	0.25	2000	10700
电 力	0.1	1000	5000
修理费	0.15	3000	7400
折 旧	—	8000	8000
其 他	—	2000	1800
合 计	1.00	26000	61700

5. 某企业第三季度销售预算如表3-19所示。该企业销售货款当月可收回55%，次月收回30%，第三个月收回余额。期初应收账款52500元，其中5月份销售的应收账款为12000元，6月份销售的应收账款为40500元。①计算5月份与6月份的销售收入。②计算第三季度的预期现金收入，填入表格中。③计算第三季度末应收账款。

表3-19 某企业第三季度销售预算表 单位：元

项 目	预计销售金额	预期现金收入		
		7月份	8月份	9月份
期初应收账款	52500	①	②	
7月份销售收入	100000	③	④	⑤
8月份销售收入	150000		⑥	⑦
9月份销售收入	170000			⑧
期末应收账款	⑨			
合 计	⑩	⑪	⑫	⑬

项目四　筹资管理

知识目标

1. 了解权益资金、负债资金筹集的各种方式；
2. 理解各种筹资方式的优缺点；
3. 掌握资金需要量的预测方法；
4. 掌握债券发行价格和融资租赁租金的计算。

技能目标

1. 能区分融资租赁和经营租赁的本质差异；
2. 在掌握各种筹资方式的基础上，能够对企业的资金筹集进行简单的决策。

情景导入

20 世纪 90 年代以来，香港著名华商郑裕彤财团通过旗舰企业新世界发展有限公司开始大举进军内地的中低档房地产市场，并成为北京、武汉、天津和沈阳等城市的房地产战略发展商，为此，需要筹集庞大的资金进行投资。

1993 年的高峰期后，许多城市的楼房尤其是高档楼房大量空置，使得国际资本市场对中国房地产市场的看法相当消极。在这种情况下，要说服他们为新世界发展有限公司拓展内地房地产市场进行投资，难度可想而知。

1995 年 11 月，汇丰为新世界中国地产有限公司首次通过私募方式发行了 5 亿美元的股本。本次发行是香港历史上最大的私募发行，私人股本投资者占据了新世界房主 43%的股份，新世界发展有限公司则持有 57%的股权。

第二次是为新世界金融有限公司发行的 3.5 亿美元强制可换股担保债券。在私募成功发行一年后，新世界发展有限公司希望筹集更多的资金用于其在中国的房地产投资活动。作为新世界发展的全资子公司，新世界发展有限公司的规模还太小，采用债券方式发行成本较高，如果上市，又不具备三年业绩的条件。于是，汇丰主要针对上一次私募所未触及的可换股债券为债务投资者设计了可换股债券的发行方式。

但是，这种方式也有很大的结构性缺点：公司上市后，债券尚未到期就可以转为股票，在换股期间可能会有大量股票突然涌入市场，这会给当时的股价造成压力，甚至影响初次公开发行的价格，因为投资者预计初次发行后股价不会立即上涨。为此，汇丰设计的结构是，所有债券强制转换成股票，并在初次公开发行时作为发行规模的一部分，上市前必须决定是否换股，上市后就没有可换股债券了，这就给了投资者关于市场流通股数的确切信息，当然这也给发行增加了难度。这次发行是除日本外的亚太地区最大的一次可换股债券发行，汇丰承担 2.1 亿美元的分销份额，却创造了 8.6 亿美元的总需求，发行后债券交易价格一直高于发行价格。

在公开流通债券发行两年半以后，新世界发展有限公司准备在 1999 年到股票交易所上市，发行规模为 5.68 亿美元。这次发行面临的最大障碍在于，国际投资者对于中国房地产市场有很多误解，对实际发生和酝酿中的变化知之甚少。如何改变投资者的不良印象，就成了决定此次发行成败的关键。为了让股本投资者能够更好地了解中国的房地产市场，汇丰集团属下的汇丰证券于 1999 年 5 月 6—7 日在中国香港和新加坡举办了研讨会；为配合全球发行，汇丰组织了两次独立的访问活动，活动事先都有详尽的研究报告作铺垫，活动横贯了亚、欧、北美三大洲；6—7 月，汇丰又组织了大规模的全球路演，访问了三大洲的 11 个城市。为一次发行举行三次全球规模的推介活动，这是非常罕见的做法，经过这三次声势浩大的活动，终于完成了对投资者的"说服"工作。

在此次发行过程中，可换股债券的换股程序是个关键环节。债券持有者的换股方式有三种：在初次公开发行中认购最大数量的股票，或是将债券折算成股票出售获得现金收入，或是只认购最大债券股的一部分，其余债券则兑现。经过路演，结果令人相当振奋：来自股本投资者的需求为 7.83 亿美元，来自债券持有者的需求为 1.43 亿美元，总需求达 9.26 亿美元。至此，由汇丰一手策划的为新世界中国地产有限公司筹资总额超过 14 亿美元的这个融资故事也画上了一个圆满的句号。

导问：企业如何进行筹资管理？不同的筹资方式是如何对企业产生影响的？

任务一　筹资管理概述

一、企业筹资的动机

企业筹资，是指企业为了满足经营活动、投资活动、资本结构管理和其他需要，运用一定的筹资方式，通过一定的筹资渠道，筹措和获取所需资金的一种财务行为。企业筹资最基本的目的,是企业经营的维持和发展,为企业的经营活动提供资金保障,但每次具体的筹资行为,往往受特定动机的驱动。如为提高技术水平购置新设备而筹资,为对外投资活动而筹资,为产品研发而筹资,为解决资金周转临时需要而筹资,等等。归纳起来,主要有四类筹资动机:创立性筹资动机、支付性筹资动机、扩张性筹资动机和调整性筹资动机。

(一)创立性筹资动机

创立性筹资动机,是指企业设立时,为取得资本金并形成开展经营活动的基本条件而产生的筹资动机。资金,是设立企业的第一道门槛。根据《中华人民共和国公司法》《中华人民共和国合伙企业法》《中华人民共和国个人独资企业法》等相关法律的规定,任何一个企业或公司在设立时都要求有符合企业章程或公司章程规定的全体股东认缴的出资额。企业创建时,要按照企业经营规模核定长期资本需要量和流动资金需要量、购建厂房设备等,安排铺底流动资金,形成企业的经营能力。这样,就需要筹措注册资本和资本公积等股权资金,不足部分需要筹集银行借款等债务资金。

(二)支付性筹资动机

支付性筹资动机,是指为了满足经营业务活动的正常波动所形成的支付需要而产生的筹资动机。企业在开展经营活动过程中,经常会出现超出维持正常经营活动资金需求的季节性、临时性的交易支付需要,如原材料购买的大额支付、员工工资的集中发放、银行借款的提前偿还、股东股利的发放等。这些情况要求除了正常经营活动的资金投入能力以外,还需要通过经常的临时性筹资来满足经营活动的正常波动需求,维持企业的支付能力。

(三)扩张性筹资动机

扩张性筹资动机,是指企业因扩大经营规模或对外投资需要而产生的筹资动机。企业维持简单再生产所需要的资金是稳定的,通常不需要或很少追加筹资。一旦企业扩大再生产,经营规模扩张、开展对外投资,就需要大量追加筹资。具有良好发展前景、处于成长期的企业,往往会产生扩张性的筹资动机。扩张性的筹资活动,在筹资的时间和数量上都要服从于投资决策和投资计划的安排,避免资金的闲置和投资时机的贻误。扩张性筹资的直接结果,往往是企业资产总规模的增加和资本结构的明显变化。

(四)调整性筹资动机

调整性筹资动机,是指企业因调整资本结构而产生的筹资动机。资本结构调整的目的在于降低资本成本,控制财务风险,提升企业价值。企业产生调整性筹资动机的具体原因大致有二:一是优化资本结构,合理利用财务杠杆效应。企业现有资本结构不尽合理的原因有:债务资本比例过高,有较大的财务风险;股权资本比例较大,企业的资本成本负担较重。这样可以通过筹资增加股权或债务资金,达到调整、优化资本结构的目的。二是偿还到期债务,债务结构内部调整。如流动负债比例过大,使得企业近期偿还债务的压力较大,可以举借长期债务来偿还部分短期债务。又如一些债务即将到期,企业虽然有足够的偿债能力,但为了保持现有的资本结构,可以举借新债以偿还旧债。调整性筹资的目的是调整资本结构,而不是为企业经营活动追加资金,这类筹资通常不会增加企业的资本总额。

在实务中,企业筹资的目的可能不是单纯和唯一的,通过追加筹资,既满足了经营活动、投资活动的资金需要,又达到了调整资本结构的目的,可以称之为混合性的筹资动机。如企业对外产权投资需要大额资金,其资金来源通过增加长期贷款或发行公司债券解决,这种情况既扩张了企业规模,又使得企业的资本结构有较大的变化。混合性筹资动机一般是基于企业规模扩张和调整资本结构两种目的,兼具扩张性筹资动机和调整性筹资动机的特性,同时增加了企业的资产总额和资本总额,也导致企业的资产结构和资本结构同时变化。

二、筹资管理的内容

筹资活动是企业资金流转运动的起点,筹资管理要求解决企业为什么要筹资、需要筹集多少资金、从什么渠道以什么方式筹集,以及如何协调财务风险和资本成本、合理安排资本结构等问题。

(一)科学预计资金需要量

资金是企业的血液,是企业设立、生存和发展的财务保障,是企业开展生产经营业务活动的基本前提。任何一个企业,为了形成生产经营能力、保证生产经营正常运行,必须持有一定数量的资金。在正常情况下,企业资金的需求来源于两个基本目的:满足经营运转的资金需要,满足投资发展的资金需要。企业创立时,要按照规划的生产经营规模,核定长期资本需要量和流动资金需要量;企业正常营运时,要根据年度经营计划和资金周转水平,核定维持营业活动的日常资金需要量;企业扩张发展时,要根据扩张规模或对外投资对大额资金的需求,安排专项的资金。

(二)合理安排筹资渠道、选择筹资方式

有了资金需求后,企业要解决的问题是资金从哪里来并以什么方式取得,这就是筹资渠道的安排和筹资方式的选择问题。

筹资渠道,是指企业筹集资金的来源方向与通道。一般来说,企业基本的筹资渠道有两条:直接筹资和间接筹资。直接筹资,是企业与投资者协议或通过发行股票、债券等方式直接从社会取得资金;间接筹资,是企业通过银行等金融机构以信贷关系间接从社会取得资金。具体来说,企业的筹资渠道主要有:国家财政投资和

财政补贴、银行与非银行金融机构信贷、资本市场筹集、其他法人单位与自然人投入、企业自身积累等。

对于不同渠道的资金，企业可以通过不同的筹资方式来取得。筹资方式是企业筹集资金所采取的具体方式，企业筹资总体来说是从企业外部和内部取得的，外部筹资是指从企业外部筹措资金，内部筹资主要依靠企业的利润留存积累。外部筹资主要有两种方式：股权筹资和债务筹资。股权筹资，是企业通过吸收直接投资、发行股票等方式从股东投资者那里取得资金；债务筹资，是企业通过向银行借款、发行债券、利用商业信用、融资租赁等方式从债权人那里取得资金。

安排筹资渠道和选择筹资方式是一项重要的财务工作，直接关系到企业所能筹措资金的数量、成本和风险。因此，需要深刻认识各种筹资渠道和筹资方式的特征、性质以及与企业融资要求的适应性。要在权衡不同性质资金的数量、成本和风险的基础上，按照不同的筹资渠道合理选择筹资方式，有效筹集资金。

（三）降低资本成本、控制财务风险

资本成本是企业筹集和使用资金所付出的代价，包括筹资费用和占用费用。在资金筹集过程中，要发生股票发行费、借款手续费、证券印刷费、公证费、律师费等费用，这些属于筹资费用。在企业生产经营和对外投资活动中，要发生利息支出、股利支出、融资租赁的资金利息等费用，这些属于占用费用。

按不同方式取得的资金，其资本成本是不同的。一般来说，债务资金比股权资金的资本成本要低，而且其资本成本在签订债务合同时就已确定，与企业的经营业绩和盈亏状况无关。即使同是债务资金，由于借款、债券和租赁的性质不同，其资本成本也有差异。企业筹资的资本成本，需要通过资金使用所取得的收益与报酬来补偿，资本成本的高低决定了企业资金使用的最低投资收益率要求。因此，企业在筹资管理中，要权衡债务清偿的财务风险，合理利用资本成本较低的资金种类，努力降低企业的资本成本率。

尽管债务资金的资本成本较低，但由于债务资金有固定合同还款期限，到期必须偿还，因此企业承担的财务风险比股权资金要大一些。财务风险，是指企业无法足额偿付到期债务的本金和利息的风险，主要表现为偿债风险。由于无力清偿债权人的债务，可能会导致企业的破产。企业筹集资金在降低资本成本的同时，要充分考虑财务风险，防范企业破产的财务危机。

三、筹资方式

筹资方式，是指企业筹集资金所采取的具体形式，它受到法律环境、经济体制、融资市场等筹资环境的制约，特别是受国家对金融市场和融资行为方面的法律法规制约。

一般来说,企业最基本的筹资方式有两种:股权筹资和债务筹资。股权筹资形成企业的股权资金,通过吸收直接投资、公开发行股票等方式取得;债务筹资形成企业的债务资金,通过向银行借款、发行公司债券、利用商业信用等方式取得。至于发行可转换债券等筹集资金的方式,属于兼有股权筹资和债务筹资性质的混合筹资方式。

(一)吸收直接投资

吸收直接投资是指企业通过协议等形式吸收投资者直接投入资金的筹资方式。吸收直接投资,投资者的出资方式主要有:现金投资、实物投资、工业产权投资、土地使用权投资等。

(二)发行股票

发行股票是指股份公司通过股票发行筹措资金的一种筹资方式。

(三)发行债券

发行债券是指企业按照债券发行协议通过发售债券直接筹资,从而形成企业债务资金的一种筹资方式。

(四)向金融机构借款

向金融机构借款是指企业根据借款合同从银行或非银行金融机构取得资金的筹资方式。这种筹资方式广泛适用于各类企业,它既可以筹集长期资金,也可以用于短期融通资金,具有灵活、方便的特点。向金融机构借款是一种债务筹资方式。

(五)融资租赁

融资租赁,也称为资本租赁或财务租赁,是指企业与租赁公司签订租赁合同,从租赁公司取得租赁物资产,通过对租赁物的占有、使用取得资金的筹资方式。融资租赁方式不直接取得货币性资金,通过租赁信用关系,直接取得实物资产,快速形成生产经营能力,然后通过向出租人分期交付租金方式偿还资产的价款。融资租赁是一种债务筹资方式。

(六)商业信用

商业信用是指企业之间在商品或劳务交易中,由于延期付款或延期交货所形成的借贷信用关系。商业信用是由于业务供销活动而形成的,它是企业短期资金的一种重要的和经常性的来源。商业信用是一种债务筹资方式。

(七)留存收益

留存收益是指企业从税后净利润中提取的盈余公积金以及从企业可供分配利润中留存的未分配利润。留存收益,是企业将当年利润转化为股东对企业追加投资的过程,是一种股权筹资方式。

四、企业筹资的类型

企业可以从不同的渠道、利用不同的形式来筹集资金,根据筹集资金的不同性质可以将其划分为不同类型,各种类型资金的结合就构成了企业具体的筹资组合。为了保证企业筹资组合的有效性,必须正确认识各种不同的筹资类型。

(一)权益资金与债务资金

企业筹集的资金,按资金性质的不同可分为权益资金和债务资金两类。合理安排权益资金与债务资金的比例关系,是筹资管理的一个核心问题。

1. 权益资金

权益资金又称为主权资金或自有资金,是企业依法筹集并长期拥有和自主支配的资金,由投资者的原始投资和投资积累形成,主要包括实收资本、资本公积金、盈余公积金和未分配利润等。权益资金的多少,反映了企业的资金实力,在相当程度上可以反映企业财务状况的稳定程度以及企业适应生产经营客观环境变化的能力。企业权益资金可以采用吸收直接投资、发行股票和留存利润等方式来筹措。

2. 债务资金

债务资金也称借入资金,是企业通过债务方式取得、依约使用并按期偿还的资金。这部分资金在一定期限内归企业使用,但到期必须偿还,因而其偿债压力大。债务资金包括应付账款、应付票据、银行借款、应付债券及其他各种应付的款项,可采用银行借款、发行债券、融资租赁和商业信用等方式来筹措。

(二)长期资金与短期资金

企业的资金来源,按期限的不同可分为长期资金和短期资金。

1. 长期资金

长期资金是指使用期限在一年以上或超过一年的一个经营周期以上的资金。长期资金通常采用吸收直接投资、发行股票、发行债券、长期借款、融资租赁和留存收益积累等方式来筹措。

2. 短期资金

短期资金是指使用期限不超过一年的一个经营周期以内的资金,一般通过短期借款、商业信用、发行融资债券等方式来筹措。

(三)内部筹资与外部筹资

企业的资金按其来源的不同,可分为内部筹资和外部筹资。

1. 内部筹资

内部筹资是指企业内部通过计提固定资产折旧、无形资产摊销而形成的资金来源以及产生留存收益而增加的资金来源。

2. 外部筹资

外部筹资是指企业通过向外部筹资而形成的资金来源,主要通过银行和非银行金融机构、社会等渠道,采用发行股票、发行债券、商业信用等方式来筹措。

(四)直接筹资与间接筹资

企业的筹资按是否以金融机构为媒介,可分为直接筹资和间接筹资。

1. 直接筹资

直接筹资是指企业不通过金融机构而是直接面对资金供应者进行的筹资活动。一般是通过吸收直接投资、发行股票、发行债券等方式进行筹集。随着金融法规的逐渐健全、证券市场的不断完善,我国居民、企业参与直接融资的机会大大增加,参与方式也日趋多样化。所以,直接筹资的范围会越来越广。

2. 间接筹资

间接筹资是企业通过金融媒介进行的筹资活动,一般是通过银行或其他金融机构完成。这种筹资具有筹资手续简单、效率高、费用低等优点,但筹资范围相对较窄,筹资渠道与方式相对单一。长期以来,间接筹资一直在我国企业的筹资活动中占主导地位。但是,随着金融市场的不断完善,间接筹资的地位比以前有所削弱,尤其是伴随着现代企业制度建设——股份制改造的深化,越来越多的企业把筹资方式转向资本市场进行直接融资。

五、企业筹资原则

采取一定的筹资方式,有效地组织资金供应,是一项重要又复杂的工作。为此,企业筹集资金应遵循以下原则。

(一)筹措合法

筹措合法原则是指企业筹资要遵循国家法律法规,合法筹措资金。不论是直接筹资还是间接筹资,企业最终都通过筹资行为向社会获取资金。企业的筹资活动不仅为自身的生产经营提供了资金来源,也会影响投资者的经济利益,影响着社会经济秩序。企业的筹资行为和筹资活动必须遵循国家的相关法律法规,依法履行法律法规和投资合同约定的责任,合法合规筹资,依法披露信息,维护各方的合法权益。

(二)规模适当

规模适当原则是指要根据生产经营及其发展的需要,合理安排资金需求。企业筹集资金,要合理预测确定资金的需要量。筹资规模与资金需要量应当匹配一致,既要避免因筹资不足,影响生产经营的正常进行;又要防止筹资过多,造成资金闲置。

(三)取得及时

取得及时原则是指要合理安排筹资时间,适时取得资金。企业筹集资金,需要合理预测确定资金需要的时间。要根据资金需求的具体情况,合理安排资金的筹集到位时间,使筹资与用资在时间上相衔接,既避免过早筹集资金形成的资金投放前的闲置,又防止取得资金的时间滞后,错过资金投放的最佳时间。

(四)来源经济

来源经济原则是指要充分利用各种筹资渠道,选择经济、可行的资金来源。企业所筹集的资金都要付出资本成本的代价，进而给企业的资金使用提出了最低收益要求。不同筹资渠道和方式所取得的资金，其资本成本各有差异。企业应当在考虑筹资难易程度的基础上，针对不同来源资金的成本，认真选择筹资渠道，并选择经济、可行的筹资方式，力求降低筹资成本。

(五)结构合理

结构合理原则是指筹资管理要综合考虑各种筹资方式，优化资本结构。企业筹资要综合考虑股份资金与债务资金的关系、长期资金与短期资金的关系、内部筹资与外部筹资的关系，合理安排资本结构，保持适当偿债能力，防范企业财务危机。

任务二　预测资金需要量

资金需要量是筹资的数量依据，应当科学合理地进行预测。筹资数量预测的基本目的是保证筹集的资金既能满足生产经营的需要，又不会产生多余资金而闲置。

一、因素分析法

因素分析法又称分析调整法，是以有关项目基期年度的平均资金需要量为基础，根据预测年度的生产经营任务和资金周转加速的要求，进行分析调整，来预测资金需要量的一种方法。这种方法计算简便，容易掌握，但预测结果不太精确。它通常用于品种繁多、规格复杂、资金用量较小的项目。因素分析法的计算公式如下：

资金需要量＝(基期资金平均占用额－不合理资金占用额)×(1＋预测期销售增长率)×(1－预测期资金周转速度增长率)

【例 4－1】 甲企业上年度资金平均占用额为 2200 万元，经分析，其中不合理部分 200 万元，预计本年度销售增长 5%，资金周转加速 2%。本年度资金需要量是多少？

解：

预测本年度资金需要量＝(2200－200)×(1＋5%)×(1－2%)＝2058(万元)

二、销售百分比法

(一)基本原理

销售百分比法，是假设某些资产和负债与销售额存在稳定的百分比关系，根据这个假设预计外部资金需要量的方法。企业的销售规模扩大时，要相应增加流动资产；如果销售规模增加很多，还必须增加长期资产。为取得扩大销售所需增加的资产，企业需要筹措资金。这些资金，一部分来自随销售收入同比例增加的流动负债，还有一部分来自预测期的收益留存，另一部分通过外部筹资取得。

销售百分比法将反映生产经营规模的销售因素与反映资金占用的资产因素连接起来，根据销售与资产之间的数量比例关系来预计企业的外部筹资需要量。销售百分比法首先假设某些资产与销售额存在稳定的百分比关系，根据销售与资产的比例关系预计资产额，根据资产额预计相应的负债和所有者权益，进而确定筹资需求量。

(二)基本步骤

1. 确定随销售额变动而变动的资产和负债项目

随着销售额的变化，经营性资产项目将占用更多的资金。同时，随着经营性资产的增加，相应的经营性短期债务也会增加，如存货增加会导致应付账款增加，此类债务称为"自动性债务"，可以为企业提供暂时性资金。经营性资产与经营性负债的差额通常与销售额保持稳定的比例关系。这里，经营性资产项目包括库存现金、应收账款、存货等项目：而经营负债项目包括应付票据、应付账款等项目，不包括短期借款、短期融资券、长期负债等筹资性负债。

2. 确定有关项目与销售额的稳定比例关系

如果企业资金周转的营运效率保持不变，经营性资产项目与经营性负债项目将会随销售额的变动而呈正比例变动，保持稳定的百分比关系。企业应当根据历史资料和同业情况，剔除不合理的资金占用，寻找与销售额的稳定百分比关系。

3. 确定需要增加的筹资数量

预计由于销售增长而需要的资金需求增长额，扣除利润留存后，即为所需要的外部筹资额。即有：

$$外部融资需求量=\frac{A}{S_1}\times\Delta S-\frac{B}{S_1}\times\Delta S-P\times E\times S_2$$

式中，A 为随销售变化的敏感性资产（变动资产）；B 为随销售变化的敏感性负债（变动负债）；S_1 为基期销售额；S_2 为预测期销售额；ΔS 为销售的变动额；P 为销售净利率；E 为留存收益比率。

需要说明的是，如果非敏感性资产增加，则外部筹资需要量也应相应增加。

【例 4-2】 大华公司 2021 年 12 月 31 日的简要资产负债及相关信息见表 4-1所列。假定大华公司 2019 年销售额 10000 万元，销售净利率为 10%，利润留存率为 40%。2022 年销售额预计增长 20%，公司有足够的生产能力，无须追加固定资产投资。

表4-1　大华公司资产负债及相关信息表(2021年12月31日)

资　产	金额(万元)	与销售关系(%)	负债与权益	金额(万元)	与销售关系(%)
现　金	500	5	短期借款	2500	N
应收账款	1500	15	应付账款	1000	10
存　货	3000	30	预提费用	500	5
固定资产	3000	N	公司债券	1000	N
			实收资本	2000	N
			留存收益	1000	N
合　计	8000	50	合　计	8000	15

首先,确定有关项目及其与销售额的关系百分比。在表4-1中,N表示不变动,是指该项目不随销售的变化而变化。

其次,确定需要增加的资金量。从表4-1可以看出,销售收入每增加100元,必须增加50元的资金占用,但同时自动增加15元的资金来源,两者差额的35%产生了资金需求。因此,每增加100元的销售收入,公司必须取得35元的资金来源,销售额从10000万元增加到12000万元,增加了2000万元,按照35%的比例可预测将增加700万元的资金需求。

最后,确定外部融资需求的数量。2022年的净利润为1200万元(12000×10%),利润留存率为40%,则将有480万元利润被留存下来,还有220万元的资金必须从外部筹集。

根据大华公司的资料,可求得对外融资的需求量为:

外部融资需求量$=50\%\times2000-15\%\times2000-10\%\times40\%\times12000=220$(万元)

销售百分比法的优点,是能为筹资管理提供短期预计的财务报表,以适应外部筹资的需要,且易于使用。但在有关因素发生变动的情况下,必须相应地调整原有的销售百分比。

三、资金习性预测法

资金习性预测法,是指根据资金习性预测未来资金需要量的一种方法。所谓资金习性,是指资金的变动同产销量变动之间的依存关系。按照资金同产销量之间的依存关系,可以把资金区分为不变资金、变动资金和半变动资金。

不变资金是指在一定的产销量范围内,不受产销量变动的影响而保持固定不变的那部分资金。也就是说,产销量在一定范围内变动,这部分资金保持不变。这部分资金包括:为维持营业而占用的最低数额的现金,原材料的保险储备,必要的成品储备，厂房、机器设备等固定资产占用的资金。

变动资金是指随产销量的变动而同比例变动的那部分资金。它一般包括直接构成产品实体的原材料、外购件等占用的资金。另外，在最低储备以外的现金、存货、应收账款等也具有变动资金的性质。

半变动资金是指虽然受产销量变化的影响，但不呈同比例变动的资金，如一些辅助材料上占用的资金。半变动资金可采用一定的方法划分为不变资金和变动资金两部分。

根据资金占用总额与产销量的关系预测，这种方式是根据历史上企业资金占用总额与产销量之间的关系，把资金分为不变资金和变动资金两部分，然后结合预计的销售量来预测资金需要量。

设产销量为自变量 X，资金占用为因变量 Y，它们之间的关系可用下式表示：

$$Y=a+bX$$

式中，a 表示不变资金；b 表示单位产销量所需变动资金。可见，只要求出 a 和 b，并知道预测期的产销量，就可以用上述公式测算资金需求情况。a 和 b 可用回归直线方程组求出。

【例 4-3】 某企业 2017—2022 年历年产销量和资金变化情况见表 4-2 所列，根据表 4-2 整理出来表 4-3。2023 年预计销售量为 1500 万件，需要预测 2023 年的资金需要量。

表 4-2 产销量与资金变化情况表

年　份	产销量(X:万件)	资金占用(Y:万元)
2017	1200	1000
2018	1100	950
2019	1000	900
2020	1200	1000
2021	1300	1050
2022	1400	1100

表 4-3 资金需要量预测表(按总额预测)

年　份	产销量(X:万件)	资金占用(Y:万元)	XY	X^2
2017	1200	1000	1200000	1440000
2018	1100	950	1045000	1210000
2019	1000	900	900000	1000000

（续表）

年　份	产销量（X：万件）	资金占用（Y：万元）	XY	X^2
2020	1200	1000	1200000	1440000
2021	1300	1050	1365000	1690000
2022	1400	1100	1540000	1960000
合计 $n=6$	$\sum X=7200$	$\sum Y=6000$	$\sum XY=7250000$	$\sum X^2=8740000$

$$a=\frac{\sum X^2\sum Y-\sum X\sum XY}{n\sum x^2-(\sum x)^2}=400$$

$$b=\frac{n\sum XY-\sum X\sum Y}{n\sum X^2-(\sum X)^2}=0.5$$

解得，$Y=400+0.5X$

将 2023 年预测销售量 1500 万件代入上式中，得出 2023 年资金需要量为：

$$400+0.5\times1500=1150（万件）$$

任务三　权益资金的筹集

权益资金也称自有资金，是企业依法筹集并长期拥有、自主调配运用的资金来源。根据我国财务制度，企业权益资金包括资本金（实收资本）、资本公积金、盈余公积金和未分配利润。按照国际惯例，权益资金一般包括实收资本（或股本）和留存收益两部分。权益资金的特点如下：①所有权归属企业的所有者，所有者凭其所有权参与企业经营管理和利润分配，并对企业的经营状况承担有限责任；②企业对权益资金依法享有经营权，在企业存续期内，投资者除依法转让外，不得以任何方式抽回其投入的资本，因而被视为“永久性资本”；③企业权益资金是通过国家财政资金、其他企业资金、民间资金、外商资金等渠道，采用吸收直接投资、发行股票、留用利润等方式筹措形成的。

一、吸收直接投资

吸收直接投资是指企业按照“共同出资、共同经营、共担风险、共享利润”的原则，从国家、法人、个人、外商等外部主体吸收投资的一种方式。它不以证券为媒介，直接形成企业的生产能力，投入资金的主体成为企业的所有者，参与企业经营，按其出资比例承担风险、分享收益。

(一)吸收直接投资的方式

1. 吸收现金投资

吸收现金投资是企业吸收直接投资最为主要的方式之一。与其他筹资方式相比,现金在使用上灵活性更大,既可用于购置资产,也可用于支付费用。因此,企业应尽量动员投资者采用现金出资方式。

2. 吸收非现金投资

吸收非现金投资分为两类:一是吸收实物资产投资;二是吸收无形资产投资。与现金出资方式相比,非现金投资直接形成经营所需资产,因此有利于缩短企业经营筹备期,提高效率。但是应注意以下两个问题:①资产作价。投资方和被投资方在确认资产价值时,必须本着客观、公正的原则进行资产作价,如按第三方(中介评估机构)的资产评估确定其价值,或者按双方签订的合同、协议约定的价值进行作价。②无形资产的出资限额应符合国家规定的出资限额。

(二)吸收直接投资的管理

1. 合理确定吸收直接投资的总量

企业资本筹集规模与生产经营相适应,企业在创建时必须注意其资本筹集规模与投资规模的关系,要求从总量上协调两者的关系,以避免因吸收直接投资规模过大而造成资产闲置,或者因规模不足而影响资产的经营效益。

2. 正确选择出资方式,以保持其合理的出资结构与资产结构

在吸收直接投资的情况下,由于各种不同出资方式形成的资金周转能力与变现能力不同,对企业正常生产经营能力的影响也不相同,因此应在吸收投资时确定较合理的结构关系。这些结构关系包括:现金出资与非现金出资之间的结构关系、实物资产与无形资产间的结构关系、流动资产与长期资产间的结构关系(包括流动资产与固定资产间的结构关系)等。

3. 明确投资过程中的产权关系

不同投资者的投资数额不同,从而其所享有的权益也不相同。因此,企业在吸收投资时必须明确一系列产权关系,包括企业与投资者之间的产权关系以及各投资者之间的产权关系。

(三)吸收直接投资的优缺点

1. 吸收直接投资的优点

吸收直接投资是我国大多数非股份制企业筹集资本金的主要方式。一般而言,它具有以下优点:① 有利于提高企业信誉。吸收直接投资所筹集的资金属于自有资金,与借入资金相比,能增强企业的信誉和举债能力。② 有利于尽快形成生产能力。吸收直接投资不仅可筹集到现金,而且能够直接获取投资者的先进设

备和技术，有利于尽快形成企业的生产经营能力。③ 有利于降低财务风险。吸收直接投资的收益分配以企业的经营状况为依据，经营好时可以多分，经营差时可以少分或不分。这有利于企业灵活经营，降低企业的财务风险。

2. 吸收直接投资的缺点

①资金成本较高。由于向投资者支付的报酬是根据其出资额的份额和企业实现利润的多少来计算的，因此，吸收直接投资方式筹集资金所负担的资金成本一般都比较高。②容易分散企业控制权。采用吸收直接投资方式筹集资金，投资者一般要求参与企业经营管理，这是接受外来投资的代价之一。当企业接受外来投资较多时，容易造成控制权分散。③不便于产权流动。由于该融资方式没有以证券为媒介，产权关系有时不够明确，投资者的资本进入容易、退出困难，难以吸引大量的社会资本进入，融资规模受到限制。

二、发行普通股

股票是指股份有限公司签发的、证明其股东按所持股份享有权益并承担义务的凭证。它是股份有限公司筹集长期永久性资本而发行的有价证券。股票与股份有密切联系，股份是股票的内容，股票是股份的表现形式。

(一)股票的特征

股票作为有价证券，具有以下基本特征：

1. 股票为有价证券

股票所代表的权利原已存在，股票只是起一种权利证明的作用。股票代表的是股东权利，这种权利产生的原因是股东向股份公司出资而拥有公司的股份，而不是因为股票的制作。股票仅是股东权利存在的证明和行使股东权利的凭证，

2. 股票为要式证券

股票票面应记载的内容和事项法律有严格要求。《中华人民共和国公司法》规定，股票应当载明下列主要事项：公司名称，公司登记成立的日期，股票种类、票面金额及代表的股份数，股票的编号，董事长签名和盖章。

3. 股票为综合证券

股东持有股票便享有权利。但股票代表的是一种综合权利，股东与公司之间的财产关系不是一种简单的一般意义上的所有权关系。股东出资购买股票后即失去了对其出资财产的直接支配权。股东可以通过某种方式将自己的股份转让给他人，但不得请求公司返还其出资或退股，无论股票易手何人，都不会改变或减少公司的资本。

4. 股票为流通证券

股票所代表的权利是一种具有财产价值的权利，可以用财产价值衡量，也可通

过买卖等方式有偿转让、流通。股票的权利和义务与股东具有不可分离的关系,股票转让就是股东权利和义务的转移,股票转让后,原股东就失去了相应的权利和义务。

(二)股票的种类

根据不同的标准,股票有以下几种不同的分类:

1. 按股东权利和义务分类,股票可分为普通股和优先股

普通股是股份公司依法发行的具有管理权、股利不固定的股票。普通股具有股票最一般的特征,是股份公司资本的最基本部分。

优先股是股份公司依法发行的具有一定优先权利的股票。优先股的优先权体现在:优先分配股利,优先分配剩余财产。

2. 按股票票面是否记名分类,股票可分为记名股和无记名股

记名股是在股票上载有股东姓名或名称并将其记入公司股东名册的股票。记名股票的转让要通过背书或法律规定的其他方式进行,并办理过户手续。

无记名股是指在股票上不记载股东姓名或名称的股票。股东姓名也不记入公司的股东名册,公司只记载股票的数量、编号及发行日期。股票的转让无须办理过户手续。

3. 按发行对象和上市地点,分为A股、B股、H股、N股和S股等

A股即人民币普通股票,由我国境内公司发行,境内上市交易,它以人民币标明面值,以人民币认购和交易。B股即人民币特种股票,由我国境内公司发行,境内上市交易,它以人民币标明面值,以外币认购和交易。H股是注册地在内地、在香港上市的股票,依此类推,在纽约和新加坡上市的股票,就分别称为N股和S股。

(三)股票的发行

股份有限公司的显著特点是通过发行股票、出售股权来筹集长期或永久性资本。

1. 股票发行的条件

《中华人民共和国公司法》规定,股票发行人必须是具有股票发行资格的股份有限公司,包括已经成立的股份有限公司和经批准拟成立的股份有限公司,发行股票必须具备一定的条件。其发行情况可分为以下几种:①设立股份有限公司申请公开发行的;②原有企业改组设立股份有限公司申请公开发行的;③定向募集公司申请公开发行的;④已设立股份有限公司发行新股的。

2. 股票发行的程序

申请公开发行股票的程序:申请人聘请会计师事务所、资产评估机构、律师事务所等专业性机构,对其资产、财务状况等进行审定、评估,对有关事项出具法律意

见书后，报经国务院证券监督管理机构核准；国务院证券监督管理机构设发行审核委员会，依法审核股票发行申请。

股份有限公司发行新股的程序：股东大会作出决议；公司向有关部门申请批准发行新股；公司公告新股招股说明书和财务会计报表及附属明细表，并制作认股书；新股由证券经营机构承销；办理变更登记并公告。

3. 股票发行的价格

股票的发行价格是股票发行时使用的价格，也是投资者认购股票时所支付的价格。普通股的发行价格通常由发行公司根据股票面额、股市行情和其他相关因素决定。以募集设立方式设立公司首次发行的股票价格，由发起人决定；公司增资发行新股的股票价格，由股东大会决定。

普通股的发行价格可以和股票面额一致，但多数情况下不一致。我国规定，股票的发行价格可以等于票面金额，也可以超过票面金额，但不得低于票面金额。

(四)普通股筹资的优缺点

1. 普通股筹资的优点

① 普通股筹资具有永久性，无到期日，不需要归还。这对保证公司对资本的最低要求、维持公司长期稳定的发展非常有利。

② 普通股筹资不存在固定的股利支付义务。因此，公司筹资的股本没有还本付息的风险，经营波动给公司带来的财务负担也相对比较小。

③ 没有使用约束，普通股在使用上不受投资者的直接干预。相对于其他筹资方式，股本的使用较为灵活，既可用于长期资产投资，在某种程度上也可用于永久性占用的流动资产投资。

2. 普通股筹资的缺点

① 普通股筹资成本较高。其原因有三：一是普通股投资风险较大，按照风险—收益配比原理，相应的普通股所要求的收益率也就很高；二是普通股的股利是从税后利润中支付，起不到抵税的作用；三是普通股的发行费用比举债要高出很多。

② 普通股筹资容易分散公司控制权。新股发行会增加新股东，从而稀释了原有股权结构，分散了公司的经营控制权。

③ 普通股筹资增发新股可能会降低每股收益。新股东有分享公司净利润的权利，在公司盈利不增加的情况下，会降低每股的获利能力以及每股权益，从而引起每股市价下跌。

三、发行优先股

优先股是一种特别股票，它与普通股有许多相似之处，但又具有债券的某些特征，是介于债券和股票之间的一种证券。从法律角度而言，优先股属于自有资金。

(一)优先股股东的权利

优先股的优先是相对于普通股而言的，这种优先权主要表现在以下几个方面：

1. 优先分配股利的权利，是优先股的最主要特征

优先股通常有固定的股利，一般按面值的一定百分比来计算。优先股的股利支付比普通股优先，未支付优先股股利时，普通股不能支付股利。

2. 优先分配剩余资产权

在公司破产清算时，财产的变价收入，首先要用来清偿债务，然后支付优先股股东，最后才能分配给普通股股东。

3. 部分管理权

优先股股东的管理权限是有严格限制的。通常优先股在发行时规定没有表决权，但是，有很多优先股规定，如果没有按时支付优先股股利，则其股东可行使有限的表决权。

(二)优先股的种类

一是按支付股利能否累积分类，优先股可分为累积优先股和非累积优先股。

累积优先股是指在任何营业年度内未支付的股利可累积起来，用以后年度的盈利一起支付的优先股股票。

非累积优先股是仅按当年利润分派股利，如当年未能获得分派股利，也不予以累计补付的优先股股票。

二是按是否可以参加额外股利的分派和参与程度分类，优先股可分为全部参与优先股、部分参与优先股与不参与优先股。

全部参与优先股是指优先股股东在利润分配上与普通股股东同股同利。

部分参与优先股是指优先股股东除了按约定的固定股息率获得股息收入，还有权在一定幅度内参与额外股利的分配。

不参与优先股是指优先股股东只按优先股票面约定的固定股息率取得股息收入，不能参与额外股利的分配，是优先股的常见形式。

三是按是否可以赎回优先股股票的权利分类，优先股可分为可赎回优先股和不可赎回优先股。

可赎回优先股又称可收回优先股，是指股份公司可以按一定价格收回的优先股股票。在发行这种股票时，一般都附有收回条款，在收回条款中规定了赎回该股票的价格，此价格一般略高于股票的面值。至于是否收回、在什么时候收回，则由发行股票的公司来决定。

不可赎回优先股是指不能收回的优先股股票，当然，不可赎回并非指公司不能从市场上按照市价收回。

四是按是否可转换为普通股股票分类,优先股可分为可转换优先股和不可转换优先股。

可转换优先股是指股东可在一定时期内按一定比例把优先股转换成普通股的股票。

不可转换优先股是指不能转换成普通股的股票,不可转换优先股只能获得固定股利报酬,而不能获得转换收益。

从以上介绍可以看出,累积优先股、可转换优先股、参与优先股均对股东有利,而可赎回优先股则对股份公司有利。

(三)优先股筹资的优缺点

1. 优先股筹资的优点

① 与普通股相比,发行优先股一般不会稀释股东权益。

② 优先股筹资没有固定到期日,不用偿还本金。优先股从根本上说属权益资本,没有到期日,是永久性资金来源,可以为公司举债提供保证,增强了公司的举债能力。

③ 优先股筹资股利支付固定且具有一定弹性。一般而言,优先股都采用固定股利,固定股利的支付并不构成公司的法定义务。如果财务状况不佳,则可暂不付优先股股利,优先股股东也不能像债权人一样迫使公司破产。

④ 优先股筹资可以调整资本结构。优先股的可赎回性和可转换性使之具有调整资本结构的功能。

⑤ 优先股筹资能发挥财务杠杆的作用。优先股股利固定,具有财务杠杆作用。

2. 优先股筹资的缺点

① 筹资成本高。优先股所支付的股利要从税后净利润中支付,不同于债务利息可在税前扣除。

② 财务负担重。优先股的股利支付虽然没有法律约束,但是经济上的约束使公司倾向于按时支付其股利。因此,优先股的股利通常被视为固定成本,与负债筹资没有什么差别,会增加公司的财务风险并进而增加普通股的成本。

③ 筹资限制多。发行优先股,通常有许多限制条款,例如,对普通股股利支付上的限制、对公司举债的限制等。

四、留存收益

利用留存收益筹资是指企业将留存收益转化为投资的过程,将企业生产经营所实现的净收益留在企业,而不作为股利分配给股东,其实质为原股东对企业追加投资。

(一)留存收益筹资的渠道

1. 提取盈余公积金

盈余公积金,是指有指定用途的留存净利润,包括法定盈余公积金和任意盈余公积金。它是从当期企业净利润中提取的积累资金。盈余公积金主要用于企业未来的经营发展,经投资者审议后也可以用于转增股本(实收资本)和弥补以前年度的经营亏损,但不得用于以后年度的对外利润分配。

2. 未分配利润

未分配利润,是指未限定用途的留存净利润。这部分净利润既没有分配给公司的股东,也未指定用途,因此可以用于企业未来的经营发展、转增股本(实收资本)、弥补以前年度的经营亏损及以后年度的利润分配。

(二)留存收益筹资的优缺点

与其他筹资方式相比,留存收益筹资具有以下优点与不足:

1. 留存收益筹资的优点

① 与普通股相比,留存收益筹资不需要发生筹资费用,资本成本较低。

② 保持普通股股东的控制权。利用留存收益筹资,不用对外发行新股或吸收新的投资者,由此增加的权益资本不会改变公司的股权结构,不会稀释原有股东的控制权。

③ 增强企业的信誉。留存收益筹资能产生较大的可支配现金流,既可解决企业经营发展的资金需要,又能提高企业举债的能力,从而增强企业的信誉。

2. 留存收益筹资的缺点

① 筹资数额有限。这是留存收益筹资的主要缺点。留存收益的最大数额是企业到期的净利润和以前年度未分配利润之和,不像外部筹资一次性可筹集大量资金。如果企业发生亏损,那么当年就没有利润留存。此外,留存收益的比例常常受到某些股东的限制,股东从自身期望出发,往往要求股利支付比例要维持在一定水平上。留存收益过多,股利支付过少,可能会影响到今后的外部筹资。

② 留存收益筹集的资金使用受到制约。留存收益中某些项目的使用,如法定盈余公积金等要受到国家有关规定的制约。

任务四　债务资金的筹集

债务筹资形成企业的债务资金,债务资金是企业通过银行借款、向社会发行公司债券、融资租赁等方式筹集和取得的资金。银行借款、发行债券和融资租赁,是债务筹资的三种基本形式。

一、银行借款

银行借款是企业为解决资金需要而向银行或非银行金融机构申请借入的款项，是目前企业筹集资金的主要方式。

(一)银行借款的种类

可供选择的银行借款的种类很多，可按不同标准对其进行不同的分类。

1. 按借款的期限分类

按借款的期限分类，银行借款可分为短期借款、中期借款和长期借款。短期借款是指借款期限在 1 年以内(含 1 年)的借款；中期借款是指期限在 1 年以上 5 年以下(含 5 年)的借款；长期借款是指借款期限在 5 年以上的借款。

2. 按有无担保分类

按有无担保分类，银行借款可分为信用借款、担保借款和票据贴现。信用借款是指以借款人的信誉为依据而获得的借款，企业取得这笔款项无须以财产作抵押；担保借款是指以一定的财产作抵押或以一定的保证人作为担保条件所取得的借款；票据贴现是指企业以持有的未到期的商业票据贴付一定的利息而取得的借款。

3. 按提供贷款的机构分类

按提供贷款的机构分类，银行借款可分为政策性银行贷款和商业银行贷款。政策性银行贷款一般是指执行国家政策性贷款业务的银行向企业发放的贷款。例如，国家开发银行为满足企业承建国家重点建设项目的资金需要提供贷款；中国进出口银行为大型设备的进出口提供买方或卖方信贷。商业银行贷款是指由各商业银行向工商企业提供的贷款。这类贷款主要是为了满足企业生产经营的资金需要。此外，企业还可从信托投资公司取得实物或货币形式的信托投资贷款，从财务公司取得各种贷款等。

(二)银行借款的信用条件

按照国际惯例，银行借款往往附加一些信用条件，主要有信用额度、周转信用协议和补偿性余额。

1. 信用额度

信用额度是企业与银行以正式或非正式协议确定的信用借款最高限额。在信用额度内，企业根据需要可以随时获得借款，信用额度通常每年规定一次，但可以定期修改。在非正式协议下，银行并不承担借款最高限额保证的法律义务。

2. 周转信用协议

周转信用协议是一种经常被大公司使用的正式信用额度，是银行从法律上承诺向企业提供不超过某一最高限额的贷款协定。与信用额度一样规定借款的最高限额，在协议的有效期内，只要企业借款总额未超过最高限额，银行必须满足企业任何时候提出的借款要求。企业享有周转信用协议，通常要对贷款限额的未使用部分付给银行一笔承诺费。

【例 4-4】 某企业与银行的周转信用额度为 1000 万元，承诺费率为 0.5%，借款企业在 2021 年度内使用了 800 万元，余额 200 万元。借款企业应向银行支付承诺费的金额是多少？

解：

$$(1000-800)\times 0.5\%=200\times 0.5\%=1(\text{万元})$$

3. 补偿性余额

补偿性余额是银行要求借款人在银行中保持按贷款限额或实际借用的一定百分比（通常 10%～20%）计算的最低存款余额。银行通常都有这种要求，目的是降低银行的贷款风险，提高贷款的利率。但对借款企业来说，补偿性余额则提高了借款的实际利率，加重了企业的利息负担。

【例 4-5】 某企业按年利率 6%向银行借款 800 万元，银行要求保留 10%的补偿性余额，企业实际可动用的借款只有 720 万元。该项借款的实际利率为多少？

解：

$$\text{补偿性余额贷款实际利率}=(800\times 6\%)\div 720=6.67\%$$

（三）借款利息的支付方式

一般来说，借款企业可以用三种方法支付银行贷款利息。

1. 收款法

收款法又称利随本清法，是借款企业在借款到期时一次性向银行支付利息的方法。银行向工商企业发放贷款，大都采用这种方法收息，采用这种方法借款的实际利率等于其名义利率。

2. 贴现法

贴现法是银行在向企业发放贷款时，先从本金中扣除利息部分，企业所得到的贷款额只有贷款本金减去利息部分后的差额，而到期时借款企业仍要偿还贷款全部本金的付息方式。采用这种方法，由于企业取得借款时要事先支付贷款利息，使企业能够使用的资金低于贷款总额，因此借款的实际利率高于其名义利率。这种形式主要为短期借款下的利息支付。

贴现法下的实际贷款利率计算公式为：

$$\text{实际利率}=\text{名义利率}/(1-\text{名义利率})$$

【例 4-6】 某企业从银行取得借款 200 万元，期限 1 年，名义年利率 6%，利息 12 万元，按贴现法付息，该公司实际可动用贷款为 188 万元，该项贷款的实际利率为多少?

解:

$$借款的实际利率=(200\times6\%)/188=6\%/(1-6\%)=6.38\%$$

3. 加息法

加息法是银行发放分期等额偿还贷款时采用的利息收取方法。在分期等额偿还贷款的情况下,银行要将根据名义利率计算的利息加到贷款本金上,计算出贷款的本息和,要求企业在贷款期内分期偿还本息之和的金额。

在加息法付息的情况下,由于贷款分期均衡偿还,借款企业实际上只平均使用了贷款本金的半数,却支付了全额利息。这样,企业所负担的实际利率便高于名义利率大约1倍。

【例4-7】 某企业借入年利率为12%的贷款20000元,分12个月等额偿还本息。该项贷款的实际利率为多少?

解:

$$实际利率=(20000\times12\%)\div(20000/2)=24\%$$

(四)银行借款筹资的优缺点

银行借款是我国目前使用最多的筹资方式,这种筹资方式也有其优缺点。

1. 银行借款筹资的优点

① 银行借款筹资速度快。企业利用银行借款筹资同利用股票和债券相比,一般所需时间较短,程序较为简单,可以快速获得货币资金。

② 银行借款筹资成本低。利用借款筹资,其利息可在所得税前列支,故可减少企业实际负担的成本,因此比股票筹资的成本要低得多;与债券相比,借款利率一般低于债券利率,而且也无须支付大量的发行费用。

③ 银行借款筹资借款弹性大。企业与银行直接商定贷款的时间、数额和利率等,因此,银行借款筹资对企业具有较大的灵活性。

④ 借款利息费用固定,具有财务杠杆的作用。

2. 银行借款筹资的缺点

① 银行借款筹资数量有限。银行一般不愿借出巨额的长期借款,因此,利用银行借款筹资不如股票、债券那样可以一次筹集到大笔资金。

② 银行借款筹资限制条款较多。企业与银行签订的借款合同中,一般都有一些限制条件,如定期报送有关财务报表、不准变更借款用途等,这些条件可能会限制企业的经营活动。

③ 银行借款筹资财务风险较大。银行借款通常有固定的利息负担和固定的偿付期限,在经营不善的情况下,可能会产生不能偿付的风险,甚至会导致破产。

二、企业债券

企业债券是企业为筹集资金而发行的到期还本付息的有价证券，也是债权人按规定取得固定利息和到期收回本金的债权证书。企业发行的债券称为企业债券或公司债券。

(一)企业债券的类型

1. 按有无特定的财产担保，分为抵押债券和信用债券

① 抵押债券是以发行债券企业的财产为抵押品所发行的债券。如债券到期不能偿还，持券人可以行使其抵押权，拍卖抵押品作为补偿。抵押债券按其抵押品的不同又可分为不动产抵押债券、动产抵押债券和证券抵押债券。其中证券抵押债券是债券发行人以所持有的有价证券作为抵押品而发行的债券。

② 信用债券又称无抵押担保债券，是仅凭企业自身的信用发行的、没有抵押品作抵押或担保人做担保的债券。在公司清算时，信用债券的持有人因无特定的资产作担保品，只能作为一般债权人参与剩余财产的分配。

2. 按能否转换为本公司股票，分为可转换债券和不可转换债券

① 可转换债券是指根据发行契约允许持券人按预定的条件、时间和转换率将持有的债券转换为公司普通股的债券。

② 不能享有上述权利的债券则为不可转换债券。

对于可转换债券，如债券持有人选择转股，公司应当按照转换办法向债券持有人换发股票，但债券持有人对转换股票或者不转换股票有选择权。

3. 按能否提前收兑，分为可提前收兑债券和不可提前收兑债券

① 可提前收兑债券是企业按照发行时的条款规定，依一定条件和价格在企业认为合适的时间收回债券。这类债券的优点在于：当利率降低时，企业可用“以新换旧”的办法，收回已发行的利率较高的债券，代之以新的、利率相对较低的债券，以降低债务成本。

② 不可提前收兑债券是指不能从债权人手中提前收回的债券，它只能在证券市场上按市场价格买回，或等到债券到期后再收回。

(二)债券发行定价

债券融资所面临的财务问题之一是如何对拟发行的债券进行定价，即确定债券发行价格。债券发行价格是指发行公司(或其承销机构)发行债券时所使用的价格，即投资者向发行公司认购债券时实际支付的价格。公司在发行债券之前，必须进行发行价格决策。

1. 影响发行价格的因素

影响发行价格的因素有债券面值、票面利率、市场利率、债券期限等。

① 债券票面价值,即债券面值。债券售价的高低从根本上取决于面值大小,但面值是企业将来归还的数额,而售价是企业现在收到的数额。如果不考虑利息因素,从资金时间价值来考虑,企业应按低于面值的售价出售,即按面值进行贴现收取债券价款。

② 债券利率。债券利率即债券票面利率,债券利率越高,则售价也越高。

③ 市场利率。市场利率是衡量债券利率高低的参照指标,与债券售价成反比关系。

④ 债券期限。债券发行的起止日期越长,则风险越大,售价越低。企业债券通常按债券面值等价发行,但在实践中往往要按低于面值的折价发行或高于面值的溢价发行。这是因为债券利率是参照市场利率制定的,市场利率经常变动,而债券利率一经确定就不能变更。

2. 债券发行价格的确定

债券发行价格的确定方法有三种:一是按债券的票面金额等价发行,等价发行又叫面值发行;二是按低于债券的票面金额折价发行;三是按高于债券的票面金额溢价发行。

债券之所以会偏离面值发行,是因为债券票面利率不一定与当时的市场利率一致,为了协调债券购销双方在债券利息上的利益和债券的供求关系,就要调整发行价格。如果债券的票面利率高于市场利率,由于未来利息多计,因而债券内在价值偏大,投资者买入债券可以获得更高的收益,投资债券的投资者会很多,债券的供应相对紧张,应采用溢价发行。如果债券的票面利率低于市场利率,由于未来利息少计,因而债券内在价值偏小,这时为了吸引资金流入,确保发行成功,应采用折价发行,以弥补由于市场利率的上升对债券投资者造成的损失。如果倩券的票面利率等于市场利率,应采用平价发行。

债券发行价格可根据资金时间价值原理来计算。

① 按期支付利息,到期一次还本,且不考虑发行费用的债券发行价格的计算公式为:

$$债券发行价格=票面金额\times(P/F,i,n)+债券面值\times票面利率\times(P/A,i,n)$$

② 不计复利、到期一次还本付息的债券发行价格的计算公式为:

$$债券发行价格=票面金额\times(1+票面利率\times n)\times(P/F,i,n)$$

式中:n 为债券期限,i 为市场利率。

【例 4-8】 某企业发行债券筹资,面值为 1000 元,期限为 5 年,发行时市场利率为 10%,每年年末付息,到期还本。要求:分别按票面利率为 8%、10%、12%计算债券的发行价格。

解：

若票面利率为8%：

$$发行价格=1000\times(P/F,10\%,5)+1000\times8\%\times(P/A,10\%,5)$$
$$=1000\times0.6209+80\times3.7908=924.16(元)$$

若票面利率为10%：

$$发行价格=1000\times(P/F,10\%,5)+1000\times10\%\times(P/A,10\%,5)$$
$$=1000\times0.6209+100\times3.7908=1000(元)$$

若票面利率为12%：

$$发行价格=1000\times(P/F,10\%,5)+1000\times12\%\times(P/A,10\%,5)$$
$$=1000\times0.6209+120\times3.7908=1075.80(元)$$

【例4-9】 根据上例资料，改成单利计息，到期一次还本付息，其余不变。

解：

若票面利率为8%：

$$发行价格=1000\times(1+5\times8\%)\times(P/F,10\%,5)$$
$$=1400\times0.6209=869.26(元)$$

若票面利率为10%：

$$发行价格=1000\times(1+5\times10\%)\times(P/F,10\%,5)$$
$$=1500\times0.6209=931.35(元)$$

若票面利率为12%：

$$发行价格=1000\times(1+5\times12\%)\times(P/F,10\%,5)$$
$$=1600\times0.6209=993.44(元)$$

由上面计算可见，由于市场利率是复利年利率，所以当债券以单利计息、到期一次还本付息时，即使票面利率与市场利率相等，也不会按面值发行。

(三)债券筹资的优缺点

1. 债券筹资的优点

① 资金成本相对较低。债券的发行费用较低，债券利率一般要低于股票股利率，加之债券的利息允许在所得税前支付，具有抵税作用，所以利用债券筹资的成本要比股票筹资的成本低。

② 可利用财务杠杆作用。无论发行公司的盈利多少，债券持有人一般只收取

固定利息，而更多的收益则用于分配给股东或留存公司经营，以增加股东和公司的财富。

③ 有利于保障股东对公司的控制权。债券持有者无权参与企业管理决策，因此，通过债券筹资不会稀释股东对公司的控制权，又能扩大公司的投资规模。

④ 有利于调整资本结构。公司在进行发行债券种类决策时，如果适时选择可转换债券或可提前收兑债券，则对企业主动调整其资本结构十分有利。

2. 债券筹资的缺点

① 偿债压力大。债券有固定的到期日，并需定期支付利息，发行公司必须承担按期付息还本的义务，在公司经营不景气时也需向债券持有人付息还本，这会给公司带来更大的财务困难，有时甚至导致破产。

② 限制条件较多。发行债券的限制条件一般要比长期借款、租赁融资的限制条件多且严格，从而限制了公司对债券融资方式的使用，甚至会影响公司以后的融资能力。

③ 筹资数量有限。利用债券筹资有一定的限度，当公司负债比例超过了一定程度后，债券筹资的成本会迅速上升，有时甚至会发行不出去。《中华人民共和国公司法》中关于累计债券总额不超过公司净资产额的40%的规定也使债券的筹资额有限。

三、融资租赁

(一)租赁的种类

租赁是出租人以收取租金为条件，在契约或合同规定的期限内将资产租给承租人使用的一种经济行为。这种业务涉及四个基本要素：出租人、承租人、租金、租赁资产。按租赁业务的性质不同，租赁可分为经营租赁、融资租赁两种。

经营租赁是由租赁公司向承租单位在短期内提供设备，并提供维修、保养、人员培训等的一种服务性业务，又称服务性租赁。经营租赁的特点主要包括：

① 出租的设备一般由租赁公司根据市场需要选定，然后再寻找承租企业；

② 租赁期较短，短于资产的有效使用期，在合理的限制条件内承租企业可以中途解约；

③ 租赁设备的维修、保养由租赁公司负责；

④ 租赁期满或合同中止以后，出租资产由租赁公司收回。经营租赁比较适用于租用技术过时较快的生产设备。

融资租赁是由租赁公司按承租单位的要求出资购买设备，在较长的合同期内提供给承租单位使用的融资信用业务，它是以融通资金为主要目的的租赁。融资租赁的主要特点包括以下几点：

① 出租的设备根据承租企业提出的要求购买，或者由承租企业直接从制造商或销售商那里选定；

② 租赁期较长，接近于资产的有效使用期，在租赁期间双方无权取消合同；

③ 由承租企业负责设备的维修、保养；

④ 租赁期满，按事先约定的方法处理设备，包括退还租赁公司，或继续租赁，或企业留购。通常采用企业留购办法，即以很少的“名义价格”（相当于设备残值）买下设备。

（二）融资租赁的程序与形式

1. 融资租赁的基本程序

① 选择租赁公司，提出委托申请。当决定采用融资租赁方式以获取某项设备时，企业需要了解各个租赁公司的资信情况、融资条件和租赁费率等，分析比较选定一家作为出租单位；然后，向租赁公司申请办理融资租赁。

② 签订购货协议。由承租企业和租赁公司中的一方或双方，与选定的设备供应厂商进行购买设备的技术谈判和商务谈判，在此基础上与设备供应厂商签订购货协议。

③ 签订租赁合同。承租企业与租赁公司签订租赁设备的合同，如需要进口设备，还应办理设备进口手续。租赁合同是租赁业务的重要文件，具有法律效力。融资租赁合同的内容可分为一般条款和特殊条款两部分。

④ 交货验收。设备供应厂商将设备发运到指定地点，承租企业要办理验收手续；验收合格后签发交货及验收证书交给租赁公司，作为其支付货款的依据。

⑤ 定期交付租金。承租企业按租赁合同规定，分期交纳租金，这也就是承租企业对所筹资金的分期还款。

⑥ 合同期满处理设备。承租企业根据合同约定，对设备续租、退租或留购。

2. 融资租赁的基本形式

① 直接租赁。直接租赁是融资租赁的主要形式，承租方提出租赁申请时，出租方按照承租方的要求选购设备，然后再出租给承租方。

② 售后回租。售后回租是指承租方由于急需资金等各种原因，将自己的资产售给出租方，然后以租赁的形式从出租方原封不动地租回资产的使用权。

③ 杠杆租赁。杠杆租赁是指涉及承租人、出租人和资金出借人三方的融资租赁。一般来说，当所涉及的资产价值昂贵时，出租方自己只投入部分资金，通常为资产价值的20%～40%，其余资金则通过将该资产抵押担保的方式，向第三方（通常为银行）申请贷款解决。然后出租人将购进的设备出租给承租方，用收取的租金偿还贷款，该资产的所有权属于出租方。出租人既是债权人也是债务人，既要收取租金又要支付债务。

(三)融资租赁的租金计算

融资租赁每期租金的多少,取决于以下几项因素:设备原价及预计残值,包括设备买价、运输费、安装调试费、保险费等,以及设备租赁期满后出售可得的收入。利息,是指租赁公司为承租企业购置设备垫付资金所应支付的利息。租赁手续费,是指租赁公司承办租赁设备所发生的业务费用和必要的利润。

租金的支付,有以下几种分类方式:按支付间隔期长短,分为年付、半年付、季付和月付等方式;按在期初和期末支付,分为先付和后付;按每次支付额,分为等额支付和不等额支付。实务中,承租企业与租赁公司商定的租金支付方式,大多为后付等额年金。

租金的计算。我国融资租赁业务中,租金的计算大多采用平均分摊法和等额年金法。在等额年金法情况下,通常要根据利率和租赁手续费率确定一个租费率作为折现率。

1. 平均分摊法

平均分摊法是指按事先确定的利息和手续费率计算出租赁期间的利息和手续费总额,然后连同设备成本按支付次数进行平均。这种方法不考虑时间价值因素,计算较为简单。其计算公式为:

$$R=\frac{(C-S)+I+F}{N}$$

其中,R 为每次应付租金的数额,C 为租赁设备的购置成本,S 为租赁设备预计残值或期满时由租入方留购而支付给出租方的转让价,I 为租赁期间利息,F 为租赁期间手续费,N 为租赁期间租金支付次数。

【例 4-10】 某企业 2022 年 1 月向租赁公司租入设备一套,价值为 100 万元。租期为 5 年,预计租赁期满租入企业支付的转让价 5 万元。年利率为 10%,手续费为设备原价的 2%,租金在每年年末支付一次,则该设备每年支付的租金为多少?

解:

$$R=\frac{(100-5)+[100\times(1+10\%)^5-100]+100\times2\%}{5}=31.61(\text{万元})$$

2. 等额年金法

等额年金法是根据利率与租赁手续费确定一个租赁费率作为折现率,运用年金现值方法计算确定的每年应付租金。其计算公式为:

每年支付租金=等额租金现值总额×等额租金的现值系数

租金的支付方式分为两种情况:一种是每期租金在年初支付,即采取先付年金(即付年金)方式;另一种是每期租金在年末支付,即采用后付年金(或普通年金)

方式。

先付租金即于每年年初支付等额租金,计算公式为:

$$R=\frac{C-S\times(P/F,i,n)}{(P/A,i,n-1)+1}$$

式中,i 为贴现率,其他符号同前。

后付租金即于每年年末支付等额租金,计算公式为:

$$R=\frac{C-S\times(P/F,i,n)}{(P/A,i,n)}$$

【例 4-11】 仍用上例题资料,分别对以下三种情况用等额年金法计算该企业每年应付租金金额:租费率为 12%,租金在每年年末支付;租费率为 12%,租金在每年年初支付;租金在每年年末支付,但租赁手续费在租入设备时一次付清。

解:

设三种情况的每年应付租金额分别为 R_1、R_2、R_3,则:

$$R_1=\frac{100-5\times(P/F,12\%,5)}{(P/A,12\%,5)}=\frac{100-5\times0.5674}{3.6048}\approx26.95(\text{万元})$$

$$R_2=\frac{100-5\times(P/F,12\%,5)}{(P/A,12\%,4)+1}=\frac{100-5\times0.5674}{3.0373+1}\approx24.06(\text{万元})$$

$$R_3=\frac{100-5\times(P/F,10\%,5)}{(P/A,10\%,5)}=\frac{100-5\times0.6209}{3.7908}\approx25.56(\text{万元})$$

从上述两种计算方法看,平均分摊法没有考虑资金时间价值因素,因此它每年支付的租金比等额年金法要多。企业在选择租金计算方法时,应采用年金法,这样对承租人有利。从等额年金法的先付与后付两种方式看,名义上支付的租金额有出入(先付租金少于后付租金),但实质上并没有差别。企业可任选其一,并与出租人进行协商后再确定。

(四)融资租赁筹资的优缺点

1. 融资租赁筹资的优点

① 能迅速获得所需资产。融资租赁集"融资"与"融物"于一身,从时间上,一般要比先筹措货币资金后再购置设备来得更快,可使企业尽快形成生产经营能力。

② 筹资限制较少。企业运用股票、债券、长期借款等筹资方式都受到相当多的资格条件等限制,相比之下,融资租赁筹资的限制条件很少。

③ 设备淘汰风险小。随着科学技术的不断进步,设备陈旧过时的风险很高,在融资租赁方式下,当租赁期满后,如果承租方选择退租,则可免遭这种风险。

④ 财务风险较小。全部租金通常在整个租期内分期支付,可适当降低不能偿

付到期债务的风险。

⑤ 具有财务杠杆作用。租金费用可在所得税前扣除，承租企业能享受税收方面的利益，从而提高每股收益。

2. 融资租赁筹资的缺点

① 资金成本较高。融资租赁筹资最主要的缺点就是资金成本较高，其租金要比举借银行借款或发行债券所负担的利息高得多，一般来说，租金总额通常要高于设备价值的30%。在企业财务困难时，固定的租金也会构成一项较沉重的负担。

② 资产处置权有限。由于承租企业在租赁期内无资产所有权，因而不能根据自身的要求自行处置租赁资产。

四、商业信用

商业信用是指在商品交易中由于延期付款或延期交货所形成的借贷关系，是企业之间的直接信用行为，属于自然性融资。

(一)商业信用的形式

商业信用是企业短期资金的重要来源。在传统的“钱货两清”结算制关系下，企业间不存在信用行为。但随着市场经济的发展，商业信用已成为企业间加强竞争的主要手段。从筹资的角度看，商业信用的偿还压力与风险较大，但成本低，有时是无成本的。其主要形式有应付账款、应付票据、预收账款等。

1. 应付账款

应付账款是由赊销商品形成的，是企业购买货物暂未付款而欠对方的账项，即卖方允许买方在一定时期内支付货款的一种形式。卖方利用这种方式促销，而对买方来说，延期付款则等于向卖方借用资金购进商品，可以满足短期的资金需要，账款的支付主要依赖于卖方的信用条件。例如，卖方为促使买方及时承付货款，一般均给对方一定的现金折扣(如 $2/10, n/30$)，即表示货款在10天内付清，可以享受货款金额2%的现金折扣；货款在30天内付清(即信用期为30天)，则需付全部货款。

在这种形式下，买方通过商业信用筹资的数量与是否享有折扣有关。一般认为，企业用商业信用筹资存在以下三种情况：

① 享有现金折扣。在这种情况下，企业可获得最长为现金折扣期的免费资金，并取得相应的折扣收益，其免费信用额度为扣除现金折扣后的净购价。

② 放弃现金折扣，在信用期内付款。在这种情况下，企业可获得最长为信用期的免费资金，其信用额度为商品总购价；但由于放弃现金折扣，增加了相应的机会成本。放弃现金折扣的资金成本的计算公式为：

$$\text{放弃现金折扣成本率} = \frac{\text{折扣}\%}{1-\text{折扣}\%} \times \frac{360\text{天}}{\text{付款期(信用期)}-\text{折扣期}} \times 100\%$$

在一般情况下，企业财务人员需要将放弃现金折扣的成本率与银行借款年利率进行比较，如果成本率大于银行借款利率，则企业放弃现金折扣机会的代价较大，从而对企业不利。

③ 逾期支付。在这种情况下，企业实际上是拖欠卖方的货款，逾期越长，筹资数量也越大，但企业会因此而信誉下降，未来会失去更多的机会收益，这对企业自身不利，对其他企业也不利。

2. 应付票据

应付票据是企业进行延期付款的商品交易时开具的反映债权债务关系的票据。根据承兑人的不同，应付票据分为商业承兑汇票和银行承兑汇票两种。支付期限最长不超过 6 个月。应付票据可以带息，也可以不带息。应付票据的利率一般比银行借款的利率低，且不用保持相应的补偿余额和支付协议费，所以，应付票据的筹资成本低于银行借款成本。但是应付票据到期必须归还，如延期，便要交付罚金，因而风险较大。

3. 预收账款

预收账款是卖方企业在交付货物之前向买方预先收取部分或全部货款的信用形式。对卖方而言，预收账款相当于向买方借用资金后用货物抵偿。而通常购买单位对于紧俏商品乐意采用这种形式，以便获得所需商品。另外，生产周期长、售价高的商品，如轮船、飞机等，生产企业也经常向订货者分次预收货款，以缓解资金占用过多的矛盾。

此外，企业在生产经营活动中往往还形成一些应付费用，如应付工资、应缴税金、应付利息、应付水电费等。这些费用项目的发生受益在先，支付在后，支付期晚于发生期，因此它们也属于“自然筹资”的范围。由于这些应付项目的支付具有时间规定性，其负债额度较为稳定，因此企业习惯上称之为“定额负债”或视同“自有资金”。

(二)商业信用筹资的优缺点

1. 商业信用筹资的优点

① 筹资便利。商业信用与商品买卖同时进行，属于一种自然性融资，无须正式办理筹资手续，企业随时可以随着购销行为的产生而得到该项资金。

② 筹资成本低。大多数商业信用都是由卖方免费提供的，如果没有现金折扣或企业不放弃现金折扣，以及使用不带息应付票据，则利用商业信用筹资没有实际成本。

③ 限制条件少。商业信用比其他筹资方式条件宽松，无须担保或抵押。如果企业利用银行借款筹资，银行往往对贷款的使用规定一些限制条件，而商业信用则限制较少。

④ 筹资弹性大。能够随着购买或销售规模的变化而自动地扩张或缩小。

2. 商业信用筹资的缺点

① 期限短。商业信用的期限一般较短，如果企业取得现金折扣，则时间会更短；如果放弃现金折扣，则要付出较高的资本成本。

② 风险大。由于各种应付款项目经常发生，次数频繁，因此需要企业随时安排现金的调度。

任务五　筹资实务的创新

企业筹资方式和筹资渠道的变化与国家金融业的发展密切相关。随着经济的发展和金融政策的完善，我国企业筹资方式和筹资渠道逐步呈现多元化趋势。

一、商业票据融资

商业票据融资是指通过商业票据进行融通资金。商业票据是一种商业信用工具，是由债务人向债权人开出的、承诺在一定时期内支付一定款项的支付保证书，即由无担保、可转让的短期期票组成。商业票据融资具有融资成本较低、灵活方便等特点。

二、中期票据融资

中期票据是指具有法人资格的非金融类企业在银行间债券市场按计划分期发行的，约定在一定期限还本付息的债务融资工具。发行中期票据一般要求具有稳定的偿债资金来源；拥有连续三年的经审计的会计报表，且最近一个会计年度盈利；主体信用评级达到AAA；待偿还债券余额不超过企业净资产的40%；募集资金应用于企业生产经营活动，并在发行文件中明确披露资金用途；发行利率、发行价格和相关费用由市场化方式确定。

中期票据具有以下特点：①发行机制灵活。中期票据发行采用注册制，一次注册通过后两年内可分次发行；可选择固定利率或浮动利率，到期还本付息；付息可选择按年或季等。②用款方式灵活。中期票据可用于中长期流动资金、置换银行借款、项目建设等。③融资额度大。企业申请发行中期票据，按规定发行额度最多可达企业净资产的40%。④使用期限长。中期票据的发行期限在1年以上，一般3～5年，最长可达10年。⑤成本较低。根据企业信用评级和当时市场利率，中期票据利率较中长期贷款等融资方式往往低20%～30%。⑥无须担保抵押。发行中期票据，主要依靠企业自身信用，无须担保和抵押。

中期票据因为有上述特点，在实务中得到了广泛的应用，尤其是近些年来在我国上市公司中应用颇多。

三、股权众筹融资

股权众筹融资主要是指通过互联网形式进行公开小额股权融资的活动。股权众筹融资必须通过股权众筹融资中介机构平台（互联网网站或其他类似的电子媒介）进行。股权众筹融资方应为小微企业，应通过股权众筹融资中介机构向投资人如实披露企业的商业模式、经营管理、财务、资金使用等关键信息，不得误导或欺诈投资者。股权众筹融资业务由证监会负责监管。

四、企业应收账款证券化

企业应收账款资产支持证券，是指证券公司、基金管理公司子公司作为管理人，通过设立资产支持专项计划开展资产证券化业务，以企业应收账款债权为基础资产或基础资产现金流来源所发行的资产支持证券。企业应收账款证券化是企业拓宽融资渠道、降低融资成本、盘活存量资产、提高资产使用效率的重要途径。

根据《应收账款质押登记办法》，应收账款是指权利人因提供一定的货物、服务或设施而获得的要求义务人付款的权利以及依法享有的其他付款请求权，包括现有的和未来的金钱债权，但不包括因票据或其他有价证券而产生的付款请求权，以及法律、行政法规禁止转让的付款请求权。

上述质押登记办法所称应收账款包括以下权利：①销售、出租产生的债权，包括销售货物，供应水、电、气、暖，知识产权的许可使用，出租动产或不动产等；②提供医疗、教育、旅游等服务或劳务产生的债权；③能源、交通运输、水利、环境保护、市政工程等基础设施和公用事业项目收益权；④提供贷款或其他信用活动产生的债权；⑤其他以合同为基础的具有金钱给付内容的债权。

五、融资租赁债权资产证券化

融资租赁债权资产支持证券是指证券公司、基金管理公司子公司作为管理人，通过设立资产支持专项计划开展资产证券化业务，以融资租赁债权为基础资产或基础资产现金流来源所发行的资产支持证券。融资租赁债权是指融资租赁公司依据融资租赁合同对债务人（承租人）享有的租金债权、附属担保权益（如有）及其他权利（如有）。

六、商圈融资

商圈融资模式包括商圈担保融资、供应链融资、商铺经营权、租赁权质押、仓单质押、存货质押、动产质押、企业集合债券等。发展商圈融资是缓解中小商贸企业融资困难的重大举措。改革开放以来，我国以商品交易市场、商业街区、物流园区、电子商务平台等为主要形式的商圈发展迅速，已成为我国中小商贸服务企业生存与发展的重要载体。但是，由于商圈内多数商贸经营主体属中小企业，抵押物少、信用记录不健全，"融资难"问题较为突出，亟须探索适应中小商贸服务企业特点的融资新模式。发展商圈融资有助于增强中小商贸经营主体的融资能力，缓解融资困难，促进中小商贸企业健康发展；有助于促进商圈发展，增强经营主体集聚力，提升产业关联度，整合产业价值链，推进商贸服务业结构调整和升级，从而带动税收、就业增长和区域经济发展，实现搞活流通、扩大消费的战略目标；同时，也有助于银行业金融机构和融资性担保机构等培养长期稳定的优质客户群体，扩大授信规模，降低融资风险。

七、供应链融资

供应链融资，是将供应链核心企业及其上下游配套企业作为一个整体，根据供应链中相关企业的交易关系和行业特点制定基于货权和现金流控制的"一揽子"金融解决方案的一种融资模式。供应链融资解决了上下游企业融资难、担保难的问题，而且通过打通上下游融资瓶颈，还可以降低供应链条融资成本，提高核心企业及配套企业的竞争力。

八、绿色信贷

绿色信贷，也称可持续融资或环境融资。它是指银行业金融机构为支持环保产业、倡导绿色文明、发展绿色经济而提供的信贷融资。绿色信贷重点支持节能环保、清洁生产、清洁能源、生态环境、基础设施绿色升级和绿色服务六大类产业。

九、能效信贷

能效信贷，是指银行业金融机构为支持用能单位提高能源利用效率，降低能源消耗而提供的信贷融资。

能效信贷业务的重点服务领域包括：①工业节能，主要涉及电力、煤炭、钢铁、有色金属、石油石化、化工、建材、造纸、纺织、印染、食品加工、照明等重点行业；②建筑节能，主要涉及既有和新建居住建筑，国家机关办公建筑和商业、服务业、教育、科研、文化、卫生等其他公共建筑，建筑集中供热、供冷系统节能设备及系统优化，可再生能源建筑应用等；③交通运输节能，主要涉及铁路运输、公路运输、水路运输、航空运输和城市交通等行业；④与节能项目、服务、技术和设备有关的其他重要领域。

能效信贷包括用能单位能效项目信贷和节能服务公司合同能源管理信贷两种方式。①用能单位能效项目信贷是指银行业金融机构向用能单位投资的能效项目提供的信贷融资。用能单位是项目的投资人和借款人。②合同能源管理信贷是指银行业金融机构向节能服务公司实施的合同能源管理项目提供的信贷融资。节能服务公司是项目的投资人和借款人。

合同能源管理是指节能服务公司与用能单位以合同形式约定节能项目的节能目标，节能服务公司为实现节能目标向用能单位提供必要的服务，用能单位以节能效益支付节能服务公司的投入及其合理利润的节能服务机制。合同能源管理包括节能效益分享型、节能量保证型、能源费用托管型、融资租赁型和混合型等类型。

节能服务公司是指提供用能状况诊断、能效项目设计、改造（施工、设备安装、调试）、运行管理等服务的专业化公司。

巩固训练

一、单选题

1. 下列各项中属于短期资金筹集方式的有（　　）。

A. 发行公司债券　　B. 银行借款
C. 内部积累　　D. 商业信用

2. 企业在选择筹资渠道时，需要首先考虑的因素是（　　）。

A. 资金成本　　B. 企业类型
C. 融资期限　　D. 偿还方式

3. 某企业按照年利率5.8%向银行借款1000万元，银行要求保留15%的补偿性余额，则该项借款的实际利率为（　　）。

A. 5.8%　　B. 6.4%
C. 6.8%　　D. 7.3%

4. 根据我国的有关规定，股票不得（　　）。

A. 平价发行　　B. 溢价发行
C. 折价发行　　D. 市价发行

5. 当股份公司由于破产进行清算时，优先股的索赔权应位于（　　）的持有者之前。

A. 债券　　B. 商业汇票
C. 借据　　D. 普通股

6. 优先股和债券的相同点是（　　）。

A. 没有到期日　　B. 公司需向投资者支付固定报酬

C. 不需要偿还本金　　D. 股利在税后支付

7. 在下列各项中,企业筹资限制条款少的是(　　)。

A. 股票筹资　　B. 独资租赁

C. 债券筹资　　D. 长期借款

8. 普通股每股净资产反映了普通股的(　　)。

A. 票面价值　　B. 市场价值

C. 投资价值　　D. 账面价值

9. 采用销售百分比法预测企业资金需要量时,下列项目中被视为不随销售收入变动而变动的是(　　)。

A. 现金　　B. 应付账款

C. 存货　　D. 公司债券

10. 能够引起企业自有资金增加的筹资方式是(　　)。

A. 吸收直接投资　　B. 发行公司债券

C. 利用商业信用　　D. 留存收益转增资本

二、多选题

1. 会加重企业实际利息负担的有(　　)。

A. 规定信贷额度　　B. 支付承诺费

C. 规定补偿性余额　　D. 用贴现法支付利息

2. 企业吸收居民个人资金,可以采用的筹资方式有(　　)。

A. 吸收直接投资　　B. 发行股票

C. 融资租赁　　D. 发行公司证券

3. 相对权益资金的筹资方式,长期借款筹资的缺点足(　　)。

A. 财务风险大　　B. 筹资成本高

C. 筹资数额有限　　D. 筹资速度慢

4. 杠杆租赁方式涉及的当事人有(　　)。

A. 承租人　　B. 出租人

C. 资金出借人　　D. 中介人

5. 下列各项中,信用借款是指(　　)的借款。

A. 筹资成本低　　B. 以借款人信誉为依据

C. 无须财产抵押　　D. 无限制条件

6. 相对于普通股股东而言,优先股股东所拥有的优先权是(　)。

A. 优先管理权　　B. 优先表决权

C. 优先分配股利权　　D. 优先分配剩余财产权

7. 向银行借款筹资的优点有(　　)。

A. 筹资金额多　　　　B. 筹资速度快

C. 筹资灵活性大　　　　D. 筹资成本低

8. 下列筹资方式中筹集资金属企业负债的有(　　)。

A. 银行借款　　　　B. 发行债券

C. 融资租赁　　　　D. 商业信用

9. 普通股的资金成本比债务资金高,主要原因是(　　)。

A. 股利要从税后利润中支付　　　　B. 股东的人数众多

C. 发行费用较高　　　　D. 股利支付率较高

10. 相对于不可转换债券而言,属于可转换债券筹资优点的有(　　)。

A. 筹集更多资金　　　　B. 降低利息成本

C. 调整资本结构　　　　D. 与股东利益趋同

三、判断题

1. 吸收直接投资中的出资者都是企业的所有者,但他们对企业并不一定享有经营管理权。(　　)

2. 债券的面值是固定的,但价格却是经常变化的。(　　)

3. 权益资本是企业的永久性资本,是一种高成本、低风险的资金来源。(　　)

4. 根据资金筹集的及时性原则,企业应尽早地筹集生产所需的资金,以免影响生产经营的正当进行。(　　)

5. 可转换债券的转换不增加公司资本总量,不改变公司资本结构。(　　)

6. 尽管融资性租赁比借款购置设备更迅速、更灵活,但租金也比借款利息高很多。(　　)

7. 企业负债占销售额的比重越大,外界资金需要量就会越小。(　　)

8. 发行普通股所筹集的资金在公司存续期期间不需要偿还,所以也不需要成本。(　　)

9. 发行优先股的上市公司如不能按规定支付优先股的股利,优先股股东就有权要求公司破产清算。(　　)

10. 债券利息和优先股股利都作为财务费用在所得税前支付。(　　)

四、计算分析题

1. 某公司去年普通股每股税后利润为 0.25 元,今年该公司打算增发新股筹资,以市盈率为 20 倍计算。要求确定该股票发行价格。

2. 某企业股本总额1000万元,负债总额4000万元,资产总额8000万元,企业发行的普通股每股面值10元。要求确定新股发行价格。

3. 企业拟发行面值为100元的债券一批。该债券期限5年,单利计息,票面利率5%,到期一次还本付息。计算市场利率分别为4%、5%、6%时的发行价格。

4. 企业向租赁公司租赁一套设备,设备原价500万元,租赁期10年,期满时企业支付的转让价为10万元,借款年利率按8%计算,租赁手续费为设备原价的3%,租金在每年年末支付一次。要求按下列情况分别计算每年应交租金金额数(答案精确到0.01万元):①采用平均分摊法。②采用等额年金法,手续费在租入时一次付清。③采用等额年金法,手续费摊入租金,租赁双方商定租费率10%。④采用等额年金法,条件同②,但每年租金要求在年初支付。

5. 某公司于2010年1月1日发行面值为1000元、期限为5年的可转换债券,转换价格为每股25元,某人持有20份可转换债券。试求转换比例和该债券持有人可转换的股数。

6. 某国有企业准备改制为股份有限公司,现有净资产经评估价值为1400万元,全部投入新的股份公司,折股比率为1。按计划需要总资产负债率为30%。预计明年税后利润为3800万元。①通过发行股票需要筹集多少股权资金?②按每股7元发行股票,至少要发行多少社会公众股?发行后,每股利润是多少?市盈率是多少?③如果市盈率不超过20倍,每股盈利按0.5元计算,最高发行价格是多少?

项目五　资本成本与资本结构

知识目标

1. 理解资本成本的概念，掌握各种资本成本的计算；
2. 掌握经营杠杆、财务杠杆和复合杠杆的含义及计算；
3. 理解资本结构的概念，掌握最优资本结构的决策方法。

技能目标

1. 学会各种筹资方式的资本成本计算方法；
2. 能够通过比较资本成本法和每股收益无差别点法进行资本结构决策；
3. 理解各种杠杆效应与风险之间的关系并运用于实际。

情景导入

宏达公司是由众多的酒店连锁店合并而成的股份有限公司，其资产负债表见表 5－1 所列。

表 5－1　宏达公司资产负债表　单位：万元

资　产		负债及所有者权益	
现　金	1000	应付账款	1000
应收账款	2000	其他应收款	500
存　货	1000	短期借款	1000
流动资产合计	4000	流动负债合计	2500
固定资产净值	6000	长期债券	2000
		优先股	500
		普通股	2000
		留存收益	3000
资产总计	10000	负债及所有者权益总额	10000

其他数据如下：

短期负债由银行贷款构成，本期成本率为10%，按季度支付利息。这些贷款主要用于补偿营业旺季在应收款和存货方面的资金不足，但在淡季不需银行贷款。

期限为20年，并以8%的息票利率每半年付息一次的抵押债券构成公司的长期负债。债券投资者要求的收益率为12%，若新发行债券，收益率仍为12%，但有5%的发行成本。

该公司的永久性优先股票面额为100元，按季支付股利2元，投资者要求的收益率为11%，若新发行优先股，仍产生同样的收益率，但公司需支付5%的发行成本。

公司流通在外的普通股为400股，每股市价为20元，每股发行价格在17～23元，最近一次发放的股利为1元，每股收益2元，管理者期望股本收益率提高到30%。

由证券分析人员估算的资产组合风险系数在1.3～1.7范围内变动，政府长期公债收益率是10%，由各种经纪服务机构估算的市场平均收益率在14.5%～15.5%，所预测的期望增长率范围在10%～15%，公司的历史增长率仍将与过去保持相同。

根据最近消息，宏达公司的财务经理对某些热衷于退休基金投资的管理者进行了一次民意测验，测验结果表明，即使该公司的股本收益率处于最低水平，投资者仍愿意购买宏达公司的普通股票，而不愿意购买收益率为12%的债券。所以，最后的分析建议是，相对于宏达公司，债务的股票风险报酬率范围应在4%～6%。

宏达公司的所得税税率为25%，新发行的普通股票有10%的发行成本率。

宏达公司的主要投资银行认为预期通货膨胀将导致公司有关比率提高，但他们仍指出公司的债券利息率将下降，其资金成本率将下降到10%，政府长期公债的收益率将下降到8%。

导问：如何对宏达公司的加权平均资本成本进行估算？

任务一　资本成本

一、资本成本概述

（一）资本成本的概念

资本成本是企业取得和使用资金而付出的代价，包括筹资费和用资费。筹资费是指企业在筹措资金过程中为取得资金而发生的各项费用，如发行股票和债券所发生的申请、登记、印刷、注册以及向承销机构支付的手续费等与发行有关的费用。这部分费用通常是在筹措资金时一次性支付的，在用资过程中不再发生，所以是一项固定费用，可作为筹资额的一项扣除。用资费是指企业在一定时间里使用所筹资金而支付给所有者的报酬，如红利、利息等，这是资本成本的主要内容。这部分费用与企业使用资金数量的多少和时间的长短有关，是一项变动费用。

资本成本具有广义和狭义之分。广义的资本成本既包括短期资本成本，又包括长期资本成本；狭义的资本成本仅指长期资本成本。由于短期资金规模较小、时间较短、游离程度较高，其成本的高低对企业财务决策影响不大，因此，通常意义上的资本成本主要指狭义资本成本，即长期资本成本。

（二）影响资本成本的因素

在市场经济环境中，很多因素都会对资本成本产生影响，其中主要有：资本市场供求关系、证券市场条件、公司内部经营风险和资本结构等。

资本市场供求关系的变化主要体现在无风险利率上。当货币需求增加，供给没有相应增加时，无风险利率就会相应上涨，从而导致资本成本上升；反之，则会使资本成本下降。

证券市场条件的变化主要体现在流动性风险补偿上。流动性风险补偿主要受证券转让的难易程度以及价格波动的程度影响。如果证券的市场流动性很好，证券投资者要求的报酬率就会低，从而降低发行公司的资本成本。如果证券价格波动幅度很大，则该证券风险提高，证券投资者就会要求更高的报酬予以补偿，这样发行公司就会付出较高的资本成本。

公司内部经营风险也会影响资本成本。经营风险对资本成本的影响主要是因为经营状况或经营环境变化，影响资产收益率的变化，产生较高的经营风险，因而投资者会要求较高的收益率，导致资本成本升高。

公司的资本结构是影响公司资本成本的重要因素。公司的资产负债率越高，意味着公司的财务风险越大。即公司按期支付利息和偿还本金的风险上升，债权人和股东会要求较高的收益率给予补偿，从而使资本成本上升。

（三）资本成本的作用

资本成本是衡量资本结构优化程度的标准，也是对投资获得经济效益的最低要求。资本成本的作用主要表现在以下几个方面：

1. 个别资本成本是比较各种筹资方式、选择筹资方案的依据

企业的筹资方式是多元化的，评价各种筹资方式的标准也是多种多样的，如对企业控制权的影响、对投资者的吸引力大小、财务风险的大小、资本成本的高低等。其中，资本成本是一个极为重要的因素。在其他条件基本相同或对企业影响不大时，应选择资本成本最低的筹资方式。

2. 平均资本成本是衡量资本结构是否合理的重要依据

企业财务管理的目标是企业价值最大化,企业价值是企业资产带来的未来经济效益的现值。计算现值时采用的贴现率通常会选择企业的平均资本成本,当平均资本成本最低时,企业价值最大,此时的资本结构是企业理想的最优资本结构。

3. 边际资本成本是选择追加筹资方案的重要依据

企业筹资数额越大,资本成本越高;当资金的边际成本超过企业的承受能力时,企业就不能再增加筹资数量。因此,可以通过计算边际资本成本的大小来选择是否追加筹资。

4. 资本成本是评价投资项目可行性的主要依据

资本成本是企业对投入资金所要求的报酬率,即最低必要报酬率。如果备选的多个投资项目相互独立,则只要预期投资报酬率大于资本成本,投资项目就具有财务可行性;相反,若备选的多个投资项目相互排斥时,则应将各方案的投资报酬率与其对应的资本成本相比较,其中正差额最大的项目是效益最高的,应予首选。因此,资本成本可以作为投资项目取舍的标准。

5. 资本成本是评价企业整体业绩的重要依据

资本成本是用资企业支付给资金出让方的报酬,是使用资金应获得收益的最低界限。一定时期资本成本的高低不仅反映了财务经理的管理水平,还可用于衡量企业整体的经营业绩。更进一步,资本成本还可以促进企业转变观念,"资金是有成本的,尤其是权益资金不是免费使用的",企业在一定时期实现的收益超过资本成本越多,企业创造的价值越大,整体业绩越好。

二、资本成本的计算

资本成本可以用绝对数表示,也可以用相对数表示。为了便于分析和比较各种筹资方式的资本成本,通常不用绝对数表示,而用相对数表示,称为资本成本率,表现为企业资金使用费与筹资净额(即筹资数额扣除筹资费用后的差额)的比率。

一般情况下,如果不用特别说明,资本成本就是相对数表示的成本率。用公式表示为:

$$K=\frac{D}{P-F}\times 100\% \text{或} K=\frac{D}{P(1-f)}\times 100\%$$

式中,K 为资本成本率;D 为资金占用费;P 为筹资总额;F 为筹资费用;f 为筹资费用率,即筹资费用与筹资数额的比率。

资本成本按用途不同,可以分为个别资本成本、综合资本成本和边际资本成本。个别资本成本主要用来比较不同的筹资方式,综合资本成本主要用来进行资本结构决策,边际资本成本主要在筹集资本时用于追加筹资决策。

(一)个别资本成本的计算

个别资本成本是指使用各种长期资本的成本,主要包括:优先股资本成本、普通股资本成本、留存收益资本成本、银行借款资本成本、债券资本成本。

1. 优先股资本成本

企业优先股股票同发行债券和长期借款一样,需要支付筹措费,如注册费、代销费等。其股息也要定期支付,但由于股息是税后支付的,没有享受所得税优惠,所以其资本成本率的计算与债券和长期借款不同,公式如下:

$$K_p=\frac{D}{P(1-f)}$$

式中,K_p为优先股资本成本率,D为优先股每年股利,P为发行优先股总额,f为优先股筹措费率。

【例5-1】 某公司发行每股面值100元的优先股1000000股,年股利率为7%,发行费用为股金总额的2%,优先股的资金成本率为多少?

解:

$$K_p=\frac{D}{P(1-f)}=\frac{100\times1000000\times7\%}{100\times1000000\times(1-2\%)}=7.1\%$$

当企业资不抵债时,优先股股东的索赔权仅次于长期贷款的债权人和长期债券的持有人,所以优先股的投资风险比长期贷款和长期债券的投资风险高,因而优先股的股息率一般高于借款和债券的利率。同时优先股股票不仅筹措费较高,而且支付的优先股股息不会减少企业应缴的所得税,所以优先股的资本成本率明显高于债券的资本成本率。但是,发行优先股筹集资金是自有资金,可以被长期占用,因此在一定条件下企业仍乐于采用这种筹资方式。

2. 普通股资本成本

普通股的特点是无到期日,股利是从公司税后利润中支付,没有抵税利益,且每年支付的股利不是固定的,而是与当年的经营状况密切相关,所以要精确计算普通股的资本成本实际上是不可能的,只能采取估算的方法。普通股筹资成本的估算方法有三种:股利增长模型法、资本资产定价模型法、债券收益风险溢价法。

(1)股利增长模型法

股利增长模型法是假定股本投资的收益以固定的年增长率递增,则普通股资本成本率的计算公式为:

$$K_c=\frac{D}{P(1-f)}+G$$

式中,K_c为普通股资本成本率,D为预期第1年股利额,P为普通股市价,f为普通股筹资费用率,G为普通股股利年增长率。

在财务管理实务中，股利既不可能保持不变，也不可能永远按照恒定比例增长，甚至有的公司根本不发放股利。股利增长模型适用于那些定期发放股利、股利增长十分稳定的公司。

【例 5-2】 某公司普通股目前市价为 40 元，估计年增长率为 5%，本年发放股利 2 元。若企业新发普通股，筹资费用率为股票市价的 5%，则普通股资本成本率为多少？

解：

$$K_c=\frac{2\times(1+5\%)}{40\times(1-5\%)}+5\%=10.5\%$$

(2)资本资产定价模型法

资本资产定价模型法给出了普通股筹资成本与它的市场风险 R 之间的关系：

$$K_c=R_f+\beta(R_m-R_f)$$

式中，K_c 为普通股资本成本率；R_f 为无风险报酬率；R_m 为平均风险股票必要报酬率；β 为股票的贝他系数。

【例 5-3】 某公司的普通股 β 值为 1.6，国债利率为 5%，股票市场平均必要报酬率为 10%。该公司的普通股股票的资本成本率为多少？

解：

$$K_c=5\%+1.6\times(10\%-5\%)=13\%$$

(3)债券收益风险溢价法

由于普通股股东对企业的投资风险要大于债券投资者，根据“风险越大，要求的报酬率越高”的原理，其会在债券投资者要求的收益率上再要求一定的风险溢价，以作为对企业投资的风险补偿。按照这一理论，普通股的筹资成本公式为：

$$K_c=K_b+RP_c$$

式中，K_b 为债券成本率；RP_c 为股东比债权人承担更大风险所要求的风险溢价。

风险溢价一般在 3%～5%，当市场利率达到最高点时，风险溢价通常较低，在 3%左右；当市场利率达到最低点时，风险溢价通常较高，在 5%左右；而在通常情况下，采用 4%的平均风险溢价。

【例 5-4】 某公司债券成本率为 10%，其普通股的资本成本率为多少？

解：

$$K_c=K_b+RP_e=10\%+4\%=14\%$$

3. 留存收益资金成本

留存收益是历年滚存下来的未分配税后利润，是企业资金的一项重要来源，其所有权归属于股东。股东将这部分利润留存于企业，实质上是对企业的追加投资，对其与以前投入企业的股本一样，股东对其也要求有一定的报酬。因此，企业使用这部分资金同样需要对投资者支付红利，从而产生资本成本。这部分资本成本的计算，可视同普通股筹资成本来计算，所不同的是留存收益无筹资费用。

若采用股利增长模型法进行筹资成本估算，留存收益资金成本计算公式则为：

$$K_r = D_r / P_r + G$$

式中，K_r 为留用利润的资金成本，P_r 为留用利润筹资额的市价。

【例 5-5】 沿用【例 5-2】的资料，若企业留用利润筹资，则成本为多少？

解：

$$K_r = D_r / P_r + G = [2 \times (1+5\%)/40] + 5\% = 12.25\%$$

10.25%小于发行普通股的成本 10.5%，可见，在其他条件相同时，留用利润的成本比发行普通股的资本成本低。

4. 银行借款资本成本

银行借款成本是由借款利息和筹资费用构成的。由于银行借款利息一般作为财务费用计入税前成本费用内，可以起到抵税作用，因此，一次还本、分期付息借款成本为：

$$K_L = \frac{I(1-T)}{L(1-f)}$$

式中，K_L 为银行借款资本成本率，I 为银行借款年利息额，L 为银行借款筹资总额，f 为银行借款筹资费率，T 为所得税税率。上式也可以改为以下形式：

$$K_L = \frac{i(1-T)}{(1-f)}$$

式中 i 为银行借款的利率。

若银行借款的筹措费用（主要是借款的手续费）很少时，也可以忽略不计。

忽略手续费时，银行借款的资金成本率为 $K_L = i(1-T)$。

如某公司向银行借入一笔长期资金，计 1000 万元，银行借款的年利率为 12%，每年结息一次，到期一次还本，同时需支付借款额 1%的手续费。公司所得税税率为 25%，计算银行借款的成本。

$$K = 1000 \times 12\% \times (1-25\%) / [1000 \times (1-1\%)] = 9\%$$

【例 5-6】 某企业取得 5 年长期借款 1000 万元，年利率为 5%，每年付息一次，到期一次还本，筹资费用率为1%，企业所得税税率为25%。该项长期借款的资本成本率为多少？

解：

$$K_L=\frac{I(1-T)}{L(1-f)}=1000\times5\%\times(1-25\%)/[1000\times(1-1\%)]=3.79\%$$

或

$$K_L=\frac{i(1-T)}{(1-f)}=5\%\times(1-25\%)/(1-1\%)=3.79\%$$

5. 债券资本成本

发行债券的成本主要是指债券利息和筹资费用。债券利息的处理与长期借款利息的处理相同，应以税后的债务成本计算为依据。债券的筹资费用一般比较高，不可在计算资本成本时省略。按照一次还本、分期付息的方式，债券资本成本的计算公式为：

$$K_b=\frac{B\cdot i\cdot(1-T)}{P_0(l-f)}=\frac{I(1-T)}{P_0(l-f)}$$

式中，K_b 为债券资本成本；B 为债券面值总额，i 为债券票面利率；I 为债券每年支付的利息；T 为所得税税率；P_0 为债券筹资额，按发行价格确定；f 为债券筹资费用率。

【例5-7】 某公司发行面值总额为1000万元的10年期债券，票面利率为6%，发行费用为4%，公司所得税税率为25%。该债券的成本为多少？

解：

$$K_b=\frac{I(1-T)}{P_0(1-f)}=4.69\%$$

若债券溢价或折价发行，为更精确地计算资本成本，应以实际发行价格作为债券筹资额。

【例5-8】 假定某公司发行总面额为500万元的10年期债券，票面利率为6%，发行费用为4%，发行价格为600万元，公司所得税税率为25%。该债券的成本为多少？

解：

$$K_b=\frac{I(1-T)}{P_0(1-f)}=3.91\%$$

企业在选择融资方式时，要考虑不同筹资方式的资金成本水平。一般来说，按资本成本率从低到高的顺序排列，以上五种筹资方式依次为：银行借款＜长期债券

<优先股<留存收益<普通股。

(二)综合资本成本的计算

在市场经济环境下，由于受多种因素的制约，企业不可能只使用某种单一的筹资方式，往往需要通过多种方式筹集所需资本。为进行筹资决策，需要计算确定企业全部资本的总成本—综合资本成本。

综合资本成本是一种加权平均资本成本，是以各种资本在全部资本中所占的比重为权重，对各种资本成本进行加权平均计算得来的。其计算公式为：

$$K_w = \sum K_j W_j$$

式中，K_w 为综合资本成本，K_j 为第 j 种筹资方式的个别资本成本，W_j 为第 j 种筹资方式的个别资本占全部资本的比重(权重)。

【例 5-9】 某企业账面反映的长期资本共 500 万元，其中，长期借款 100 万元，应付长期债券 50 万元，普通股 250 万元，留存收益 100 万元，其个别资本成本分别为 5.7%、7.17%、10.26%、9%，该企业的综合资本成本率为多少？

解：

$$K_w = 8.787\%$$

上述计算中的个别资本占全部资本的比重，是按价值确定的，其资料容易取得。但当资本的账面价值与市场价值差别较大时，比如股票、债券的市场价格发生较大变动时，计算结果会与实际有较大的差距，从而贻误筹资决策。为了克服这一缺陷，个别资本占全部资本的比重的确定还可以按市场价值或目标价值确定，分别称为市场价值权数、目标价值权数。

(三)边际资本成本的计算

1. 边际资本成本的概念

个别资本成本和综合资本成本是公司过去筹集资本或者目前使用资本的成本。实际上，任何一个公司都不可能以一个固定的资本成本筹集到无限的资本。随着公司规模的扩大、筹资条件的变化等，公司会筹集新的资本。当筹集的资本量超过一定限度时，新筹集资本的资本成本就会发生变化。公司在筹集资本时，要考虑新的资本成本，即边际资本成本。

边际资本成本是指资本每增加一个单位而增加的成本。在现实中，边际资本成本通常在某一筹资区间内保持稳定，当公司以某种筹资方式筹集的资本超过一定限额时，无论公司是否改变资本结构，边际资本成本均会上升。在多种筹资方式下，即使企业保持原有的资本结构，随着追加筹资的不断增加，也会由于个别资本成本的变化而使企业加权平均资本成本发生变动。因此，边际资本成本是公司追加筹资的成本，是追加筹资的依据。公司在追加筹资时，应以边际资本成本作为评价投资项目可行性的经济标准,据此进行投资方案的取舍。

【例 5－10】 某公司目标资本结构为债务资本占 30%、优先股占 5%、普通股股东权益资本占 65%。现拟追加筹资 500 万元,预测各种资本的个别资本成本依次为 7.83%、11.56%、13.17%。该公司追加筹资 500 万元的边际资本成本计算见表 5－2 所列。

表 5－2　边际资本成本计算表

资本种类	目标资本结构	追加筹资的市场价值/万元	个别资本成本/%	边际资本成本/%
发行债券	0.30	150	7.83	2.349
发行优先股	0.05	25	11.56	0.578
发行普通股	0.65	325	13.17	8.561
合　计	1.00	500	—	11.488

2. 边际资本成本的计算

边际资本成本应该按照加权平均法计算,其个别资本的权重必须按照市场价值确定,具体步骤如下:

① 计算确定目标资本结构。目标资本结构是筹资方增资后拟达到的资本结构,是企业确定的一种较为理想的资本结构。

② 计算确定各个不同筹资范围的个别资本成本。即测算出随筹资增加的各种个别资本成本的变化情况。

③ 计算筹资总额分界点。筹资总额分界点又称筹资突破点,是指可用某一筹资方式按特定资本成本可以筹集到的总体筹资规模最高额。在筹资分界点范围内筹资,原有的个别资本成本不变;而一旦筹资总额超过突破点,其个别资本成本就会随之增加。企业筹资时,由于有多种筹资方式,每种筹资方式又有几个筹资突破点,所以在边际资本成本规划中,需要计算多个筹资突破点。筹资总额突破点的计算公式为:

$$筹资总额突破点=\frac{可用某一特定成本筹集到的某种资本最大额}{该种资本在资本总额中所占比重}$$

④ 计算边际资本成本。根据不同的筹资总额突破点,可以划分出若干个不同的筹资范围,对每个筹资范围均可以计算出一个加权平均资本成本,即边际资本成本。

【例 5－11】 某企业拥有长期资本 400 万元,其中长期借款 60 万元,资本成本 3%;长期债券 100 万元,资本成本 10%;普通股 240 万元,资本成本 13%。平均资本成本为 10.75%。由于扩大经营规模,拟筹集新资金。经分析认为,筹集新资金后仍应保持目前的资本结构，即长期借款占15%，长期债券占25%，普通股占60%，并测算出了随筹资的增加各种资本成本的变化，见表5-3所列。

表5-3 随筹资的增加各种资本成本的变化

资本种类	资本结构/%	筹资规模/元	资本成本/%
长期借款	15	45000以内	3
		45000～90000	5
		90000以上	7
长期债券	25	200000以内	10
		200000～400000	11
		400000以上	15
普通股	60	300000以内	13
		300000～600000	14
		600000以上	15

根据表5-3，先计算筹资突破点。

各种情况下的筹资突破点及资本成本见表5-4所列。

表5-4 筹资突破点及资本成本

资本种类	资本结构/%	筹资突破点/元	总筹资规模/元	资本成本/%
长期借款	15	45000÷0.15=300000	300000以内	3
		90000÷0.15=600000	300000～600000	5
			600000以上	7
长期债券	25	200000÷0.25=800000	800000以内	10
		400000÷0.25=1600000	800000～1600000	11
			1600000以上	12
普通股	60	300000÷0.60=500000	500000以内	13
		600000÷0.60=1000000	500000～1000000	14
			1000000以上	15

表5-4表明，在目标资本结构的前提下，每一种资本成本变化的分界点及相应的筹资范围。

根据上一步计算出的筹资突破点，可以分为7组筹资总范围：30万元以内，30万～50万元，50万～60万元，60万～80万元，80万～100万元，100万～160万元，160万元以上。

对以上7组筹资范围分别计算加权平均资本成本，即可得到各种筹资范围的边际资本成本，计算结果见表5－5所列。

表5－5　各种筹资范围的边际资本成本

筹资总额范围/元	资本种类	资本结构	资本成本	边际资本成本
300000以内	长期借款	15%	3%	3%×15%＋10%×25%＋13%×60%＝10.75%
	长期债券	25%	10%	
	普通股	60%	13%	
300000～500000	长期借款	15%	5%	5%×15%＋10%×25%＋13%×60%＝11.05%
	长期债券	25%	10%	
	普通股	60%	13%	
500000～600000	长期借款	15%	5%	5%×15%＋10%×25%＋14%×60%＝11.65%
	长期债券	25%	10%	
	普通股	60%	14%	
600000～800000	长期借款	15%	7%	7%×15%＋10%×25%＋14%×60%＝11.95%
	长期债券	25%	10%	
	普通股	60%	14%	
800000～1000000	长期借款	15%	7%	7%×15%＋11%×25%＋14%×60%＝12.2%
	长期债券	25%	11%	
	普通股	60%	14%	
1000000～1600000	长期借款	15%	7%	7%×15%＋11%×25%＋15%×60%＝12.8%
	长期债券	25%	11%	
	普通股	60%	15%	
1600000以上	长期借款	15%	7%	7%×15%＋12%×25%＋15%×60%＝13.05%
	长期债券	25%	12%	
	普通股	60%	15%	

任务二　杠杆原理

物理现象中的杠杆效应，是指人们通过使用杠杆，可以利用较小的力量移动较重物体的现象。在财务管理中也存在类似的杠杆效应。财务管理中的杠杆效应，是指由于特定费用（如固定生产经营成本或固定财务费用）的存在而导致的当某一财务变量以较小幅度变动时,另一相关财务变量会以较大幅度变动的现象。合理运用杠杆,有助于企业合理规避风险,提高资本运营效率,确定能使企业价值最大化的目标资本结构。

财务管理中的杠杆效应有三种形式,即经营杠杆、财务杠杆和复合杠杆。要说明这些杠杆的原理,就要先了解成本习性、边际贡献和息税前利润等相关概念。

一、相关概念

(一)成本习性及分类

所谓成本习性,是指成本总额与业务量之间在数量上的依存关系。按照成本习性对成本进行分类,对于正确地进行财务决策,具有十分重要的意义。

成本按习性可划分为固定成本、变动成本和混合成本三类。

1. 固定成本

固定成本是指其总额在一定时期和一定业务量范围内,不直接受业务量变动的影响而保持不变的成本。如固定资产按直线法计提的折旧费、保险费、广告费、培训费、办公费等。其基本特征是:其成本总额不随业务量的变动而变动,但单位固定成本与业务量的增减呈反方向变动。

固定成本还可分为约束性固定成本和酌量性固定成本两类。

约束性固定成本属于企业“经营能力”成本,是企业维持一定业务量所必须负担的最低成本。如固定资产折旧费、财产保险费、管理人员工资、长期租赁费等。这些固定成本,管理当局的任何决策行动都不能改变其数额,否则,就会影响企业的经营活动。要降低约束性固定成本,应合理利用现有生产经营能力,提高生产效率。

酌量性固定成本属于企业“经营方针”成本,管理当局可以根据经营方针的需要通过决策改变其数额的大小。如广告费、新产品研究开发费、职工培训费等。因此,要想降低酌量性固定成本,必须在预算时精打细算,合理确定其开支数额。

2. 变动成本

变动成本是指在一定时期、一定的业务量范围内,其总额随业务量的变动而成正比例变动的那部分成本,如直接材料、直接人工、按销售量支付的推销员佣金等都属于变动成本。其基本特征是:其成本总额随业务量的变动而成正比例变动,但单位产品变动成本不变。

3. 混合成本

混合成本是指同时兼有固定成本与变动成本两种性质的成本。其基本特点是:有一个初始量保持固定不变,在初始量的基础上,随业务量的变动而变动。

混合成本按其与业务量的关系可分为半变动成本和半固定成本两种。

半变动成本，通常有一个初始量，类似于固定成本，在这个初始量的基础上随业务量的增长而增长，又类似于变动成本。如企业的水电费、煤气费等属于这类成本。

半固定成本是成本随业务量的变化呈阶梯形增长，产量在一定限度内，这种成本不变，当产量增长到一定限度后，这种成本就跳跃到一个新水平。如企业质检员、化验员的工资属于这类成本。在实际运用时，需要对混合成本进行分解，即通过一定的方法把混合成本分解为变动成本和固定成本。

成本按习性可分为变动成本、固定成本和混合成本三类，但混合成本又可以按一定方法分解成变动成本和固定成本，那么，总成本习性模型可以表示为：

$$y=a+bx$$

式中，y 代表总成本，a 代表固定成本，b 代表单位变动成本，x 代表业务量(如产销量，这里假定产量与销量相等，下同)。当公式中的 a 和 b 确定后，就可以利用这个公式进行成本预测。

(二)边际贡献

边际贡献又称边际利润，是指销售收入与变动成本的差额。其计算公式为：

边际贡献＝销售收入－变动成本

＝(销售单价－单位变动成本)×产销量

＝单位边际贡献×产销量

若以 M 代表边际贡献，p 代表销售单价，b 代表单位变动成本，x 代表产销量，m 代表单位边际贡献，则上式可表示为：

$$M=px-bx=(p-b)x=mx$$

(三)息税前利润

息税前利润，是指企业支付利息和缴纳所得税之前的利润。其计算公式为：

息税前利润＝销售收入－变动成本－固定成本

＝(销售单价－单位变动成本)×产销量－固定成本

＝边际贡献－固定成本

若以 $EBIT$ 表示息税前利润，则上式可表示为：

$$EBIT=px-bx-a=(p-b)x-a=M-a$$

上式的固定成本和变动成本中不应包括利息费用因素。息税前利润也可以用利润总额加上利息费用求得。

二、经营杠杆

(一)经营杠杆的含义

经营杠杆,又称营业杠杆,是指由于固定成本的存在而导致息税前利润变动率大于产销业务量变动率的杠杆效应。在一定的经营规模条件下,当其他条件不变时,产销量的增加虽然不会改变固定成本总额,但单位产品分摊的固定成本会随之下降;反之,当产销量下降时,单位产品分摊的固定成本会随之上升,这一切都会导致息税前利润以更大幅度随产销量的变动而变动,这就是经营杠杆效应。如果不存在固定成本,那么边际贡献就是息税前利润,这时息税前利润变动率就同产销业务量变动率完全一致。所以,只要企业存在固定成本,就存在经营杠杆效应。

【例 5-12】 假设某企业 2020 年产品销售量为 8000 件,销售单价 20 元,单位变动成本 10 元,固定成本 50000 元。2021 年在其他条件不变、销售量增减的情况下,经营杠杆对其利润有什么影响?

经营杠杆对利润的影响见表 5-6 所列。

表 5-6 经营杠杆对利润的影响 单位:元

项 目	销售情况		
	2020 年	2021 年	
		增长 10%	下降 10%
销售数量	8000	8800	7200
销售收入	160000	176000	144000
变动成本	80000	88000	72000
边际贡献	80000	88000	72000
固定成本	50000	50000	50000
息税前利润	30000	38000	22000
利润变动情况	—	+26.67%	-26.67%

从表 5-6 中可以看出,2021 年当销售量增长 10%时,利润增长 26.67%;当销售量减少 10%时,利润下降 26.67%。利润的增减为销售量的 2.67 倍。这种增减幅度的不同步性,即为经营杠杆影响所致。

(二)经营杠杆系数的概念及计算

企业利用经营杠杆,有时可以获得一定的经营杠杆利益,但有时也承受着相应的经营风险而遭受损失,所以经营杠杆是一把“双刃剑”。不同企业或同一企业在不同产销量基础上的经营杠杆效应的大小是不完全一致的。为了反映经营杠杆的作用程度，通常采用经营杠杆系数来表示。经营杠杆系数，是指息税前利润变动率相对于产销量变动率的倍数。经营杠杆系数可以衡量经营杠杆效应的大小，评价经营风险的高低。其计算公式为：

$$经营杠杆系数=\frac{息税前利润变动率}{产销业务量变动率}$$

$$DOL=\frac{\Delta EBIT/EBIT}{\Delta(px)/px}=\frac{\Delta EBIT/EBIT}{\Delta x/x}$$

式中，DOL 为经营杠杆系数，$\Delta EBIT$ 为息税前利润变动额；$EBIT$ 为基期息税前利润；$\Delta(px)$为销售收入的变动额；Px 为基期销售收入；Δx 为代表产量或销量的变动值；x 代表基期产量或销量。

【例 5-12】中 2021 年的经营杠杆系数为：

$$DOL=[(38000-30000)/30000]/[(8800-8000)/8000]=2.67$$

或

$$DOL=[(22000-30000)/30000]/[(7200-8000)/8000]=2.67$$

经营杠杆系数为 2.67，表明息税前利润的增长是产销量增长的 2.67 倍，或表明息税前利润的下降是产销量下降的 2.67 倍。

$$报告期经营杠杆系数=基期边际贡献/基期息税前利润$$

$$DOL=M/EBIT=1+a/EBIT=M/(M-a)$$

由公式可知，当固定成本为零时，经营杠杆系数为 1。

按表 5-6 中 2020 年的资料，可求得 2021 年的经营杠杆系数：

$$DOL=\frac{80000}{30000}=2.67$$

计算结果表明，由两个公式计算出的 2021 年经营杠杆系数是完全相同的。同理，可按 2021 年的资料求出 2022 年的经营杠杆系数：

$$DOL=\frac{88000}{38000}=2.32$$

(三)经营杠杆与经营风险的关系

经营风险，是指企业由于生产经营上的原因而导致息税前利润变动的风险。影响经营风险的因素主要有以下几种：

① 市场需求的变化。在其他条件不变的前提下，市场对企业产品的需求越稳

定，其经营风险越小，反之则越大。

② 产品价格的变动。产品价格的高低直接影响企业的经营收入，较高的销售价格或较稳定的销售价格会降低企业的经营风险；反之，就会加大经营风险。

③ 原材料成本的变动。在大部分产品中，原材料成本占有很大比重，原材料成本的不稳定会使企业面临较高的经营风险。

④ 固定成本的比重。由于固定成本并不随产销量的变动而变动，当市场需求量下降时，企业的经营收入减少，从而影响企业的经营收益。所以，在其他条件不变的情况下，企业的固定成本占总成本的比重越高，其经营风险就越大。

经营风险在一定程度上取决于企业固定成本的大小。如果企业固定成本占很大比重，只要企业的产销额稍有变化，就会导致息税前利润的大幅度变化。因此，经营杠杆本身并不是利润不稳定的根源，但是经营杠杆扩大了市场和生产等不确定因素对利润变动的影响；而且经营杠杆系数越高，利润变动越剧烈，企业的经营风险就越大。一般来说，在其他因素不变的情况下，固定成本越高，经营杠杆系数越大，经营风险越大。

企业一般可以通过增加销售额、降低产品单位变动成本、降低固定成本比重等措施使经营杠杆系数下降，降低经营风险，但这往往要受到条件的制约。

三、财务杠杆

（一）财务杠杆的含义

财务杠杆，是指由于固定性资本成本的存在，而导致企业的普通股每股收益变动率大于息税前利润变动率的现象。

在其他条件不变时，企业支付的债务利息、优先股股利等资本成本通常是固定不变的，当息税前利润增长时，每一元息税前利润所负担的固定资本成本（如利息、优先股股利等）就会相对减少；相反，当息税前利润减少时，每一元息税前利润所负担的固定资本成本就会相对增加。这一切都会导致普通股每股收益更大幅度的变动，这就是财务杠杆效应。当不存在固定利息、股息等固定资本成本时，息税前利润就是利润总额，此时利润总额变动率与息税前利润变动率完全一致。如果前后两期所得税税率和普通股股数保持不变，每股收益的变动率与利润总额的变动率也完全一致，进而与息税前利润变动率一致，那么，只要企业融资方式中存在固定性资本成本，就存在财务杠杆效应。

因此，企业可以利用固定性资本成本的变动来扩大每股收益。

【例 5－13】 承接【例 5－12】，假定企业的资本来源为债券 100000 元，年利率为 5%；优先股为 40000 股，每股面值 1 元，年股利率为 6.25%，该企业在外流通的普通股为 50000 股，设企业所得税税率为 25%。详细情况见表 5－7 所列。

表 5-7　财务杠杆对利润的影响　　单位:元

项　目	销售情况		
	2020 年	2021 年	
		增长 10%	下降 10%
息税前利润(*EBIT*)	30000	38000	22000
利　息	5000	5000	5000
税前利润	25000	33000	17000
所得税	6250	8250	4250
税后利润	18750	24750	12750
优先股股利	2500	2500	2500
每股股利(*EPS*)	0.325	0.445	0.205
利润变动情况	—	+36.92%	-36.92%

从表 5-7 可以看出,当企业销售增长 26.67%时,其 *EPS* 增长 36.92%;当企业销售下降 26.67%时,其时 *EPS* 减少 36.92%。这种增减幅度的不同步性,即为财务杠杆影响所致。*EPS* 增长的幅度是 *EBIT* 增长幅度的 1.38 倍,即 36.92%/26.67%。

(二)财务杠杆的计量

只要企业存在债务利息和优先股股息,就会存在财务杠杆效应。财务杠杆效应的大小通常用财务杠杆系数衡量。财务杠杆系数是指普通股每股收益的变动率相当于息税前利润变动率的倍数。其计算公式为:

财务杠杆系数=每股收益变动率/息税前利润变动率

即

$$DFL=\frac{EPS/EPS}{EBIT/EBIT}$$

式中,*DFL* 为财务杠杆系数,Δ*EPS* 为普通股每股收益额的变动额,*EPS* 为基期普通股每股收益额,Δ*EBIT* 为息税前利润的变动额,*EBIT* 为基期息税前利润。

【例 5-13】中 2021 年的财务杠杆系数为:

财务杠杆系数=[(0.445-0.325)/0.325]/[(38000-30000)/30000]=1.38

上述公式是财务杠杆系数的定义公式。

同经营杠杆系数可以简化计算一样,财务杠杆系数也可以按照简化公式计算。

对于发行优先股并向银行借款的企业来说，简化计算公式为：

$$报告期财务杠杆系数=\frac{基期息税前利润}{基期息税前利润-利息-[优先股股息/(1-所得税税率)]}$$

$$DFL=\frac{EBIT}{EBIT-I-D/(1-T)}$$

式中，I 为债务利息；D 为优先股股利；T 为公司所得税税率。

如果企业没有发行优先股，则财务杠杆系数的计算公式可简化为：

$$报告期财务杠杆系数=\frac{基期息税前利润}{基期息税前利润-利息}$$

$$DFL=\frac{EBIT}{EBIT-I}$$

即

按表 5-7 中 2020 年的资料，可求得 2021 年的财务杠杆系数：

$$DFL=\frac{30000}{30000-5000-[2500/1-25\%]}=1.38$$

计算结果表明，用两个公式计算出的 2021 年财务杠杆系数是完全相同的。

在财务杠杆系数的计算公式中，当企业没有债务和优先股筹资时，即 I、D 都为零时，不论息税前利润为多少，财务杠杆系数总是等于 1，每股收益与息税前利润同比例变动。若企业采用债务和优先股筹资，财务杠杆系数必然大于 1。运用债务和优先股筹资的比例越大，企业每股收益变动的幅度越大，即财务风险越高。

较高的财务杠杆可以为企业带来较强的每股收益扩张能力，但因固定性资本成本越多，其按期支付利息的可能性必然越低，故财务风险越大，投资者所要求的收益率也必定越高，因此，企业在筹资时应在财务杠杆利益和财务风险之间做出权衡。

(三)财务杠杆与财务风险的关系

财务风险亦称筹资风险，是指企业由于筹资原因产生的固定资本成本负担而导致的普通股收益波动的风险。引起企业财务风险的主要原因是息税前利润的不利变化和固定资本成本的负担。由于财务杠杆的作用，当企业的息税前利润下降时，企业仍然需要支付固定资本成本，从而导致普通股每股收益以更快的速度下降。财务杠杆放大了息税前利润变化对普通股每股收益的影响，财务杠杆系数越高，表明普通股每股收益的波动程度越大，财务风险也就越大。

四、复合杠杆

(一)复合杠杆的含义

复合杠杆也称总杠杆或综合杠杆,是指由于固定性经营成本和固定性资本成本的存在,导致普通股每股收益变动率大于产销业务量变动率的现象。复合杠杆反映经营杠杆和财务杠杆共同作用的结果,用以评价企业的整体风险水平。

如前所述,由于存在固定性经营成本,产生经营杠杆效应,导致息税前利润的变动幅度大于产销业务量的变动幅度;由于存在固定性资本成本(如利息、优先股股利),产生财务杠杆效应,又导致普通股每股收益的变动幅度大于息税前利润的变动幅度。两种杠杆共同作用,将导致产销量业务量的变动而引起普通股每股收益产生更大的变动,即复合杠杆效应。

(二)复合杠杆的计量

不同的企业,复合杠杆所起的作用大小是不完全一致的,为此,需要对复合杠杆所起的作用进行计量。对复合杠杆所起的作用进行计量的主要指标是复合杠杆系数。所谓复合杠杆系数,是指普通股每股收益变动率相当于产销业务量变动率的倍数。其计算公式为:

$$\text{复合杠杆系数}=\frac{\text{普通股每股收益变动率}}{\text{产销量变动率}}$$

$$DTL=\frac{\Delta EPS/EPS}{\Delta x/x}$$

式中,DTL 为复合杠杆系数。

复合杠杆系数与经营杠杆系数、财务杠杆系数的关系可用下式表示:

复合杠杆系数=经营杠杆系数×财务杠杆系数

即 $DTL=DOL\times DFL$。

同理,若企业没有发行优先股,则可推出复合杠杆系数的简化计算公式为:

$$\text{复合杠杆系数}=\frac{\text{边际贡献}}{\text{息税前利润}-\text{利息}}=\frac{\text{边际贡献}}{\text{边际贡献}-\text{固定成本}-\text{利息}}$$

$$DTL=\frac{M}{EBIT-I}=\frac{M}{M-a-I}$$

式中字母含义与前面相同

【例 5-13】的表 5-7 中,$DTL=2.67\times1.38=3.68$,说明经营杠杆与财务杠杆共同作用产生了 3.68 倍的总杠杆效应。企业产销量每增减 1%,每股收益率就会相应增减 3.68%,因此,产销量有一个比较小的增长,每股收益率便会大幅增长;反之,产销量有一个比较小的下降,每股收益率便会大幅下降。

(三)复合杠杆与企业总风险的关系

1. 企业总风险的含义

企业总风险即复合风险，是指企业未来每股收益(EPS)的不确定性，是经营风险和财务风险共同影响的结果。复合杠杆系数反映了经营杠杆系数和财务杠杆系数之间的关系，可用以评价企业的整体风险水平。在复合杠杆系数一定的情况下，经营杠杆系数与财务杠杆系数此消彼长。

2. 复合杠杆效应的意义

复合杠杆效应能够说明产销业务量变动对普通股每股收益的影响，据以预测未来的每股收益水平；揭示了财务管理的风险管理策略，即保持一定的风险状况水平，需要维持一定的复合杠杆系数，经营杠杆和财务杠杆可以有不同的组合。

经营杠杆和财务杠杆可以按照多种方式组合，以得到一个理想的复合杠杆水平和企业总风险程度，即较高经营杠杆系数的企业可以在较低的程度上使用财务杠杆；经营杠杆系数较低的企业可以在较高的程度上使用财务杠杆，从而使经营风险可以被低财务风险所抵消，高财务风险也可以被低经营风险所抵消，使企业达到一个较合适的总风险水平。一般来说，固定资产比重较大的资金密集型企业，经营杠杆系数高，经营风险大，企业筹资主要依靠权益资金，以保持较小的财务杠杆系数和财务风险；变动成本比重较大的劳动密集型企业，经营杠杆系数低，经营风险小，企业筹资主要依靠债务资金，以保持较大的财务杠杆系数和财务风险。

在实际工作中，财务杠杆往往可以选择，而经营杠杆却不同。企业的经营杠杆主要取决于其所在的行业及其规模，一般不能轻易变动；而财务杠杆始终是一个可以选择的项目。因此，企业往往是在确定的经营杠杆下，通过调整资本结构来调整财务杠杆，进而控制企业的总风险水平。

任务三　资本结构

一、资本结构概述

(一)资本结构的含义

资本结构是指企业各种资本构成及其比例关系。在财务管理实践中，资本结构有广义和狭义之分。广义的资本结构是指企业全部资本(包括长期资本和短期资本)的构成及其比例关系，而狭义的资本结构是指各种长期资本(长期负债与股东权益)的构成及其比例关系。一般情况下，企业财务管理中的资本结构多指狭义的资本结构，即研究长期负债与股东权益之间的比例关系。

(二)影响资本结构的主要因素

1. 税收政策和货币政策

因为利息费用可以在应税所得额中合法抵扣,即举债可以获得减税利益,因此,所得税税率越高,负债的好处越多,筹资方式的选择越倾向于负债筹资;反之,如果税率很低,则采用举债方式的减税利益就不十分明显,筹资方式选择则倾向于股权筹资。货币政策影响资本供给,从而影响利率水平的变动,也会影响到企业的资本结构,当国家执行紧缩的货币政策时,市场利率较高,企业债务资本成本增大。如果公司财务管理人员认为利息率暂时较低,但不久的将来有可能上升的话,便会大量举借长期债务,从而在若干年内把利率固定在较低水平上。

2. 行业因素与企业规模

不同行业,其资本结构有很大差别。财务经理必须考虑本企业所处的行业,以便考虑最佳的资本结构。一般而言,企业规模越大,筹集资本的方式就越多,如发行股票、吸收直接投资等,筹资能力较强,因此负债比例一般较低。而一些中小型企业的筹资方式比较单一,主要依靠向银行借款来解决自身的资本需求,因而这些企业的负债比例一般较高,筹资能力较弱。

3. 企业经营状况的稳定性和成长性

企业产品销售是否稳定对资本结构有着重要影响。如果企业的销售比较稳定,其获利能力也相对稳定,则企业有能力负担较多的财务费用,此时可以选择债务比例较高的资本结构;企业初创阶段,经营风险高,在资本结构安排上应控制负债比例;企业成熟阶段,产销量业务稳定持续增长,经营风险低,可适度增加债务资本的比重,发挥财务杠杆效应;企业收缩阶段,产品市场占有率下降,经营风险逐步加大,应逐步降低债务资本比重,保证经营现金流量能够偿付到期债务,保持企业的持续经营能力,降低财务风险。

4. 企业财务状况

企业获利能力越强,财务状况越好,就越有能力承担财务上的风险。因此,随着企业变现能力和盈利能力的增强以及财务状况的不断改善,企业容易获得债务资本;相反,如果企业财务状况欠佳,无法顺利发行股票,只好以高利率发行债券来筹集资本,加大债务资本筹资的成本。

5. 贷款人和信用评级机构的影响

企业管理者对如何运用财务杠杆都有自己的分析,但贷款人和信用评级机构的态度实际上往往是决定资本结构的关键因素。

一般而言,企业管理者都会与贷款人和信用评级机构商讨其资本结构,并充分尊重他们的意见。大部分贷款人都不希望企业的负债比例太大,如果企业坚持使用过多债务,则贷款人可能拒绝贷款。同样,如果企业债务太多,信用评级机构可能会降低企业的信用等级，这样会影响企业的筹资能力，提高企业的资本成本。

6. 企业资产结构

资产结构会以多种方式影响企业的资本结构：拥有大量固定资产的企业主要通过长期负债和发行股票筹集资本；拥有较多流动资产的企业，更多依赖流动负债来筹集资本；资产适用于抵押贷款的公司，其负债比例会更高，如房地产公司的抵押贷款就相当多；以技术研究开发为主的公司则负债很少。

7. 企业决策者的态度

资本结构决策最终由企业所有者和管理人员作出，他们的态度对资本结构会产生重要影响。喜欢冒险的决策者可能会安排比较高的负债比例；反之，稳健型决策者则会选择使用比较低的债务比例。

（三）资本结构中负债的意义

在企业资本结构中，合理地利用负债资本，科学安排负债资本的比例，对企业有着重要的影响。

合理安排负债资本比例有利于降低企业综合资本成本。企业利用负债筹资的利息率通常略低于股息率。同时，利息从税前利润中支付，可减少企业所得税，从而使负债资本的资本成本明显低于权益资本的成本。在一定限度内合理地增加负债资本的比例，就可降低企业综合资本成本；反之，则会使综合资本成本上升。

合理安排负债资本比例可以获得财务杠杆利益。不论企业利润是多少，负债的利息支出通常是固定不变的。息税前利润增大时，每 1 元盈余所负担的固定利息就会相应地减少，这使可分配给股东的净利润相应增加。因此，在一定程度上合理利用负债资本，可以发挥财务杠杆作用，给企业带来财务杠杆利益。

负债资本也会加大企业的财务风险。企业为了取得财务杠杆利益而增加债务，就必然增加债务利息的负担。而且，由于财务杠杆作用，在息税前利润下降时，普通股每股收益会以更快的速度下降。这些风险都是利用负债资本带来的。

二、资本结构决策方法

企业利用债务资本具有双重作用。适当地利用负债，可以降低企业资本成本；但当企业负债比例过高时，会给企业带来较高的财务风险。为此，企业必须权衡财务风险和资本成本的关系，从而确定最优资本结构。

所谓最优资本结构，是指在一定条件下使企业加权平均资本成本最低，同时使企业价值最大的资本结构，它是企业的目标资本结构。从理论上讲，最优资本结构是存在的，但由于企业内部条件和外部环境经常发生变化，寻找最优资本结构十分困难。首先要了解影响企业资本结构的因素，然后选择确定最优资本结构的方法，进而确定合理的资本结构。但这些方法并不能当作绝对的判别标准,在应用这些方法时,还应结合其他因素,以便使资本结构趋于最优。

确定最优资本结构的方法主要有三种:一是比较资本成本法;二是每股利润无差别点法;三是企业价值分析法。

(一)比较资本成本法

比较资本成本法是企业在作出筹资决策之前,先拟定若干个备选方案,分别计算各方案的加权平均资本成本,选择其中加权平均资本成本最低的方案作为最优结构的一种方法。

比较资本成本法的决策步骤:

① 计算各备选方案的个别资本成本和加权平均资本成本;

② 比较各备选方案的加权平均资本成本,选择最优资本结构。

加权平均资本成本的计算公式为:

$$K_w = \sum K_j W_j$$

式中,K_w 为加权平均资本成本;K_j 为第 j 种资本的个别资本成本;W_j 为第 j 种资本在全部资本中所占的比重。

【例 5－14】 某企业原有总资本 10000 万元,其中权益资本普通股 600 万股,每股按面值发行 10 元,目前市价也为 10 元,今年预计股利 1 元/股,以后每年股利递增 5%。负债资本长期借款 4000 万元,年利率为 10%。目前企业为了扩大经营规模,拟增资 5000 万元,现有 A、B、C 三个备选方案(为方便计算,假设发行的各种证券无筹资费)。A 方案:按面值发行长期债券 5000 万元,票面利率为 10%。由于风险加大,预计普通股市价降至 8 元/股。B 方案:发行优先股 3000 万元,年股利率为 14%。向银行借入长期贷款 2000 万元,年利率为 12%。C 方案:增发普通股 500 万股,每股市价 10 元,预计股利不变。假定企业适用的所得税税率为 25%。要求:分别计算各方案的加权平均资本成本,并确定最优筹资方案。

解:

① 企业现有资本的加权平均资本成本

各种资本的比重:

普通股比重＝6000÷10000×100%＝60%

长期借款比重＝4000÷10000×100%＝40%

各种资本成本:

普通股资本成本＝1÷10＋5%＝15%

长期借款资本成本＝10%×(1－25%)＝7.5%

加权平均资本成本＝15％×60％＋7.5％×40％＝12％

② A方案加权平均资本成本

各种资本的比重：

普通股比重＝6000÷15000×100％＝40％

长期借款比重＝4000÷15000×100％＝26.67％

长期债券比重＝5000÷15000×100％＝33.33％

各种资本成本：

普通股资本成本＝1÷8＋5％＝17.5％

长期借款资本成本＝10％×(1－25％)＝7.5％

长期债券资本成本＝10％×(1－25％)＝7.5％

A方案加权平均资本成本＝17.5％×40％＋7.5％×26.67％
＋7.5％×33.33％＝11.5％

③ B方案加权平均资本成本

各种资本的比重：

普通股比重＝6000÷15000×100％＝40％

原长期借款比重＝4000÷15000×100％＝26.67％

新长期借款比重＝2000÷15000×100％＝13.33％

优先股比重＝3000÷15000×100％＝20％

各种资本成本：

普通股资本成本＝1÷10＋5％＝15％

原长期借款资本成本＝10％×(1－25％)＝7.5％

新长期借款资本成本＝12％×(1－25％)＝9％

优先股资本成本＝14％

B方案加权平均资本成本＝15％×40％＋7.5％×26.67％＋9％
×13.33％＋14％×20％＝12％

④ C方案加权平均资本成本

各种资本的比重：

普通股比重＝11000÷15000×100％＝73.33％

长期借款比重＝4000÷15000×100％＝26.67％

各种资本成本：

普通股资本成本＝1÷10＋5％＝15％

长期借款资本成本＝10％×(1－25％)＝7.5％

C方案加权平均资本成本＝15％×73.33％＋7.5％×26.67％＝13％

从计算结果可以看出，A方案的加权平均资本成本最低，所以A方案形成的资本结构为最优筹资结构。但也要看到，如果采用A方案，企业的资本结构中原来权益资本与负债资本由6∶4变为4∶6。因此需要企业综合考虑各因素后决策。

比较资本成本法的优点：计算简便，通俗易懂。

缺点：仅限于几种备选方案的比较，可能遗漏最优方案。

(二)每股利润无差别点法

1. 每股利润无差别点法的定义

每股利润无差别点法，又称息税前利润—每股利润分析法(EBIT－EPS分析法)，是将息税前利润和每股利润这两大要素结合起来，分析资本结构与每股利润之间的关系，计算各种筹资方案的每股利润的无差异点，进而确定最优资本结构的方法。这种方法确定的最优资本结构就是每股利润最大的资本结构。

合理的资本结构，应当注意其对企业的盈利能力和股东财富的影响，因此应将息税前利润($EBIT$)和每股利润(EPS)作为分析确定企业资本结构的两大要素。每股利润无差别点法确定最优资本结构，是以每股利润最大为分析起点，它直接将资本结构与企业财务目标、企业市场价值等相关因素结合起来，因此成为企业在追加筹资时经常采用的一种决策方法。

2. 每股利润无差别点法的计算步骤

① 列出不同筹资方式下每股利润计算式，式中，N为普通股股数；其他字母含义同前。

② 令两种筹资方式的每股利润相等，式中息税前利润设为未知数。在每股利润无差别点上，无论采用何种筹资方案，每股利润均是相等的。用EPS_1和EPS_2分别表示两种不同资本结构下的每股利润，即$EPS_1=EPS_2$，则用该方法计算每股利润无差别点的计算公式为：

$$\frac{(EBIT-I_1)(l-T)-D_1}{N_1}=\frac{(EBIT-I_2)(l-T)-D_2}{N_2}$$

式中，$EBIT$ 为每股利润无差别点处的息税前利润；I_1、I_2 为两种筹资方式下的年利息；T 为所得税税率；D_1、D_2 为两种筹资方式下的优先股股利；N_1、N_2 为两种筹资方式下的流通在外的普通股股数。

解出上式中的息税前利润，即每股利润无差别点处的息税前利润。作出筹资方案的选择。

$$EPS=\frac{(EBIT-I)\times(1-T)-D}{N}$$

决策的基本原理是：当实际或预计息税前利润大于每股利润无差别点的息税前利润时，运用债务资本筹资方式可获得较高的每股利润；当实际或预计息税前利润小于每股利润无差别点的息税前利润时，运用权益资本筹资方式可获得较高的每股利润；当实际或预计息税前利润等于每股利润无差别点的息税前利润时，运用债务资本或权益资本筹资方式获得的每股利润一致，此时选择两种方式均可。

【例 5 - 15】 某企业原有资本 7000 万元，其中债务资本 2000 万元（每年负担利息 240 万元），普通股资本 5000 万元（发行普通股 100 万股，每股 50 元）。由于业务扩大的需要，需追加筹资 3000 万元，经测算有两种追加筹资方案：一是增加主权资本，发行普通股 60 万股，每股 50 元；二是增加负债，筹借长期债务 3000 万元，利率为 12%，则利息为 360 万元。所得税税率为 25%，则企业应选择哪种方案？

解：

$$EPS_1=(EBIT-240)(1-25\%)/160$$

$$EPS_2=(EBIT-240-360)(1-25\%)/100$$

令：

$$EPS_1=EPS_2$$

则：

$$(EBIT-240)(1-25\%)/160=(EBIT-240-360)(1-25\%)/100$$

$$EBIT=1200(\text{万元})$$

此时：

$$EPS_1=EPS_2=4.5(\text{元})$$

$EBIT$ 为 1200 万元的意义：当实际或预计息税前利润大于每股利润无差别点的息税前利润 1200 万元时，债务筹资方式可获取较高的每股收益，此时应选择方案二负债筹资为宜;当实际或预计息税前利润小于每股利润无差别点的息税前利润1200万元时,权益筹资方式可获取较高的每股收益,此时应选择方案一增发股票筹资对企业有利;当实际或预计息税前利润等于每股利润无差别点的息税前利润1200万元时,运用债务资本或权益资本筹资方式获得的每股收益一致,此时选择两种方案均可。

每股利润无差别点法选择的关键取决于企业的息税前利润,只有当息税前利润有足够多的时候,才应选择负债筹资。

需要说明的是,每股利润无差别点法的原理虽然较易理解,但这种方法是建立在每股利润最大、股票价格最高的假设之上的,然而只有在风险不变的情况下,每股利润的增长才会直接导致股价的上升。该方法没有考虑资本结构对风险的影响,是不全面的。理论上,最优资本结构应当是可使公司总价值最高而不一定是每股利润最大的资本结构。同时,有关实证研究也表明,在公司总价值最大的资本结构下,公司的加权平均资本成本也是最低的。

(三)企业价值分析法

比较资本成本法和每股利润无差别点法都是从账面价值的角度进行资本结构优化分析,没有考虑市场反应,也没有考虑风险因素。企业价值分析法是在考虑市场风险的基础上,以企业市场价值为标准,进行资本结构优化,即能够提升企业价值的资本结构,就是合理的资本结构。这种方法主要适用于资本规模较大的上市公司。

企业的总价值公式为:

$$V=S+B$$

式中,V 为企业总价值;S 为股票总价值;B 为债务资本价值。

为了简化起见,假设长期债务(长期借款和长期债券)的价值等于其面值。股票的市场价值则可以通过以下公式计算:

$$S=[(EBIT-I)(1-T)-D]/K_S$$

式中,K_S 为股权资本成本,可采用资本资产定价模型计算:

$$K_S=R_f+\beta(R_m-R_f)$$

式中,R_f 为无风险证券的利率;R_m 为投资者对市场组合要求的收益率(即证券市场的平均收益率);β 为系统风险的度量。

公司的加权平均资本成本表示为:

$$K_w=B/V\times K_b(1-T)+S/V\times K_S$$

式中,K_w 为加权平均资本成本;K_b 为长期债务的税前资本成本。

【例 5－16】 某企业息税前利润为 500 万元，资本全部由普通股组成，股票账面价值 2000 万元，所得税税率为 25%。该公司认为目前的资本结构不够合理，准备用发行债券购回部分股票的办法予以调整。经咨询调查，目前的债务利率和股权资本成本情况见表 5－8 所列。

表 5－8 不同债务水平对公司债务资本成本和股权资本成本的影响

债务的市场价值/万元	税前债务资本成本/%	股票 β 值	无风险利率/%	证券市场平均收益率/%	股权资本成本/%
0	10	1.20	10	14	14.80
200	10	1.25	10	14	15.00
400	12	1.30	10	14	15.20
600	14	1.40	10	14	15.60
800	16	1.55	10	14	16.20
1000	—	2.10	10	14	18.40

根据表 5－8 中的资料，即可计算出筹措不同金额的债务时公司的价值和资本成本，见表 5－9 所列。

表 5－9 公司的价值和资本成本

债务的市场价值/万元	股票的市场价值/万元	公司的市场价值/万元	税前债务资本成本/%	股权资本成本/%	加权平均资本成本/%
0	2534	2534	—	14.8	14.80
200	2400	2600	10	15.0	14.43
400	2270	2670	10	15.2	14.04
600	2058	2658	12	15.6	14.11
800	1796	2596	14	16.2	14.45
1000	1386	2386	16	18.4	15.72

从表 5－9 中可以看到，在没有债务的情况下，公司的总价值就是原有股票的市场价值。当公司用债务资本部分替换股权资本时，公司总价值逐渐上升，加权平均资本成本逐渐下降；当债务达到 400 万元时，公司总价值最高，加权平均资本成本最低；债务超过 400 万元后，公司总价值下降，加权平均资本成本上升。因此，债务为 400 万元时的资本结构是该公司的最佳资本结构。

三、资本结构优化的策略

(一)资本结构优化的原因

影响企业资本结构的因素很多,主要有以下几个方面的原因:

1. 原有的筹资成本过高

企业在筹资中,受筹资的渠道、方式、数量和时间等方面的制约,使企业所筹资本成本较高,从而影响企业的收益。

2. 原有的筹资风险过大

企业的总资本集中,负债资本比例过高,会使企业财务风险加大。尽管负债资本会带来杠杆效应,但在带来较高利润的同时,也带来了较高的风险。

3. 原有的筹资弹性不足

企业在所筹资本的期限上更多的是刚性,而缺乏长期性或提前收兑性,在筹资方式上,缺乏相互间的转换,这使企业资本的使用受到很大的制约。

4. 原有的筹资约束过严

在各种筹资方式中,投资方对筹资方的企业有着不同的使用约束。在约束较严的情况下,制约了企业的灵活调度与资本的使用。

(二)资本结构调整的策略

当企业现有资本结构与目标资本结构存在较大差异时,企业需要进行资本结构的调整。企业资本结构优化是要在企业适度财务风险的条件下,通过财务杠杆利益、财务风险、资本成本间的最优均衡,实现企业的价值最大。其策略主要有存量调整、增量调整和减量调整三种。

1. 企业资本存量调整策略

存量调整是指在不改变现有资产规模的基础上,根据目标资本结构要求,对现有资本结构进行必要的调整。存量调整的方法有:债转股、股转债;增发新股偿还债务;调整现有负债结构,如与债权人协商,将短期负债转为长期负债,或将长期负债列入短期负债;调整权益资本结构,如将优先股转换为普通股,以资本公积转增股本等。

2. 企业资本增量调整策略

增量调整是指通过追加筹资量,用增加总资产的方式来优化资本结构。这是一种积极的策略,主要是在企业有较好的投资机会和发展前景以及高速发展时进行,其主要途径是从外部取得增量资本,如发行新债、举借新贷款、进行融资租赁、发行新股票等。

3. 企业资本减量调整策略

减量调整是指通过减少资产总额的方式来调整资本结构。比如,提前归还借款,收回发行在外的可提前收回债券,股票回购减少公司股本,进行企业分立等。

巩固训练

一、单选题

1. 下列各项因素中，能导致边际贡献提高的是(　　)。

A. 单价上升　　B. 单位变动成本升高

C. 固定成本增加　　D. 预计销售量减少

2. 在计算资本成本时，与所得税有关的资金来源是下述情况中的(　　)。

A. 普通股　　B. 优先股

C. 银行借款　　D. 留存收益

3. 关于经营杠杆系数，下列说法不正确的是(　　)。

A. 在其他因素一定时，产销量越小，经营杠杆系数越大

B. 在其他因素一定时，固定成本越大，经营杠杆系数越小

C. 当固定成本趋近于0时，经营杠杆系数趋近于1

D. 经营杠杆系数越大，反映企业的风险越大

4. 既具有抵税效应，又能带来杠杆利益的筹资方式是(　　)。

A. 发行债券　　B. 发行优先股

C. 发行普通股　　D. 使用内部留存

5. 某公司的经营杠杆系数为2，预计息税前利润将增长10%，在其他条件不变的情况下，销售量将增长(　　)。

A. 5%　　B. 10%

C. 15%　　D. 20%

6. 一般来讲，以下四项中(　　)最低。

A. 长期借款成本　　B. 优先股成本

C. 债券成本　　D. 普通股成本

7. 某公司财务杠杆系数等于1，这表明该公司当期(　　)。

A. 利息与优先股股息为零　　B. 利息为零，而有无优先股股息不好确定

C. 利息与息税前利润为零　　D. 利息与固定成本为零

8. 复合杠杆系数为2，若使销售量增加30%，则每股收益将增长为(　　)。

A. 0.9　　B. 0.6　　C. 1.14　　D. 1.36

9. 关于复合杠杆系数，下列说法正确的是(　　)。

A. 复合杠杆系数等于经营杠杆系数和财务杠杆系数之和

B. 该系数等于普通股每股利润变动率与息税前利润变动率之间的比率

C. 该系数反映产销量变动对普通股每股利润的影响

D. 复合杠杆系数越大,企业风险越小

10. 最优资本结构是指(　　)。

A. 每股利润最大时的资本结构

B. 企业风险最小时的资本结构

C. 企业目标资本结构

D. 综合资本成本最低、企业价值最大时的资本结构

二、多选题

1. 在个别资金成本中须考虑所得税因素的是(　　)。

A. 留存收益资金成本　　B. 普通股资金成本

C. 债券成本　　D. 借款成本

2. 下列关于成本习性的说法中,正确的有(　　)。

A. 总成本按习性最终可分解为固定成本和变动成本两部分

B. 固定成本总额固定不变

C. 成本习性,是指成本总额与业务量之间在数量上的依存关系

D. 混合成本可通过一定的方法分解为固定成本和变动成本

3. 利用每股利润无差别法进行企业资金结构分析(　　)。

A. 当预计息税前利润等于每股利润无差别点时,采用权益筹资方式和采用负债筹资方式均可

B. 当预计息税前利润高于每股利润无差别点时,采用负债筹资方式比采用权益筹资方式有利

C. 当预计息税前利润低于每股利润无差别点时,采用权益筹资方式比采用负债筹资方式有利

D. 当预计息税前利润低于每股利润无差别点时,采用负债筹资方式比采用权益筹资方式有利

4. 负债资金在资本结构中产生的影响是(　　)。

A. 降低企业资本成本　　B. 加大企业财务风险

C. 具有财务杠杆作用　　D. 分散股东控制权

5. 复合杠杆系数(　　)。

A. 指每股盈余变动率相当于销售变动率的倍数

B. 等于财务杠杆系数与经营杠杆系数的乘积

C. 反映息税前利润随业务量变动的剧烈程度

D. 反映每股利润随息税前利润变动的剧烈程度

E. 等于基期边际贡献与基期税前利润之比

三、计算分析题

1. 某企业计划筹集资金100万元，所得税税率为25%，有关资料如下：

① 向银行借款10万元，借款年利率为7%，手续费为2%。

② 按溢价发行债券，债券面值为14万元，溢价发行价格为15万元，票面利率为9%，期限为5年，每年支付一次利息，其筹资费率为3%。

③ 发行优先股25万元，预计年股利率为12%，筹资费率为4%。

④ 发行普通股40万元，每股发行价格10元，筹资费率为6%。预计第一年每股股利1.2元，以后每年按8%递增。

⑤ 其余所需资金通过留存收益取得。

要求：计算各种筹资方式下的个别资本成本；计算该企业加权平均资本成本。

2. 某公司2020年销售产品10万件，单价50元，单位变动成本30元，固定成本总额100万元。公司负债60万元，年利息率12%，并须每年支付优先股股利10万元，所得税税率为25%。

要求：计算2020年边际利润；计算2020年息税前利润总额；计算经营杠杆系数；计算财务杠杆系数；计算复合杠杆系数。

3. 某企业目前拥有资本1000万元，其结构为：债务资本20%（年利息为20万元），普通股权益资本80%（发行普通股10万股，每股面值80元），所得税税率为33%。现准备追加筹资400万元，有两种筹资方案可供选择。方案一：全部发行普通股，增发5万股，每股面值80元。方案二：全部筹借长期债务，利率为10%，利息为40万元。

要求：计算每股利润无差别点时的息税前利润及无差别点的每股利润额。如果企业追加筹资后，息税前利润预计为160万元，应采用哪种方案筹资？

项目六　项目投资管理

知识目标

1. 了解项目投资的概念、类型、特点及步骤；
2. 掌握现金流量的分析与计算；
3. 理解确定项目现金流量的基本假设；
4. 掌握项目投资决策评价折现指标和非折现指标的含义、计算方法和决策规则；
5. 了解项目投资各种评价指标的优缺点；
6. 掌握项目投资决策方法的应用。

技能目标

1. 能够计算项目投资评价折现指标与非折现指标；
2. 能够判断如何进行项目投资可行性分析；
3. 能够有效地进行投资决策。

情景导入

江西新华公司是一家专门生产电脑配件的企业，为了提高产品生产效率，该公司计划新建一条生产线，由财务部负责搜集建设新生产线的有关资料、写出投资项目的财务评价报告等相关项目评估工作。经过一个时期的调查研究，得到以下有关资料：该生产线的初始投资是 25 万元，分 2 年投入。第一年年初投入 15 万元，第二年年初投入 10 万元。第 2 年可完成建设并正式生产。投产后该生产线每年可获销售收入 50 万元，每年付现成本为 28 万元，其中折旧费为 2 万元。投资项目可使用 5 年，5 年后残值 5000 元，在投资项目经营期间要垫支流动资金 3 万元，在项目投产时开始投入，这笔资金在项目结束时可如数收回。该公司的资金成本率为 10%，假定不考虑企业所得税。

导问：如何根据以上资料计算出该投资项目的营业现金流量、现金流量，并做出相应的投资决策？

任务一　认知项目投资管理

投资是指企业为了在未来取得收益而发生的投入资本的行为。投资活动是企业资金活动中最重要的工作之一，对企业的生存和发展有着极其重要的意义。企业投资的含义十分广泛，按照内容不同可分为项目投资、证券投资和其他投资类型。

一、项目投资的含义

项目投资是一种在特定的时间和空间范围以特定的项目为对象，直接参与新建项目或与更新改造项目有关的长期投资行为。从性质上来看，它是企业直接的、生产性的对内实物投资，通常包括固定资产投资、无形资产投资、开办费投资和流动资产投资等。

二、项目投资的特点

与其他形式的投资相比，项目投资具有以下特点：

（一）投资规定的严格性

项目投资在时间上具有明确的起点和终点，在空间上具有确切的地域范围，在计划安排上必须步骤严谨完善，实施项目投资所需要的各种资源是特定的，项目投资获取预期效益的目标应当确定无疑。

（二）投资的风险性

不确定因素贯穿于项目投资的整个寿命期，表现在各个不同的方面，其中有一些可以在一定程度上预测，而许多则无法预测，使项目的投资活动充满风险性。

（三）效益的综合性

项目投资效益不仅表现为直接效益，还具有间接效益；不仅包括主要效益，还包括从属效益；不仅包括有形效益，还包括无形效益。要能够反映项目的技术、组织、管理、社会、市场、财务、国民经济和生态等诸方面的效益，应是社会效益、经济效益和生态效益的统一，具有明确的综合性特点。

（四）项目运行的周期性

任何项目投资都要经过连续的一系列过程，涉及项目的目标设想、选定、准备、谈判、执行及总结评价等阶段。在这一系列过程中，前一阶段构成后一阶段的基础和前提，后一阶段是前一阶段的延伸和扩展，最后一阶段又导致对新项目目标的设想。这种周而复始的循环过程构成了项目运行的周期性。

三、项目投资的种类

划分项目投资类型的方法很多，从不同角度研究会有不同的分类。一般来说，主要有以下几种：

按项目投资规模划分，可分为大型项目投资、中型项目投资和小型项目投资。

按项目投资的性质划分，可分为新建项目和更新改造项目。

按所属行业划分，可分为工业项目和农业项目。

按项目之间的关系划分，可分为独立项目投资和互斥项目投资。

四、项目投资的管理方法

(一)项目投资的经济评价

项目投资的经济评价是指在完成市场需求预测、厂址及工艺技术选择等可行性研究的基础上，利用科学实用的特定经济参数和经济评价方法，对拟建项目从财务和国民经济两方面进行全面综合的分析，考察其经济上的可行性，预计经济效益，并进行多方案比较和风险分析的工作。

(二)项目投资的可行性研究

项目投资的经济评价与可行性研究具有密切的关系，可行性研究工作是对拟建项目在技术、工程、经济和外部协作条件上是否合理与可行进行全方位的分析、论证，做多方案比较，并推荐最佳方案的一项十分复杂的研究工作。从经济性研究的基本内容可以看出，项目投资的经济效益和社会效益的分析论证就是项目投资的经济评价的要求与内容。因此项目投资的经济评价是项目可行性研究的基本内容之　。

五、项目投资程序

企业项目投资的程序主要包括以下几个步骤：

(一)提出项目投资的领域和对象

提出项目投资的领域和对象是项目投资程序的起点，是以企业的长远发展战略、中长期投资计划和投资环境的变化为基础，同时在把握良好投资机会的前提下，由企业管理当局或企业高层管理人员提出，或者由企业的各级管理部门和相关部门领导提出。

(二)评价投资方案的可行性

在评价投资项目的环境、市场、技术和生产可行性的基础上，通过计算项目的有关现金流量指标以及项目的有关评估指标(如净现值、内含报酬率等)，对项目投资的财务可行性作出总体评价。

(三)投资方案的比较与选择

在财务可行性评价的基础上,对可供选择的多个投资方案进行比较和选择。

(四)投资方案的执行

投资方案的执行即投资行为的具体实施。

(五)投资方案再评价

在投资项目的执行过程中,应注意评价原来作出的投资决策是否合理、是否正确。一旦出现新的情况,就要随时根据变化的情况作出新的评价。如果情况发生重大变化,原来投资决策变得不合理,那么,就要进行是否终止投资或怎样终止投资的决策,以避免更大的损失。

任务二 计算项目投资期及投资方案现金流量

一、项目计算期的构成、反映投资金额的指标和投资方式

(一)项目计算期的构成

项目计算期,又称项目的经济寿命期,是指投资项目从投资建设开始到最终清理结束的全部时间,用 n 表示。

项目计算期包括建设期和生产经营期。其中建设期(记作 s,$s \geqslant 0$)的第一年年初为建设起点(记作 0 年),建设期的最后一年年末(第 n 年)为投产日;从投产日至终结点之间的时间间隔称为生产经营期(记作 p 年),生产经营期包括试产期和达产期(完全达到生产能力)。

$$项目计算期(n)=建设期(s)+生产经营期(p)$$

(二)反映投资金额的指标主要有原始总投资、投资总额

原始总投资(又称初始投资)是反映项目所需现实资金的价值指标,是企业为使项目完全达到设计生产能力,开展正常生产经营而投入的全部现实资金,包括建设期投资和流动资金投资两项内容。

建设期投资是在建设期内按一定生产经营规模和建设内容进行的投资。流动资金投资是指项目投产前后分次或一次投放于营运资金项目的投资增加额,又称垫支流动资金或劳动资金投资。

投资总额是反映项目投资总体规模的价值指标,它等于原始总投资与建设期资本化利息之和。其中建设期资本化利息是指在建设期发生与构建项目所需的固定资产、无形资产等长期资产的借款利息。

(三)投资方式

从时间特征上看,投资主体将资金投入具体投资项目的方式有一次投入和分次投入两种。一次投入方式是指投资行为集中一次发生在项目计算期的第一个年度的某一个时间点;如果投资行为涉及两个或两个以上年度,或者只涉及一个年度,但同时在该年的不同时点发生,则属于分次投入方式。

二、现金流量的概念

(一)确定现金流量的假设

在进行项目投资决策时,首先要进行的工作量是估计该项目的未来现金流量。由于未来存在许多不确定性,不可能做出精确的现金流量的估算。为了便于确定现金流量的具体内容,简化计算过程,对现金流量做出以下假设:

1. 全投资假设

假设在确定项目的现金流量时,只考虑全部投资的运动情况,而不具体区分自有资金和借入资金等具体形式的现金流量。即使实际存在借入资金,也作为自有资金来处理。

2. 建设期投入全部资金假设

不论项目的原始投资是一次投入还是分次投入,除个别情况外,假设全部资金是在建设期投入的。

3. 经营期与折旧年限一致假设

假设项目主要固定资产的折旧年限或使用年限与生产经营期相同。

4. 时点指标假设

假设项目投资所涉及的价值指标,不论是时点指标还是时期指标,均按时点指标来处理。

5. 确定性因素假设

由于影响投资项目的相关因素在未来均有可能发生变动,为了简化现金流量的计算,假设与投资项目的现金流量有关的价格、成本、产销量、所得税税率等相关因素均为已知常数。

6. 财务可行性假设

假设投资决策是从企业投资者的立场出发,仅对投资项目的财务可行性进行分析,而不考虑国民经济可行性和技术可行性(假定该项目已经具备国民经济可行性和技术可行性)。

(二)现金流量的概念

所谓现金流量,在投资决策中是指一个项目引起的企业现金支出和现金收入增加的数量。现金流量包括现金流入量(CI)、现金流出量(CO)和现金净流量

(NCF)三个具体概念。这里提及的现金为广义现金，既指库存现金、银行存款等货币性资产，也可以指相关非货币性资产(如原材料、设备等)的变现价值(即机会成本)。

1. 现金流入量(CI)

现金流入量是指能够使投资方案的货币资金增加的数量，简称现金流入量。主要包括营业现金流入、回收固定资产残值和回收流动资金。

新建项目的现金流入量包括以下内容：

① 营业现金收入。营业现金收入是指项目投产后每年实现的全部营业收入。营业收入是经营期主要的现金流入项目。

② 固定资产残值。

③ 回收流动资金。回收流动资金是指投资项目在计算期结束时，因不再发生新的替代投资而回收的原垫付的全部流动资金投资额。

回收流动资金和回收固定资产残值统称为回收额。

④ 其他现金流入量。其他现金流入量是指以上 3 项指标以外的现金流入项目。

更新改造投资项目的现金流入量包括以下内容：

① 因使用新固定资产而增加的营业收入。

② 处置旧固定资产的变现净收入。主要是在更新改造时因处置旧设备、厂房等而发生的变价收入和清理费用之差。

③ 新旧固定资产回收残值的差额。这是指按旧固定资产原定报废年限计算的，新固定资产的残值大于旧固定资产残值所形成的差额。

2. 现金流出量(CO)

现金流出量是指能够使投资方案的现实货币资金减少或需要动用的现金数量，简称现金流出。主要包括：固定资产投资、无形资产投资、长期待摊费用支出和流动资产投资四个部分。

新建固定资产的现金流出包括以下内容：

① 建设投资。建设投资是指在建设期内按一定生产规模和建设内容进行的固定资产投资、无形资产投资和开办费投资等投资的总称，它是建设期发生的主要现金流出。

② 垫支的流动资金。垫支的流动资金是指投资项目建成投产后为开展正常的经营活动而周转使用的营运资金投资。

建设投资与流动资金投资称为项目的原始总投资。

③ 付现成本。付现成本是指在经营期内为满足正常的生产经营而需用的现金支付成本。它是生产经营期内最主要的现金流出量。付现成本＝总成本－折旧

额和摊销额。

④ 各项税款。各项税款是指项目投产后依法缴纳的、单独列示的各项税款，包括增值税、所得税等。

⑤ 其他现金流出。其他现金流出是指不包括在以上内容中的现金流出项目。

更新改造投资项目的现金流出量包括以下内容：

① 购置新固定资产的投资。

② 因使用新固定资产而增加(节约的用负值表示)的付现成本。

③ 因使用新固定资产而增加(节约的用负值表示)的流动资金投资。

④ 增加的各项税款。这是指更新改造项目投入使用后，因收入增加而增加的营业税、因应纳税所得额增加而增加的所得税等(按提前报废旧固定资产所发生的清理损失计算的抵减当期所得税额用负值表示)。

3. 现金净流量(NCF)

现金净流量是指投资项目在项目计算期内现金流入量减去现金流出量的差额。现金净流量有两个特征：①无论是在生产经营期内还是在建设期内，都存在现金净流量的范畴。②由于项目计算期不同阶段上的现金流入量和现金流出量发生的可能性不同，各个阶段上的现金净流量在数值上再现出不同的特点，如建设期内的现金净流量一般小于或等于零，在生产经营期内的现金净流量多为正值。

现金净流量的基本计算公式为：

$$\text{现金净流量}(NCF)=\text{现金流入量}-\text{现金流出量}=CI_t-CO_t(t=0,1,2,\cdots,n)$$

项目投资的现金流量以投入、回收及收益等形式表现，因此，在整个项目计算期的各个阶段，都有可能发生现金流量。必须逐年估算每一时点上的现金流入量和现金流出量。在不同的投资阶段，现金净流量有不同的计算公式。

投资项目的现金流量预测，可按时间从以下三个方面进行：

(1)初始现金流量

这是指开始投资时发生的现金流量。主要包括：固定资产投资、无形资产投资、其他投资费用(与项目投资有关的筹建费用、咨询费、培训费等)、流动资产投资(包括投入的现金、材料等)、原有固定资产的变价收入(在更新改造项目投资中原有固定资产的变动所取得的现金收入)。初始现金流量除原有固定资产的变价收入为现金流入外，其余的均视为现金流出量。

在建设期，由于没有任何现金流入量，所以建设期的现金流量通常为负值。

$$NCF_{o-s}=-I_p$$

式中，I_P 为建设期内该年原始投资额，不包括资产化利息；s 为项目的建设期。

(2)营业现金流量

营业现金流量是指投资项目投入使用后，在其寿命期内由于生产经营所带来的现金流入和流出的数量。营业现金流入量主要是因项目投资使企业增加的营业收入。营业现金流出量主要包括因项目投资使企业增加的付现成本和所得税。所谓付现成本，是指每年需要支付现金的成本。成本中不需要每年支付现金的部分称为非付现成本，其中主要是折旧、摊销。付现成本可以用成本减折旧、摊销来估计。年营业现金净流量可用以下公式计算：

营业现金净流量＝营业收入－付现成本－所得税(直接法)

其中：付现成本＝营业成本－非付现成本＝营业成本－折旧、摊销

由直接法推导间接法：

营业现金净流量＝营业收入－(营业成本－折旧、摊销)－所得税

＝营业收入－营业成本＋折旧、摊销－所得税

＝营业收入－营业成本＋折旧、摊销－(营业收入－营业成本)×所得税税率

＝(营业收入－营业成本)×(1－所得税税率)＋折旧、摊销

＝净利润＋折旧、摊销(间接法：净利润＋非付现成本)

(3)终结点净现金流量

终结点净现金流量是指项目在结束(在 n 点)时所发生的现金净流量。主要包括：回收的固定资产残值变价净收入(项目终结时固定资产清理的变价收入－清理费用后的净额)、固定资产变价净损益的所得税[(账面价值－变价收入)×所得税税率]、回收垫支的流动资金(项目终结后，原投入周转的流动资金可以转化为现金，应作为该项目的现金流入)。

NCF_n＝固定资产变价净收入＋(固定资产账面价值－固定资产变价收入)×所得税税率＋垫支的流动资金

变现时固定资产账面价值＝固定资产账面原值－变现时按照税法规定计提的累计折旧的差额。如果变现时，按照税法的规定，折旧已经全部计提，则变现时固定资产账面价值等于税法规定的净残值；如果变现时，按照税法的规定，折旧没有全部计提，例如提前报废，则变现时固定资产账面价值＝税法规定的净残值＋剩余的未计提折旧。

三、现金净流量的计算

(一)新建项目的净现金流量计算

【例 6－1】 江西东方公司计划建造一条生产线，需投资 35000 元，建设期 1

年，使用寿命为5年。按直线法折旧，期满生产线残值收入5000元。5年中每年销售收入为15000元，每年付现成本为4000元。该企业适用的税率为25%，试计算该方案的现金净流量，假定期满不考虑固定资产变价净损益的所得税的影响。

解：

$$固定资产折旧=(35000-5000)/5=6000(元)$$

$$该项目的计算期=1+5=6(年)$$

$$建设期：NCF_0=-35000 \quad NCF_1=0$$

$$经营期：NCF_{2-5}=(15000-4000-6000)\times(1-25\%)+6000=9750(元)$$

$$终结点：NCF_6=(15000-4000-6000)\times(1-25\%)+6000+5000=14750(元)$$

【例6-2】 江西东方公司计划建造一座新厂房，总投资为70000元，其中固定资产投资36000元，建设期2年，于建设起点分两年平均投入，期满有残值收入6000元；无形资产投资24000元，于建设起点投入，在生产经营期内摊销完毕；流动资产投资10000元，于投产日开始垫付。该项目的经营期为6年，6年中每年的销售收入为17000元，付现成本为每年3000元，以后随着设备陈旧，逐年将增加修理费500元。该企业适用所得税税率为25%，假定该公司的固定资产和无形资产均按直线法进行折旧和摊销，期满不考虑固定资产变价净损益的所得税的影响。

解：

$$固定资产的折旧=(36000-6000)/6=5000(元)$$

$$无形资产的摊销额=24000/6=4000(元)$$

$$该项目的计算期=2+6=8(年)$$

建设期：

$$NCF_0=CZ-CO=0-(36000/2+24000)=-42000(元)$$

$$NCF_1=0-36000/2=-18000(元)$$

$$NCF_2=-10000(元)$$

经营期：

$$NCF_3=(17000-3000-5000-4000)\times(1-25\%)+5000+4000=12750元$$

$$NCF_4=(17000-3500-5000-4000)\times(1-25\%)+5000+4000=12375元$$

$$NCF_5=(17000-4000-5000-4000)\times(1-25\%)+5000+4000=12000元$$

$$NCF_6=(17000-4500-5000-4000)\times(1-25\%)+5000+4000=11625元$$

$NCF_7 = (17000 - 5000 - 5000 - 4000) \times (1 - 25\%) + 5000 + 4000 = 11250$ 元

项目终结期：

$$NCF_8 = (17000 - 5500 - 5000 - 4000) \times (1 - 25\%) + 5000 + 4000 + 6000 + 10000 = 26875(\text{元})$$

（二）更新改造项目的净现金流量计算

【例 6－3】 江西东方公司打算变卖一套尚可使用 5 年的旧设备，另购一套新设备来代替它。旧设备原价 10000 元，折余价值为 8000 元，期满残值 200 元。旧设备每年营业收入 13000 元，付现成本 9000 元。新设备投资总额 20000 元，无建设期，可用 5 年，使用新设备后每年可增加营业收入 300 元，并降低付现成本 500 元，期满残值 300 元。假定不考虑所得税，新旧设备均采用直线法计提折旧。要求：(1) 分别计算继续使用旧设备方案与更新设备方案的各年现金流量；(2) 计算两个方案的各年现金流量差异。

解：

(1) 继续使用旧设备的各年现金流量：

$$\text{折旧}:(8000 - 200)/5 = 1560(\text{元})$$

$$NCF_0 = -8000(\text{元})$$

$$NCF_{1-4} = (13000 - 9000 - 1560) + 1560 = 4000(\text{元})$$

$$NCF_5 = (13000 - 9000 - 1560) + 1560 + 200 = 4200(\text{元})$$

采用新设备的各年现金流量：

$$\text{折旧}:(20000 - 300)/5 = 3940(\text{元})$$

$$NCF_0 = -20000(\text{元})$$

$$NCF_{1-4} = (13300 - 8500 - 3940) + 3940 = 4800(\text{元})$$

$$NCF_5 = (13300 - 8500 - 3940) + 3940 + 300 = 5100(\text{元})$$

(2) 更新方案的各年差额净现金流量：

$$\Delta NCF_0 = -20000 - (-8000) = -12000(\text{元})$$

$$\Delta NCF_{1-4} = 4800 - 4000 = 800(\text{元})$$

$$\Delta NCF_5 = 5100 - 4200 = 900(\text{元})$$

任务三　用于评价投资项目可行性的财务指标

一、项目投资决策评价指标

项目投资决策评价指标是由一系列综合反映投资效益、投入产出关系的量化指标构成的，主要用于衡量和比较投资项目的可行性，并据此进行方案决策。按照指标是否考虑资金的时间价值，项目投资决策评价指标主要分为静态指标（或静态投资指标）与动态指标（或动态回收指标）。

（一）动态回收指标

动态回收指标又称为贴现指标。它是指在计算过程中必须考虑和利用资金的时间价值。由于动态指标考虑了资金的时间价值，因此动态指标在投资决策中处于主要地位。动态指标包括净现值、净现值率、获利指数和内含报酬率。

1. 净现值（NPV）

净现值是指在项目计算期内，按照一定贴现率计算的各年现金净流量的现值之和，记为 NPV。实际上，净现值就是投资项目未来现金流入量现值与现金流出量现值之间的差额。如果 $NPV>0$，说明该项目的投资报酬率大于期望的最低投资报酬率，方案具有可行性；如果 $NPV<0$，说明该项目的投资报酬率小于期望的最低投资报酬率，方案不具有财务可行性，应予放弃；$NPV=0$，说明该项目的投资报酬率等于期望的最低投资报酬率，可以采纳该项目。

计算公式为：

$$NPV=\sum(\text{第 } t \text{ 年的现金净流量} \times \text{第 } t \text{ 年的复利现值系数})$$

即：$NPV=\sum NCF_t(P/F,i,t)$

或：$NPV=$现金流入量现值$-$现金流出量现值

式中，n 为项目计算期；NCF_t 为第 t 年现金净流量；$(P/F,i,t)$ 为第 t 年、贴现率为 i 的复利现值系数。

净现值的计算步骤：

① 计算各期的 NCF；

② 确定折现率，按市场等风险利率、期望最低投资报酬率或企业平均资本成本率，将投资项目各期所对应的复利现值系数通过查表确定下来；

③ 将各期 NCF 与其对应的复利现值系数相乘，计算出现值，即求出 NPV；

④ 最后加总各期 NPV，即得到该投资项目的 NPV。

净现值的计算方法根据项目现金净流量的特点，可分为以下两种情况：

① 经营期内各年现金流量相等。当经营期内各年现金流量相等时，在计算净现值时，可以把相等的净现金流量作为年金来进行简化处理。简化为年金处理又分为两种情况：如果项目不存在建设期，利用普通年金现值系数进行计算；如果项目存在建设期，利用递延年金现值系数进行计算。

【例 6-4】 以【例 6-1】资料所给的现金净流量为依据，假定投资者所要求的最低投资收益率为 10%，试计算该项目的净现值。

解：

$NPV = NCF_{s+1-n-1} \times [(P/A,i,n-1)-(P/A,i,s)] + NCF_n \times (P/A,i,n) + NCF_0$

$= 9750[(P/A,10\%,5) - (P/A,10\%,1)] + 14750(P/F,10\%,6) - 35000 =$

106901.78（元）

因为该方案的净现值 $NPV > 0$，该方案具有可行性。

② 经营期内各年现金流量不等。

【例 6-5】 以【例 6-2】资料所给的现金净流量为依据，假定投资者要求的最低投资利润率为 10%，试计算该项目的净现值。

解：

$NPV = \sum NCF_t \times (P/F,i,t) - \sum NCF \times (P/F,i,t)$

$= 26875 \times (P/F,10\%,8) + 11250 \times (P/F,10\%,7) + 11625 \times (P/P,10\%,6) +$

$12000 \times (P/F,10\%,5) + 12375 \times (P/F,10\%,4) + 12750 \times (P/F,10\%,3) — 10000 \times$

$(P/F,10\%,2) - 18000 \times (P/F,10\%,1) - 42000 = -16273.06$（元）

以上计算表明，该方案 $NPV < 0$，因此该方案不具有财务可行性。

净现值是一个金额的绝对值，在单个方案决策中，如果该方案的 $NPV \geqslant 0$，此方案可行，否则不可行；在多个备选的互斥决策中（假设备选方案原始投资相同且项目计算期相等），在 $NPV \geqslant 0$ 的投资项目中，选择净现值较大的投资项目。

净现值指标的优点：考虑了资金的时间价值；利用了项目计算期内的全部现金流量信息，是投资项目财务可行性分析的主要指标。

净现值指标的缺点：净现值是一个绝对数指标，不能反映投资项目本身所能达到的收益率，因而净现值法不适用于独立投资方案的比较决策；当项目投资额不等时，仅用净现值无法确定投资项目的优劣；净现值的计算比较复杂；现金流量的预测和折现率的选择比较困难。

2. 净现值率（*NPVR*）

净现值率是指投资项目的净现值占原始投资额现值总和的比率，也可以理解为单位原始投资额的现值所创造的净现值。

计算公式为：

$$NPVR=\frac{\text{项目的净现值}}{\text{原始投资的现值合计}}\times 100\%$$

$$=\frac{NPV}{\sum NCF\times(P/F,i,t)}\times 100\%$$

式中，NPV 为投资项目的净现值；NCF_t 为建设期 t 期现金净流量；$(P/F,i,t)$ 为第 t 年、贴现率为 i 的复利现值系数。

【例 6-6】　以【例 6-5】中的净现值数据和【例 6-2】的数据为例，可计算其净现值如下：

$$NPV=-16273.06(\text{元})$$

$$NPVR=\frac{NPV}{\sum NCF\times(P/F,i,t)}\times 100\%$$

$$=\frac{-16273.06}{|-10000(P/F,10\%,2)-18000(P/F,10\%,1)-420001}\times 100\%$$

$$=-24\%$$

净现值率是一个相对数指标，$NPVR\geqslant 0$ 的投资项目，才具有财务可行性。

净现值率的优点：可以从动态的角度反映投资项目的资金投入与净产出之间的关系；计算过程比较简单。

缺点：无法直接反映投资项目的实际收益率。

3. 获利指数（PI）

获利指数也叫作现值指数。获利是指数指投产后按一定贴现率计算的在经营期内各年现金净流量的现值合计与投资现值合计绝对值的比值，也称为现值指数。

计算公式为：

$$PI=\frac{\sum NCF_{t1}\times(P/F,i,t)}{\sum NCF_{t2}\times(P/F,i,t)}\times 100\%$$

式中，$\sum NCF_{t1}$ 为经营期现金净流量现值之和；$\sum NCF_{t2}$ 为建设期现金净流量现值之和，即原始投资现值；$(P/F,i,t)$ 为第 t 年、贴现率为 i 的复利现值系数。

净现值率和获利指数的关系如下：

$$PI=1+NPVR=\frac{\text{现金流出量现值}}{\text{现金流出量现值}}+\frac{\text{现金流入量现值}-\text{现金流出量现值}}{\text{现金流出量现值}}$$

$$=\frac{\text{现金流入量现值}}{\text{现金流出量现值}}$$

【例 6-7】 以【例 6-5】和【例 6-2】的有关数据为例,计算出该方案的获利指数。

解:

$$PI=\frac{\sum NCF_{t1}\times(P/F,i,t)}{\sum NCF_{t2}\times(P/F,i,t)}\times 100\%=76\%$$

从以上可以看出,该方案的获利指数为76%,恰好为净现值率-24.0%与1之和。当 $NPVR\geqslant 0$ 时,$PI\geqslant 1$;当 $NPVR<0$ 时,$PI<1$。

获利指数也是一个相对数指标。在独立方案决策中,如果该方案的 $PI\geqslant 1$,净现值大于等于0,项目的投资报酬率大于等于期望的最低投资报酬率,方案可行;否则,方案不可行。在多个备选方案的互斥决策中,采用 PI 超过1最多的投资项目。

获利指数的优点:考虑了资金的时间价值;由于 PI 是相对数指标,能够反映项目的投资效率,有利于在初始投资额不同的投资方案之间进行比较。

缺点:无法直接反映投资项目的实际收益率。

获利指数法是净现值法的辅助方法,在各方案原始投资额现值相同时,实质上就是净现值法。由于现值指数是一个相对数指标,反映了投资效率,故能用其来评价独立投资方案,从而克服净现值指标不便于对原始投资额现值不同的独立投资方案进行比较和评价的缺点。

4. 内含报酬率(*IRR*)

内含报酬率又称内部收益率,是指使投资方案净现值为0的折现率,即流入的现值等于流出的现值时的折现率。内含报酬率是根据方案的现金流量计算的,因此它是投资项目本身可以达到的收益率。

计算公式为:

令 $NPV=0$,则:

$$NPV=\sum\frac{NCF_t}{(1+i)^t}=0$$

得出的 i 即为内含报酬率 *IRR*。

IRR 的计算可以分为两种情况:

① 如果建设期为零,且全部投资均于建设起点一次投入时,经营期内各年现金净流量相等,可以采用年金计算方法,此时的年金现值系数正好等于项目的静态投资回收期。由内含报酬率定义可知,计算公式为:

$$NCF\times(P/A,IRR,n)-NCF_0=0$$

因此，$(P/A,IRR,n)=\dfrac{NCF_0}{NCF}$

然后查年金现值系数表，求出 IRR。具体计算过程如下：

第一步，计算年金现值系数。

$$(P/A,IRR,n)=\frac{NCF_0}{NCF}$$

第二步，查年金现值系数表。若恰好在年金现值系数表中找到对应的期数和系数，则该折现率为内含报酬率。通常会在相同的期数内找到与计算的年金现值系数相邻近的较大和较小的两个系数及对应的折现率。

第三步，根据上述两个邻近的折现率和已求得的年金现值系数，采用插值法计算出该投资方案的内含报酬率。

【例6-8】　以【例6-1】数据资料为例，假设该项目并没有建设期，则该项目的现金净流量为多少？

解：

$$NCF_0=-35000(\text{元})$$

$$NCF_{1-4}=(15000-4000-6000)\times(1-25\%)+6000=9750(\text{元})$$

$$NCF_5=(15000-4000-6000)\times(1-25\%)+6000+5000=14750(\text{元})$$

其内含报酬率计算步骤如下：

$$(P/A,IRR,5)=3.59$$

查 5 年的年金现值系数表：

$$(P/4,14\%,5)=3.4331$$

$$(P/4,12\%,5)=3.6048$$

$$IRR=i_1+\frac{P-P_1}{P_2-P_1}\times(i_2-i_1)=12.17\%$$

② 经营期内各年现金净流量不相等。各年现金净流量分布不是年金形式，不能直接采用查年金系数表的方法计算内含报酬率，必须按照采用逐步测试法，也叫试误法，计算能使净现值等于 0 的贴现率，这个贴现率就是内含报酬率。其计算步骤如下：

第一步，先预估一个折现率，并按此折现率计算净现值。如果净现值为正数，则表明 $IRR>$ 预估的折现率，应提高这一预估折现率，再次测算；如果计算出的净现值为负数，则 $IRR<$ 预估的折现率应降低贴现率再进行测算。经过如此反复的测算，找到使净现值由正到负且比较接近于 0 的两个折现率。

第二步,根据上述两个邻近的折现率,再用插值法计算出方案的实际内含报酬率。

【例 6-9】 江西东方公司的新生产线投资项目建设起点的现金净流量为 $\Delta NCF_0=-3000$ 元,其他时点的现金净流量分别为 $\Delta NCF_1=8000$(元),$\Delta NCF_2=9000$(元),$\Delta NCF_3=10000$(元),$\Delta NCF_4=11000$(元),$\Delta NVF_5=12000$(元),试计算该方案的内含报酬率。

由于该方案的净现金流量不相等,所以只能用一般方法计算内含报酬率,其计算过程见表 6-1 所列。

表 6-1 内含报酬率计算表 单位:元

年份	现金净流量	贴现率 18%		贴现率 20%	
	(NCF)	(P/F,18%,t) 现值		(P/F,20%,t) 现值	
0	-30000	1	-30000	1	-30000
1	8000	0.8475	6780	0.8333	666.4
2	9000	0.7182	6463.8	0.6944	6249.6
3	10000	0.6086	6086	0.5787	5787
4	11000	0.5158	5673.8	0.4823	5305.3
5	12000	0.4371	5245.2	0.4019	4822.8
净现值(NPV)	—	248.8	-1168.9	—	—

第一次测算,按 18% 估计的贴现率进行测试,其结果净现值为 248.8 元,大于 0,说明方案的内含报酬率大于 18%。第二次测算,把贴现率提高到 20% 进行测算,净现值为 -1168.9 元,小于 0。说明该项目的内含报酬率在 18% ~ 20%,通过内插法求出内含报酬率:

$$IRR=18.35\%$$

独立方案决策,如果计算出的内含报酬率大于或等于企业的资金成本或必要报酬率,净现值大于等于零,现值指数大于等于1,应予以采纳;反之,则拒绝。在多个备选方案的互斥决策中,应选用内含报酬率超过资金成本或必要报酬率最多的投资项目。

内含报酬率指标的优点:考虑了资金时间价值,可以反映出投资项目的真实报酬率,且不受行业基准收益率的影响,有利于投资额不同的项目决策;内含报酬率是一个相对数指标,主要用于独立投资方案的比较决策。

缺点:计算过程比较复杂,尤其是每年现金净流量不等的投资项目,一般要经过多次测试才能算出;在互斥投资方案决策时,如果各方案的原始投资额现值不相等，有时无法作出正确的决策。某一方案原始投资额低，NPV 小，但内含收益率可能较高；而另一方案原始投资额高、NPV 大，但内含收益率可能较低。

5. 贴现指标之间的关系

净现值 NPV、净现值率 $NPRV$、获利指数 PI 和内含报酬率 IRR 指标之间存在以下数量关系，即：

当 $NPV > 0$ 时，$NPVR > 0, PI > 1, IRR > i$；

当 $NPV = 0$ 时，$NPVR = 0, PI = 1, IRR = i$；

当 $NPV < 0$ 时，$NPVR < 0, PI < 1, IRR < i$。

净现值率 $NPVR$ 的计算需要在已知净现值 NPV 的基础上进行，内含报酬率 IRR 在计算时也需要利用净现值 NPV 的计算技巧或形式。在这些指标中，NPV 为绝对量指标，其余为相对数指标。计算净现值、净现值率和获利指数所依据的贴现率 i 都是事先已知的，而内含报酬率 IRR 的计算本身与贴现率 i 的高低无关。

(二) 静态投资指标

静态投资指标又称为非贴现指标，是指没有考虑资金时间价值因素的指标，主要包括静态投资回收期和投资利润率。

1. 静态投资回收期（PP 或 PP'）

静态投资回收期是指以投资项目经营净现金流量抵偿原始总投资所需要的全部时间。

计算方法：根据投资回收期的定义，投资回收期 t 满足以下关系：

$$\sum NCF_t = 0$$

其具体计算应视实际情况而定。

静态投资回收期包括以下两种形式：包括建设期的投资回收期（记作 PP）和不包括建设期的投资回收期（记作 PP'）。

如果某一项目运营期内前若干年每年的营业净现金流量（NCF）相等，且其合计大于或等于建设期发生的原始投资合计，则投资回收期可按下列公式计算：

不包括建设期的投资回收期（PP'）＝原始投资额／每年营业现金净流量

包括建设期的投资回收期（PP）＝ 不包括建设期的投资回收期 ＋ 建设期 ＝ $PP' + s$

【例 6－10】 以【例 6－1】提供的数据作为资料，该项目不包括建设期的静态投资回收期计算如下：

$$PP' = 3.59(\text{年})$$

$$PP = PP' + s = 3.59 + 1 = 4.59(\text{年})$$

如果每年的营业净现金流量（WCF）不相等，计算投资回收期要逐年计算累计现金净流量和各年尚未回收的投资额来确定包括建设期的投资回收期，再推算出不包括建设期的投资回收期。

$$\text{包括建设期的投资回收期}(PP)=\text{累计现金净流量最后一次出现负值的年数}+\frac{\text{当年的尚未回收额}}{\text{下年现金净流量}}$$

$$\text{不包括建设期的投资回收期}(PP')=\text{包括建设期的投资回收期}-\text{建设期}$$

【例6-11】 以【例6-9】提供的数据作为资料，该项目包括建设期的静态投资回收期计算见表6-2所列。

表6-2 静态投资回收期计算表

项目计算期	现金净流量(NCF)	累计现金净流量($\sum NCF$)
0	−30000	−30000
1	8000	−22000
2	9000	−13000
3	10000	−3000
4	11000	8000
5	12000	20000

由表6-2可得出，该方案的静态投资回收期在第3～4年，该方案的静态投资回收期应为：

$$PP=3+3000/11000\approx 3.3(\text{年})=PP'$$

在以投资回收期进行投资决策时，决策者通常会设定一个标准投资回收期。对于独立方案决策，如果该项目的投资回收期短于标准回收期，此方案可行，否则不可行。在多个备选方案的互斥决策中，投资回收期短于标准回收期且最短的方案为优。

静态投资回收期指标优点：计算简便；容易为决策人理解；直接利用回收期之前的净现金流量信息，可以大体上衡量项目的流动性和风险。

缺点：没有考虑货币的时间价值，没有考虑回收期满后的现金流量状况。通常情况下，有战略意义的投资，早期的收益较低，而中后期收益较高，运用投资回收期进行决策，可能导致决策者优先考虑急功近利的项目，因此，其仅作为投资项目财务可行性分析的次要指标。

动态投资回收期弥补了静态投资回收期没有考虑货币时间价值的缺陷，在计算时，需要将投资引起的未来现金净流量进行贴现，以未来现金净流量的现值等于原始投资额现值时所经历的时间确定为动态回收期。当未来每年现金净流量相等时，在这种年金方式下，假定动态回收期为 n 年，则动态回收期 $=(P/A,i,n)=$ 原始投资额现值 / 每年营业现金净流量，计算出年金现值系数后，通过查年金现值系数表，利用插值法，即可推算出动态投资回收期；未来每年现金净流量不相等时，在这种情况下，应把每年的现金净流量逐一贴现并加总，根据累计现金流量现值来确定回收期：

$$\text{动态投资回收期}=\text{累计现金净流量现值最后一次出现负值的年数}+\frac{\text{当年尚未回收额的现值}}{\text{下年现金净流量现值}}$$

2. 投资利润率（*ROI*）

投资利润率又称投资回报率，是指投资项目的年平均利润额占平均投资总额的百分比。

投资利润率的计算公式为：

$$\text{投资利润率}=\frac{\text{年平均利润率}}{\text{原始投资额}}\times 100\%$$

【例 6 - 12】　以【例 6 - 1】提供的数据资料为例，计算该投资项目的投资利润率。

解：

$$\text{投资利润率}=\frac{\text{年平均利润率}}{\text{原始投资额}}\times 100\%=\frac{3750}{35000}\times 100\%=10.71\%$$

该方案的投资利润率为 10.71%。

【例 6 - 13】　以【例 6 - 2】提供的数据资料为例，计算该投资项目的投资利润率。

解：

$$\text{投资利润率}=8.04\%$$

在以投资利润率进行投资决策时，决策者通常会定一个必要收益率。对于独立方案决策，如果该项目的投资利润率 $>$ 必要收益率，方案可行，否则不可行。在多个备选方案的互斥决策中，选用投资利润率高于必要投资收益率且最高的方案。

投资利润率指标的优点：计算简便，易于理解；使用财务报告的数据容易取得；考虑了整个项目寿命期的全部利润。

缺点：没有考虑货币的时间价值，没有利用现金流量信息。只能作为投资项目财务可行性分析的辅助指标。

二、项目决策指标的运用

计算项目决策指标的目的是进行项目投资方案的对比和优选，使它们在方案的对比与优选中正确地发挥作用，为项目投资方案提供决策的定量依据和标准。但投资方案对比与优选的方法会因项目投资方案的不同而有区别。

（一）独立方案财务可行性评价与投资决策

独立方案是指方案之间存在着相互依赖的关系，但又不能相互取代的方案。也就是说，选择某一方案并不排斥选择另一方案。

在只有一个投资项目可供选择的条件下，只需评价其财务上是否可行。评价财务可行性分为以下四种情况：

① 当主要指标：净现值 $NPV \geqslant 0$，净现值率 $NPVR \geqslant 0$，获利指数 $PI \geqslant 1$，内含报酬率 $IRR \geqslant i$（即贴现率）；次要指标：静态投资回收期小于投资者设定的标准投资回收期；辅助指标：投资利润 $ROI > i$（即贴现率）时，方案不论从哪个方面看都具备财务可行性，因此该方案完全具备财务可行性。

② 当主要指标：$NPV \geqslant 0$，$NPVR \geqslant 0$，$PI \geqslant 1$，$IRR \geqslant i$；次要指标：静态投资回收期大于投资者设定的标准投资回收期；辅助指标：$ROI < i$ 时，方案基本上具有财务可行性。

③ 当主要指标：$NPV < 0$，$NPVR < 0$，$PI < 1$，$IRR < i$；次要指标：静态投资回收期小于投资者设定的标准投资回收期；辅助指标：$ROI \geqslant i$ 时，方案基本上不具有财务可行性。

④ 当主要指标：$NPV < 0$，$NPVR < 0$，$PI < 1$，$IRR < i$；次要指标：静态投资回收期大于投资者设定的标准投资回收期；辅助指标：$ROI < i$ 时，方案完全不具有财务可行性。

从上面的判定条件中，可以看到在对独立方案进行财务可行性评价和投资决策的过程中，应当以主要指标作为判断项目决策是否可行的主要标准。

在多个独立投资方案之间比较时，决策需要解决的问题是如何确定各个可行方案之间的优先次序，应重点关注各个可行方案的投资效率（相对数指标），一般采用内含报酬率进行比较决策。

【例 6-14】 根据【例 6-4】【例 6-10】和【例 6-13】的计算结果可知：$NPV > 0$，由于贴现指标不会出现相互矛盾的结论，假定该公司设定的标准投资期为 3 年，则：

$NPVR \geqslant 0$，$PI \geqslant 1$，$IRR \geqslant i$；

$PP' = 3.59$ 年 $>$ 3 年；

$ROI = 10.74\% > 10\%$（10% 为投资者所要求的最低投资收益率）。

由此可知，该项目基本具有财务可行性。

【例6-15】　假定该公司设定的标准投资期为5年，根据【例6-5】【例6-11】和【例6-14】的计算结果可知：

$NPV = -16273.06$ 元 < 0，则 $NPVR < 0$，$PI < 1$，$IRR < i$；

$PP' = 3.3$ 年 < 5 年；

$ROI = 8.04\% < 10\%$（10% 为该投资者所要求的最低投资利润率）。

由此可知，该项目基本不具有财务可行性。

（二）互斥方案的比较决策

互斥方案是指在决策时涉及的多个相互排斥、不能同时实施的投资方案。互斥方案具有排他性，采纳方案组中某一方案，就会自动排斥这组方案中的其他方案。互斥方案的决策过程就是在每一个入选方案已具备财务可行性的前提下，利用具体决策方法比较各个方案的优劣，利用评价指标从各个备选方案中最终选出一个最优方案的过程。

根据互斥方案的投资额、项目计算期的具体情况，可选用以下决策方法：

1. 净现值法和净现值率法

净现值法是指通过比较所有投资方案的净现值指标的大小来选择最优方案的方法。净现值率法是指通过比较所有投资方案净现值率的大小来选择最优方案的方法。

净现值法和净现值率法都适用于原始投资额相同、项目计算期相等的互斥方案的决策。净现值和净现值率最大的方案为最优方案。

【例6-16】　某企业现有资金100万元可用于固定资产投资，有甲、乙、丙3个相互排斥的备选方案可供选择。这3个方案的投资总额均为100万元，项目计算期相等。$NPV_{甲} = 12$ 万元，$NPV_{乙} = 8$ 万元，$NPV_{丙} = 16$ 万元，按净现值法计算可知：由于 $NPV_{丙} > NPV_{乙} > NPV_{甲}$，所以，应该选择丙方案。

2. 差额内含报酬率法

所谓差额内含报酬率法，是指在两个投资总额不同方案的差量现金净流量（记作 ΔNCF）的基础上，计算出差额内含报酬率（记作 ΔIRR），并据此判断优劣的方法。

内含报酬率法适用于两个原始投资不相同，但项目计算期相同的多个方案比较决策，一般以投资额大的方案减投资额小的方案。当 $\Delta IRR \geq i$（即贴现率）时，原始投资额大的方案较优；$\Delta IRR < i$ 时，则投资少的方案较优。

该方法还经常用于更新改造项目的投资决策中，当该项目的差额内含报酬率大于基准折现率时，应当进行改造；反之，就不应该对该项目进行更新改造。

差额内含报酬率 ΔIRR 的计算过程和计算技巧同内含报酬率 IRR 完全一样，

只是所依据的是 ΔNCF。

【例 6－17】 江西东方公司生产线更新改造项目的差量现金净流量为 $\Delta NCF_0 = 10000$ 元，$\Delta NCF_{1-3} = 2600$ 元，行业基准折现率为 10%。该企业是否应该进行更新改造？

解：

$$(P/A, \Delta IRR, 5) = 3.84$$

查年金现值系数表，得：

$$(P/A, 9\%, 5) = 3.8897$$

$$(P/A, 10\%, 5) = 3.7908$$

利用内插法，计算差额内含报酬率如下：

$$\Delta IRR \approx 9.5\%$$

该更新改造项目的差额内含报酬 $\Delta IRR < i$，因此该企业不应更新设备。

3. 年金净流量法

年金净流量法是将投资项目的未来现金净流量与原始投资额的差额的总现值折算为等额年金的平均现金净流量，通过年金净流量（NA）的大小来选择最优方案的决策方法。

某一方案的年金净流量等于该方案净现值与投资回收系数（即年金现值系数的倒数）的乘积。其计算公式如下：

$$NA = \frac{\text{现金净流量总现值}}{\text{年金现值系数}}$$

$$= NPV \times (A/P, i, t)$$

年金净流量指标大于 0，说明 NPV 大于 0，方案的收益率大于所要求的收益率，方案可行，反之不可行。

此法适用于原始投资额不同、项目计算期不同的互斥方案的比较决策。在此方法下，年金净流量最大方案为最优方案。

式中，NPV 为投资项目的净现值，$(A/P, i, t)$ 为第 t 年、折现率为 i 的投资回收系数，$(A/P, i, t)$ 为第 t 年、折现率为 i 的年金现值系数，NA 为该项目的年金净流量。

【例 6－18】 江西东方公司拟新建一条产品生产线。现有两个方案可供选择：甲方案的原始投资额为 160 万元，项目计算期为 11 年，净现值为 120 万元；乙方案的原始投资额为 165 万元，项目计算期为 10 年，净现值为 135 万元。投资人要求最低的投资收益率为 10%，该企业应该选择哪一种方案？

解：

$$NA\ 甲 = NPV \times \frac{1}{(P/A,i,t)} = 18.48(万元)$$

$$NA\ 乙 = NPV \times \frac{1}{(P/A,i,t)} = 21.97(万元)$$

因为 NA 甲 $<$ NA 乙，所以选择乙方案。

总而言之，和独立方案不同，互斥方案以各可行方案的经济效益（绝对数指标）作为评价标准。因此，一般采用净现值法和年金净流量法进行投资决策，但由于净现值指标受投资项目寿命期的影响，因而在互斥方案的决策中，年金净流量法是最恰当的方法。

巩固训练

一、单选题

1. 下列表述不正确的是（　　）。

A. 净现值是未来报酬的总现值与初始投资额现值之差

B. 当净现值等于零时，说明此时的贴现率为内部报酬率

C. 当净现值大于零时，获利指数小于1

D. 当净现值大于零时，说明该投资方案可行

2. 下列（　　）不是平均报酬率的优点。

A. 简明　　　　B. 易算

C. 易懂　　　　D. 考虑了资金的时间价值

3. 在没有资本限量的投资决策中，最常用的指标是（　　）。

A. 净现值　　　　B. 投资回收期

C. 内部报酬率　　　　D. 获利指数

4. 在投资决策评价方法中，对于互斥方案来说，最好的评价方案是（　　）。

A. 净现值法　　　　B. 获利指数法

C. 内部报酬率法　　　　D. 平均报酬率法

5. 某企业欲购入一套新设备，要支付400万元，该设备使用寿命为4年，无残值，采用直线法提取折旧。预计每年可产生税前净利140万元，如果所得税税率为40%，则回收期为（　　）。

A. 4.5年　　　　B. 2.9年

C. 2.2年　　　　D. 3.2年

6. 某投资项目原始投资为12万元，当年完工并投产，有效期3年，每年可获得

现金净流量4.6万元,则该项目内部报酬率为(　　)。

A. 6.68%　　B. 7.33%

C. 8.68%　　D. 8.32%

7. 当一项长期投资方案的净现值大于零时,下列说法不正确的是(　　)。

A. 该方案不可投资

B. 该方案获利指数大于1

C. 该方案未来报酬总现值大于初始投资的现值

D. 该方案的内部报酬率大于其资本成本

8. 当一项长期投资的净现值为负数时,下列说法不正确的是(　　)。

A. 它的投资报酬率小于零,不可行

B. 它为亏损项目,不可行

C. 它的投资报酬率不一定小于零,因此也可能是可行方案

D. 它的内含报酬率没有达到预定的贴现率,不可行

9. 某投资方案贴现率为18%时,净现值为−3.17;贴现率为16%时,净现值为6.12,则该方案的内部报酬率为(　　)。

A. 14.68%　　B. 16.68%

C. 17.32%　　D. 18.32%

10. 下列不属于终结现金流量范畴的是(　　)。

A. 固定资产折旧　　B. 固定资产残值收入

C. 垫支流动资金的收回　　D. 停止使用的土地的变价收入

二、多选题

1. 下列有关投资的论述,正确的是(　　)。

A. 企业投资是取得利润的基本条件

B. 企业投资是降低风险的重要方法

C. 企业投资是扩大再生产的必要条件

D. 企业投资仅指闲置资金用于购买股票、债券等有价证券

2. 在下列指标中,属于贴现现金流量的指标有(　　)。

A. 净现值　　B. 内含报酬率

C. 获利指数　　D. 平均报酬率

3. 当一项长期投资方案的净现值大于零,则说明(　　)。

A. 该方案可以投资

B. 该方案不能投资

C. 该方案未来报酬率大于其资本成本

D. 该方案未来报酬总现值大于初始投资的现值

4. 计算营业现金流量时，每年净现金流量可按下列(　　)公式计算。

A. NCF=每年营业收入-付现成本

B. NCF=净利润+折旧

C. NCF=每年营业收入-付现成本-所得税

D. NCF=净利润+折旧-所得税

5. 确定一个投资方案可行的必要条件是(　　)。

A. 净现值大于零　　B. 现值指数大于1

C. 回收期小于1年　　D. 内含报酬率较高

E. 内含报酬率大于1

6. 对于同一投资方案，下列说法正确的是(　　)。

A. 资本成本越高，净现值越低

B. 资金成本越高，净现值越高

C. 资金成本相当于内部收益率时，净现值为零

D. 资金成本相当于内部收益率时，净现值小于零

E. 资金成本相当于内部收益率时，净现值大于零

7. 对于项目寿命不等的投资决策，可采纳的决策方法是(　　)。

A. 共同年限法　　B. 内含报酬率法

C. 年均净现值法　　D. 获利指数法

E. 回收期法

三、判断题

1. 投资回收期既考虑了资金的时间价值，又考虑了回收期满后的现金流量情况。(　　)

2. 获利指数和平均报酬率都没有考虑资金的时间价值。(　　)

3. 长期投资中的初始现金流量只包括固定资产上的投资。(　　)

4. 一般情况下，经营期每年净现金流量既等于每年营业收入与付现成本和所得税之差，又等于净利润与折旧之和。(　　)

5. 现金流量是按照收付实现制计算的，而在作出投资决策时，应该以权责发生制计算出的营业利润作为评价项目经济效益的基础。(　　)

6. 净利润的计算比现金流量的计算有更大的主观随意性，作为决策的主要依据不太可靠。(　　)

7. 在进行长期投资决策时，如果某一备选方案净现值比较小，那么该方案的内含报酬率也相对较低。(　　)

四、计算分析题

1. 某公司拟购置一台新设备，价款580万元，可使用10年，使用期满，有残值20万元，新增设备在寿命周期内每年可为企业增加净利55万元，该公司采用直线法计提折旧，该公司的资本成本为10%。

要求：用内含报酬率评价该投资方案是否可行。

2. 某厂两年前购入一台机床，原价42万元，期末残值为2万元，估计还可以使用8年。最近企业考虑是否用一种新型的数控机床取代原设备，新机床售价52万元，使用期限8年，期末残值3万元，若购置新机床，可使该厂每年的营业现金净流量由目前的38万元增加到49万元。目前该厂原有机床的账面价值为34万元，如果现在立即出售，可获价款14万元，该厂资本成本为12%。

要求：根据资料，采用净现值法对该售旧购新方案的可行性作出评价。

3. 某企业有甲、乙两个投资方案，预计现金流量见表6-3所列，假设贴现率为10%。

表6-3 现金净流量资料表 单位：万元

年份	现金净流量	
	甲方案	乙方案
0	-10000	-10000
1	2500	5000
2	3000	5000
3	3500	5000
4	4000	—
5	4500	—

要求：分别计算两个方案的投资回收期；分别计算两个方案的投资利润率；分别计算两个方案的净现值；分别计算两个方案的获利指数；分别计算两个方案的内含报酬率。

4. 某企业进行一项固定资产投资，有A、B、C三个投资项目，假定贴现率为10%，A、B、C三个方案各年的现金净流量见表6-4所列。

表6-4 A、B、C三个方案的现金净流量 单位：元

年份	A方案现金净流量	B方案现金净流量	C方案现金净流量
2010	-300	-200	-100
2011	200	0	-100

（续表）

年　份	A 方案现金净流量	B 方案现金净流量	C 方案现金净流量
2012	200	100	80
2013	200	140	100
2014	200	150	110
2015	200	160	130
2016	200	110	140

要求：计算 A、B、C 三个方案的净现值，评价 A、B、C 三个方案的可行性。

5. 某企业构建一项固定资产，需投资 1000 万元，按直接法计提折旧，使用寿命为 10 年。预计投产后每年可获得的现金净流量为 200 万元。假定贴现率为 10%。

要求：计算该方案的内含报酬率，评价该方案的可行性。

项目七　证券投资管理

知识目标

1. 了解证券及证券投资的种类和特点；
2. 理解债券投资的优缺点；
3. 理解股票投资的优缺点；
4. 理解证券投资组合的含义、风险与收益；
5. 理解证券投资组合的策略与基本方法。

技能目标

1. 掌握债券投资估价方法；
2. 掌握股票投资估价方法；
3. 掌握债券投资收益率的计算方法；
4. 掌握股票投资收益率的计算方法；
5. 掌握证券投资组合的策略与方法。

情景导入

某公司职员李某于2020年购入2000份记账式(四期)国债，债券的发行价格为100元，年固定利率4.89%，每年付息一次，5年期，到期日为2025年6月1日。该国债在上海证券交易所交易。2021年3月18日，中国人民银行上调了金融机构人民币存贷款基准利率，金融机构一年期存款基准利率上调0.25个百分点，由2.25%提高到2.50%。消息一经发布，该债券在3月19日一开盘，价格比上一交易日的收盘价109.05下跌了0.25元，跌幅达0.23%，还有相当多的股票价格也下跌。

导问：为什么央行加息，债券、股票价格会下跌？

任务一　证券投资概述

一、证券投资的含义

(一)证券投资的含义

证券是指票面载有一定金额,代表财产所有权或债权,可以有偿转让的有价证券。它用以证明持有人有权依其所持凭证记载的内容而取得应有的权益。证券投资是指投资者(法人或自然人)购买股票、债券、基金等有价证券以及这些有价证券的衍生品以获取红利、利息及资本利得的投资行为和投资过程,是间接投资的重要形式。

(二)证券的种类

按证券发行主体的不同,分为政府证券、金融证券和公司证券。

政府证券通常是指由中央政府或地方政府为筹集资金,凭其信誉以政府的名义,采用信用方式而发行的证券。主要包括国库券和公债两大类。

金融证券是指银行或其他金融机构为筹措中长期贷款资金而发行的证券。如金融债券、股票和可转让存单等。

公司证券又称企业证券,是指各类企业为筹集资金而发行的有价证券,主要包括公司股票、公司债券、优先认股权证等。

按证券到期日长短,分为短期证券和长期证券。

短期证券是指各种能够随时变现、持有时间不超过一年的有价证券。短期证券的变现能力非常强,可以随时在证券市场出售,也常被人们称为"准现金"。

长期证券是指期限超过一年以上的各类证券,如一年期以上的债券和股票等。

按证券体现的权益,分为所有权证券和债权证券。

所有权证券是指证券的持有人拥有证券发行单位所有权的证券。股票就是典型的所有权证券。股东是发行公司财产的所有者,对发行单位拥有一定的管理和控制权,对于所有权证券,除非发行单位破产、解散清算,发行单位无须偿还。

债权证券是指证券持有人为发行单位的债权人的证券。证券的持有人一般无权对发行单位进行管理和控制。对于债权证券,发行单位必须按期还本付息,当发行人破产时,债权证券要优先清偿。

按证券收益稳定状况,分为固定收益证券和变动收益证券。

固定收益证券是指在证券的票面上规定有固定收益的证券。如固定利率债券、优先股股票等。固定收益证券风险小,但报酬率较低。

变动收益证券是指在证券的票面上未标明固定的收益率，其收益情况随企业的经营状况而变动的证券。普通股股票是典型的变动收益证券，另外，浮动利率债券也是变动收益证券。变动收益证券风险大，但报酬率较高。

按证券是否上市，分为上市证券与非上市证券。

上市证券是指经证券主管机关核准发行，并经证券交易所依法审核同意，允许在证券交易所内公开买卖的证券。

非上市证券是指未申请上市或不符合证券交易所上市条件的证券。非上市证券不允许在证券交易所内交易，但可以在其他证券交易市场交易。例如我国的凭证式国债就属于非上市证券。

(三)可供企业投资的主要证券

国库券是国家财政当局为弥补国库收支不平衡而发行的一种政府债券。因国库券的债务人是国家，其还款保证是国家财政收入，所以它几乎不存在信用违约风险，是金融市场风险最小的信用工具。国库券是国库直接发行的用以解决短期财政收支失衡的一种债券，由于期限短、流动性强、安全性高，被视为零风险债券或"金边债券"。

短期融资券是由企业发行的无担保短期本票。在我国，短期融资券是指企业依照《证券公司短期融资券管理办法》的条件和程序在银行间债券市场发行和交易并约定在一定期限内还本付息的有价证券，是企业筹措借款(1 年以内)资金的直接融资方式。

可转让存单是由银行发行，由银行对持有人偿付，具有可转让性质的定期存款凭证。凭证上载有发行的金额及利率，还有偿还日期和方法。可转让存单的到期日一般为 30 天到一年，利率一般比国库券高。

企业股票和债券是构成资本市场的两大主要力量，是企业证券投资的主要对象。两者均属于长期证券，但因为股票和债券均可在金融市场上出售，因此也可用于短期投资。企业财务部门进行短期投资的主要目的是配合企业对现金的需求，所以应投资于那些风险低、变现能力强的股票和债券。

二、证券投资的种类

(一)债券投资

债券投资是企业将资金投入各种债券，如国库券、公司债券和短期融资券等。债券投资可以获取固定的利息收入，到期收回本金，也可以在市场买卖中赚取差价。

(二)股票投资

股票投资是投资者通过购买其他企业的股票作为投资，如普通股、优先股票等。

(三)基金投资

基金就是许多投资者将资金汇集,然后由基金公司的专家负责管理,用来投资于多家公司的股票或者债券。

(四)证券投资组合投资

证券投资组合投资是指投资者将资金同时投资于多种债券、股票等多种证券,这样可以分散证券投资风险,组合投资是投资者进行证券投资的常用投资方式。

三、证券投资的风险

投资者进行证券投资必然承担一定的风险,因此,证券投资是一种风险投资。证券投资风险是指证券投资收益的不确定性,即证券投资无法达到预期收益或遭受损失的可能性。证券投资的风险可分为系统风险和非系统风险。

(一)系统风险

系统风险(Systematic Risk)是指由于某些因素给市场上所有的证券都带来影响的风险。例如战争、经济衰退、通货膨胀、国家税收政策的变化、世界能源状况的改变都会使股票收益发生变动。由于系统风险会影响到整个资本市场,所以也称市场风险。由于系统风险没有有效的方法消除,因此,又称不可分散风险。其包括利率风险、再投资风险、购买力风险。

不可分散风险的程度,通常用 β 系数来计量。作为整个证券市场的 β 系数为1。如果某种股票的风险情况与整个证券市场的风险情况一致,则这种股票的 β 系数等于1;如果某种股票的 β 系数大于1,说明其风险大于整个市场的风险;如果某种股票的 β 系数小于1,说明其风险小于整个市场的风险。单个证券的 β 系数可以由有关的投资服务机构提供。

1. 利率风险

利率风险是指由于利率变动导致证券价格波动使投资者遭受损失的风险,这里的价格波动并不是指证券发行者经营业绩变化而引起的个别证券的价格波动,流动性风险附加率是对投资者承担利率变动风险的一种补偿,期限越长的证券,要求的流动性附加率越大。

2. 再投资风险

再投资风险是由于市场利率下降而造成的无法通过再投资实现预期收益的可能性。为了避免市场利率上升的价格风险,投资者可能会投资于短期证券,但短期证券又会面临市场利率下降的再投资风险,即无法按预期利率进行再投资而实现所要求的预期收益。

3. 购买力风险

购买力风险是指由于通货膨胀而使货币购买力下降的可能性。证券资产是一种货币性资产，通货膨胀会使证券投资的本金和收益贬值，虽名义报酬率不变，但实际报酬率已降低。

(二)非系统风险

非系统风险(Unsystematic Risk)是指个别事件和因素对某个行业或某个公司的证券产生影响的风险。这种个别事件和因素的变化只对某个行业或某个公司的证券产生影响。这种风险可通过分散投资来抵消，又称为可分散风险。非系统风险包括违约风险、经营风险、财务风险。

1. 违约风险

违约风险是指证券发行人无法按期支付利息或偿还本金而使投资者遭受损失的风险。证券发行人如果不能支付利息、优先股股息或偿还本金，即使是延期支付，也会影响投资者的利益，使投资者再投资和获利的机会遭受损失。

一般来说，不同发行主体的证券的违约风险不同，政府部门发行的政府债券违约风险最小，金融机构发行的债券违约风险次之，工商企业发行的证券违约风险较大；不同品种的证券其违约风险的大小也不相同，债券的违约风险较大，普通股的违约风险相对较小。

2. 经营风险

经营风险是指公司资产使用效率低下，经营业绩欠佳，收益不稳定甚至竞争失败而使投资者无法获取预期收益或者亏本的可能性。经营风险包括以下几个方面：① 证券发行公司盈利下降的风险；② 证券发行公司经营亏损的风险；③ 发行企业破产的风险。

3. 财务风险

财务风险是指公司由于采取负债经营而给企业财务成果带来预期收益下降，进而影响证券投资者预期收益受损的风险。任何一个公司其经营所需资金不外乎两个方面：自有资金和负债。其中负债的利息是固定的，如果公司的资产收益率低于债务利息率，负债经营不仅不能获利，反而会出现亏本。为支付债务利息，公司不得不用自有资产的收益去偿付债务利息。这样就使公司股东可分配盈余减少，股息下降，甚至无法分得股息，该公司的股票投资者无利可图。

值得注意的是，在风险分散的过程中，不应过分夸大资产多样性和资产个数的作用。实际上，在资产组合中，资产数目较少时，增加资产的个数，分散风险的效应会比较明显，但资产增加到一定程度时，分散风险的效应会逐渐减弱。经验数据表明，组合中不同行业的资产个数达到 20 个时，绝大多数非系统风险已经被消除掉，此时继续增加资产数目，对分散风险已经没有多大意义，只能增加管理成本。

四、证券投资的特点

相对于其他投资而言，证券投资具有以下特点：

(一)证券投资属于金融投资

证券投资的投资者不直接参加实际的生产经营管理活动。

(二)证券投资的可行性不受资金限量的影响

一般来说,证券的基本单位很小,最大不过几十元或上百元。企业拥有多少资金都可以进行证券投资。

(三)证券投资的交易成本低

证券有着十分活跃的二级市场,与其他资产相比,其转让过程快速、简捷,成本低。

(四)流动性强

证券资产的流动性明显高于实物资产。

(五)证券投资风险大

证券仅是一种虚拟资本或价值符号,其价格体现了投资者对未来收益的预期,受政治、经济环境等各种客观因素和人为因素的影响较大,且没有相应的实物作保证,因而具有价值不稳定、投资风险大的特点。

五、证券投资的基本程序

(一)选择投资对象

投资对象的选择是证券投资的第一步,它关系到投资的成败。企业和个人应根据自身的条件与能力选择适合自己投资的证券。例如,技术分析能力强的投资者,可选择价格变化比较活跃的证券;技术分析能力较弱者,可选择价格波动比较小的证券。

发生通货膨胀时,早期应选择与通货膨胀关联度较大的证券;国民经济滞涨或萧条时期,应侧重选择消费类证券,如食品、商业、旅游等证券。长期投资者看重成长性比较好的企业股票,短线投资者则注重选择当前价格趋势向好的股票。

(二)开户

投资者在进行证券买卖之前,首先要到证券登记公司开立证券账户和资金账户。证券账户用来记载投资者所持有的证券种类、数量和相应的变动情况;资金账户则用来记载和反映投资者买卖证券的货币收付和结存数额。开立证券账户和资金账户后,投资者买卖证券所涉及的证券、资金变化就会从相应的账户中得到反映。

例如,某投资者开立了股票和资金账户,买入某公司股票 2000 股,包括股票价格和交易税费的总额为 20000 元,则投资者的证券账户上就会增加某公司股票 2000 股,资金账户上就会减少 20000 元。

(三)委托买卖

投资者需要通过经纪商的代理才能在证券交易所买卖证券。在这种情况下,投资者向经纪商下达买进或卖出证券的指令，称为委托。

开户后，投资者就可以在证券营业部办理证券委托买卖。选好具体要买卖的证券并决定价格后，就可以进行委托买卖。根据买卖证券的方向，有买进委托和卖出委托。

（四）成交

成交按照一定的竞争规则进行，其核心内容是价格优先、时间优先原则。价格优先原则是在买进证券时，以较高的买进价格申报，优先买入；卖出证券时，以较低的卖出价格申报，优先卖出。时间优先原则即同价位申报，按照申报时序决定优先顺序。

（五）清算与交割

清算是指证券买卖双方在证券交易所进行的证券买卖成交之后，通过证券交易所将证券代理商之间买卖的数量和金额分别予以抵销，计算应收、应付证券和应付股金差额的一种程序。

证券清算后，即办理交割程序。所谓交割，就是买卖双方的买方交钱、卖方交货的过程。目前的证券交易多采用计算机网络系统。目前，中国股市买方当天还不能卖出买来的股票，但卖出股票获得的价款当天可以使用。

（六）过户

过户是把卖方的证券归属到买方户头上的法律行为。这和房屋买卖是一样的道理。只有完成过户手续，买卖过程才算最终结束，买方才能成为新股东，享有所有者应有的权利。

任务二　债券投资

一、债券投资的特点

债券作为一种重要的融资手段和金融工具，相对于股票投资而言，具有以下特点：

（一）属于债权性投资

债券持有人作为发行公司的债权人，定期获取利息并到期收回本金，但无权参与公司的经营管理。债券体现债权、债务关系。

（二）风险小

由于债券具有规定的还本付息日，并且其求偿权也位于股东之前，因此债券投资到期能够收回本金（或部分本金），其风险较股东投资小。特别是政府发行的债券，由于有国家财力做后盾，其本金的安全性非常高，通常视为无风险证券。

（三）收益稳定

债券投资的收益是按票面金额和票面利率计算的利息收入及债券转让的差所决定，与发行公司的经营状况无关，因而其投资的收益比较稳定。

（四）债券价格波动性较小

债券的市场价格尽管有一定的波动性，但由于前述原因，债券的价格毕竟不会偏离其价值太多，因此，其波动性相对较小。

（五）市场流动性好

许多债券具有较好的流动性，政府及大企业发行的债券一般都可在金融市场上迅速出售。

二、债券投资的收益评价

企业进行债券投资的目的是获得利息收入，或为了配合企业对资金的需求，调剂现金的余缺，使现金余额达到合理的水平。企业在决定是否购买一种债券时，通常要评价该债券的收益水平。评价债券投资收益的指标主要有两个：债券价值和债券投资收益率。

（一）债券价值

债券价值，也称债券的内在价值，是指债券未来现金流入的现值。债券投资的现金流出是其购买债券的价格，现金流入主要包括利息和到期归还的本金或出售时获得的现金。债券投资决策中，只有债券的价格小于或等于债券价值时，才可以投资该债券。

债券价值计算的基本模型是：

$$V=\sum_{t=1}^{n}\frac{I_t}{(1+i)^t}+\frac{M}{(1+i)^n}$$

式中，V 为债券的价值；I_t 为第 t 期的利息；n 为现在至债券到期的年限；i 为贴现率，一般采用当时的市场利率或投资人要求的最低报酬率；M 为债券的面值。

根据利息的支付方式不同，债券价值的计算可分为以下几种情况：

① 每年付息，到期还本的债券价值。

若债券是固定利率，每年付息一次，到期归还本金，则债券价值的计算公式为：

$$V=I\times(P/A,i,n)+M\times(P/F,i,n)$$

【例 7-1】 某企业于 2013 年 6 月 1 日购买一张面值为 1000 元的债券，其票面利率为 8%，期限为 5 年，每年 6 月 1 日计算并支付一次利息，到期还本当时市场利率为 6%，债券的价格为 1050 元。该企业是否应购买该债券？

解：

该债券价值为：

$$V = 1000 \times 8\% \times (P/A,6\%,5) + 1000 \times (P/F,6\%,5)$$
$$= 1085.25(元)$$

该债券的价值是1085.25元，如果不考虑其他因素，这种债券的价格只有等于或低于1085.25元时，企业才值得购买。

债券既可以年为单位计息，也可以半年、季度、月份等短于一年的期间为单位计息。

【例7-2】 某公司债券的面值为1000元，票面利率为8%，期限5年，每半年计息1次，当前市场利率为6%，则该债券价值是多少？

解：

票面利率为8%，半年利率＝8%÷2＝4%，计息期数＝2×5＝10，市场利率为6%，半年利率＝6%÷2＝3%

根据债券价值的计算公式，该债券的价值为：

$$V = 1000 \times 4\% \times (P/A,3\%,10) + 1000 \times (P/F,3\%,10)$$
$$= 40 \times 8.5302 + 1000 \times 0.7441$$
$$= 1085.31(元)$$

② 一次还本付息且不计复利的债券价值。

我国很多债券属于一次还本付息且不计复利的债券，其债券价值的计算公式为：

$$V = M \times (1 + n \times i) \times (P/F, i, n)$$

【例7-3】 某企业拟购买一种利随本清的债券，债券面值为100元，期限5年，票面利率为6%，不计复利，当前市场利率为8%，则该债券发行价格为多少时，企业才能购买？

解：

该债券价值为：

$$V = 100 \times (1 + 5 \times 6\%) \times (P/F,8\%,5) = 88.48(元)$$

计算可知，当该债券价格低于88.48元时，企业才能购买。

③ 贴现债券的价值。

有些债券以贴现方式发行，没有票面利率，到期按面值偿还，这类债券价值的计算公式为：

$$V=M\times(P/F,i,n)$$

【例 7-4】 某债券面值为1000元，期限为5年，以贴现方式发行，到期按面值偿还，市场利率为6%，则该债券价格为多少时，投资者才愿意购买？

解：

$$V=1000\times(P/F,6\%,5)=747.3(\text{元})$$

计算可知，当该债券价格低于747.3元时，投资者才愿意购买。

④ 永久债券的价值。

永久债券是指没有到期日、永不停止支付利息的债券。英国和美国都发行过这种公债。对于永久公债，通常政府都保留了回购债券的权力。优先股实际上也是一种永久债券，如果公司的股利支付没有问题，将会持续地支付固定的优先股息。

永久债券的价值的计算公式为：

$$V=\frac{I}{i}$$

【例 7-5】 某企业拟购买一只优先股，该优先股承诺每年支付优先股息40元，假设折现率为8%，该优先股的价值是多少？

解：

$$\text{该优先股的价值为 } V=40\div8\%=500(\text{元})$$

(二) 债券投资收益率

债券的收益包括：一是债券的利息收入；二是资本利得，即债券买入价与卖出价之间的差额。债券投资收益率是指债券投资中所获得的收益率。它反映了债券投资的经济效益。

在只有一种债券可供选择时，如果债券投资收益率高于债券投资人要求的报酬率，则可以购买该债券；若有多种债券可供选择时，则应投资于收益率最高的债券。

1. 短期债券投资收益率

短期债券投资由于持有时间较短，所以一般不用考虑资金时间价值，因此，短期债券投资收益率计算比较简单，其基本计算公式为：

$$\text{短期债券投资收益率}=\frac{\text{现金流入}-\text{现金流出}}{\text{现金流出}\times\text{债券持有年限}}\times100\%$$

【例 7-6】 某企业于2013年2月1日以96元的价格购入当日发行的面值为100元，票面利率为8%，期限为5年，每年7月31日和1月31日各付息一次的债券，并于2013年12月1日以102元的价格出售该债券。该债券的投资收益率为多少？

解：

$$该债券的投资收益率=\frac{100\times\frac{8\%}{2}+102-96}{96\times\frac{10}{12}}=12.5\%$$

2. 长期债券投资收益率

长期债券因持有时间较长，所以要考虑资金时间价值因素，通常采用内含报酬率法计算其投资收益率。此时，债券投资收益率就是能使未来现金流入量的现值等于债券购买价格的贴现率。

其基本计算公式为：

$$P=I\times(P/A,i,n)+M\times(P/F,i,n)$$

式中，P为债券的购买价格，I为每年获得的固定利息，M为债券到期收回的本金或中途出售收回的资金，i为债券投资收益率，n为投资期限。由于上述公式无法直接计算收益率，必须采用逐步测试法及内插法来计算。

【例7-7】 嘉陵公司于2010年2月1日以90元的价格购入当日发行的面值为100元，票面利率为8%，期限为5年，每年12月31日付息一次的债券，若该公司持有该债券至到期日，该债券投资收益率为多少？

解：

$$90=100\times8\%\times(P/A,i,5)+100\times(P/F,i,5)$$

求解该方程采用逐步测试法，有关计算如下：

当$i=10\%$时，代入方程中，则：

$$100\times8\%\times(P/A,10\%,5)+100\times(P/F,10\%,5)$$

$$=8\times3.7908+100\times0.6209=92.43$$

当$i=11\%$时，代入方程中，则：

$$100\times8\%\times(P/A,11\%,5)+100\times(P/F,11\%,5)$$

$$=8\times3.6959+100\times0.5935=88.91$$

$$i=10\%+(92.43-90)\times\frac{11\%-10\%}{92.43-88.91}=10.69\%$$

计算表明该债券投资收益率为10.69%

【例7-8】 承前例，若公司于2012年2月1日以101元的价格出售该债券，该债券投资收益率为多少？

解：

$$90 = 100 \times 8\% \times (P/A, i, 2) + 101 \times (P/F, i, 2)$$

求解该方程采用逐步测试法，有关计算如下：

当 $i = 14\%$ 时，代入方程中，则：

$$100 \times 8\% \times (P/A, 14\%, 2) + 101 \times (P/F, 14\%, 2)$$

$$= 8 \times 1.6467 + 101 \times 0.7695 = 90.53$$

当 $i = 15\%$ 时，代入方程中，则：

$$100 \times 8\% \times (P/A, 15\%, 2) + 101 \times (P/F, 15\%, 2)$$

$$= 8 \times 1.6257 + 101 \times 0.7561 = 89.37$$

则：

$$i = 14\% + (90.53 - 90) \times \frac{15\% - 14\%}{90.53 - 89.37} = 14.46\%$$

计算表明该债券投资收益率为 14.46%。

(三) 债券投资的优缺点

1. 债券投资的优点

(1) 本金安全性高

由于债券发行时就已经约定，以特定的方式陆续偿还利息或于到期后一次性支付全部的本金和利息，因而债权本金的安全性较高。特别是对于国债来说，其利息及本金的给付是由政府做担保的，几乎没有任何风险。公司债券的持有者拥有优先求偿权，即当公司破产时，优先于股东分得公司资产，因此，本金损失的可能性相对较小。

(2) 收益稳定性高

在我国，债券的利率通常要高于银行的存款利率。从收益性来说，债券的利率通常介于存款利率与贷款利率之间，投资于债券，投资者一方面可以获得稳定的、高于银行存款的利息收入；另一方面可以利用债券价格的变动，买卖债券，赚取差价。

(3) 市场流动性强

上市债券具有较强的流动性，不一定要到到期日才能还本，当债券持有人急需资金时，随时可以在资本二级市场变现，而且随着金融市场的进一步开放，债券的流动性将会不断增强。

(4) 风险相对较低

相对于股票投资而言,债券投资的风险相对较低。由于债券投资的求偿权比较靠前,获得收益的可能性比较大,发生损失的可能性相对较小。

2. 债券投资的缺点

(1) 购买力风险大

相对于股票投资而言,债券具有较大的购买力风险。债券的面值和利息率在发行时就已确定,如果投资期间发生通货膨胀,则本金和利息的购买力将受到不同程度的侵蚀,投资者名义上有收益,但实际上有损失。

(2) 利率风险较大

由于债券价格和市场利率成反比,利率的变动对债券价格会产生直接影响。作为理性的债券投资者,为了降低利率风险,应分散债券的期限,长短期相互配合。如果利率上升,短期投资可以迅速地找到高收益投资机会;若利率下降,长期债券却能保持高收益。

(3) 不直接参与公司的经营管理

与股票投资不同,债券投资者一般不参加债券发行公司的经营管理。尽管债券持有人获得的本金和股利应是固定的金额,但是如果债券发行公司的经营管理出现问题或发生失误,一旦债券发行公司出现申请破产等行为,债券持有人的利益就会受到损失。因此,选择债券特别是公司债券时,一定要对债券发行公司进行调查,通过对其报表进行分析,了解其盈利能力和偿债能力、信誉状况等。

(4) 收益能力较差

尽管债券投资承担的风险相对较低,与低风险相伴随的就是较低的收益。相对于股票投资而言,债券投资的收益能力较差。

任务三　股票投资

一、股票投资的有关概念

(一) 股票的价值

股票的价值,是指股票预期的未来现金流入量的现值,也称"股票的内在价值",它是股票的真实价值,也叫理论价值。

(二) 股票价格

股票的价格主要是由预期股利和当时的市场利率决定的,即股利的资本化价值决定了股票价格；另外，股票价格还受整个经济环境变化和投资者心理等复杂因素的影响。

（三）股利

股利是股息和红利的总称。股利是公司从其税后利润中分配给股东的，是公司对股东投资的一种报酬。

（四）股票的预期报酬率

股票的预期收益额包括预计的每股股利与每股买卖价差之和。评价股票的预期报酬率包括两部分——预期股利收益率和预期资本利得收益率。即：

股票的预期报酬率＝预期股利收益率＋预期资本利得收益率

用公式表示则为：

$$R=\frac{D_1}{P_0}+\frac{P_1-P_0}{P_0}$$

式中，R 为股票预期收益率，$D1$ 为第一年预期股利，P_0 为目前普通股市价，P_1 为第一年年底股票的预期市价，P_1-P_0 为预计的每股资本利得。

【例 7-9】 某股票现价 4.22 元，买后一年内每股可获得股利 0.171 元，预计一年内股价可达 4.82 元，届时及时卖出。该股票一年中可达到的投资报酬率为多少？

解：

根据题意可知：

$$R=\frac{0.171}{4.22}+\frac{4.82-4.22}{4.22}=18.27\%$$

二、股票投资的目的和特点

（一）股票投资的目的

股票投资的目的主要有两种：一是获利，即作为一般的证券投资，获取股利收入及股票买卖差价；二是控股，即利用购买某一企业的大量股票达到控制该企业的目的。

（二）股票投资的特点

1. 股票投资属于权益性投资

股票是股份公司发行的代表投资者在公司里的财产所有权的有价证券。股票持有者享有股东的表决权、投资收益权等投资者权益。股票可以公开上市，也可以不上市。投资者购买股票之后不能要求股份公司偿还本金，只能在证券市场上转让。在股票市场上，股票也是投资和投机的对象。

2. 股票价格的波动性大、风险大

股票价格既受发行公司经营状况的影响，又受股市投机等因素的影响，波动性极大。股票投资者至少面临两方面的风险：

① 股票发行公司经营管理不善所形成的风险。如果公司经营状况较好，盈利能力强，则股票投资者的收益就多；如果公司的经营状况不佳，发生了亏损，就可能没有收益；如果公司破产，由于股东的求偿权位于债权人之后，因此股东可能部分甚至全部不能收回投资。

② 股票市场价格变动所形成的价差损失风险。股票价格经常处于变动之中，其变动幅度往往高于债券价格的变动幅度。股票价格的变动既能为股东带来价格上升的效益，也会带来价格下跌的损失。

3. 收益高，但不稳定

股票投资的收益主要是公司发放的股利和股票转让的价差收益，股票股利直接与公司的经营状况相关：公司盈利多，就可能多发放股利；公司盈利少，就可能少发或不发股利。股票转让的价差收益主要取决于股票市场的行情：股市行情好，出售股票就可以得到较大的价差收益；股市低迷，出售股票将会遭受损失。

三、股票投资收益评价

（一）股票投资估价

股票的价值（内在价值）是由股票带来的未来现金流量的现值决定的。股票给持有者带来的未来现金流入包括两个部分：股利收入和出售时的价格。股票的价值由一系列股利和将来出售股票时价格的贴现值构成。

1. 股票估价的基本模型

通常情况下，投资者投资于股票，不仅希望得到现金股利收入，还希望在未来出售股票时从股票的价格上涨中得到好处。其估价模型为：

$$V=\sum_{t=1}^{n}\frac{D_t}{(1+R_s)^t}+\frac{P_n}{(1+R_s)^n}$$

式中，V 为股票的价值；D_t 为第 t 年的股利；R_s 为股票必要的报酬率；P_n 为第 n 年的市场价格，即投资者未来出售时预计的股票价格；t 为年份。

【例 7－10】 M 公司拟购买 A 公司发行的股票，预计每年可获现金股利依次为 10 元、5 元、20 元，3 年后股票出售的预计售价是 300 元，股东要求的收益率为 10％，则该股票的内在价值是多少？

解：

根据股票估价的基本公式，该股票的价值为：

$V=10\times(P/F,10\%,1)+5\times(P/F,10\%,2)+20\times(P/F,10\%,3)$

$+300\times(P/F,10\%,3)$

$=10\times 0.9091+5\times 0.8264+20\times 0.7513+300\times 0.7513$

$=253.64$(元)

该股票的内在价值为253.64元，如当前该股票的市场价格等于或低于其内在价值，则公司可以购买。

2. 永久持有股票的价值计算

永久持有某公司股票，则股票的理论价值估价模型为：

$$V=\sum_{t=1}^{n}\frac{D_t}{(1+R_s)^t}$$

3. 零成长股票的价值

零成长股票是指预期每年股利固定不变的股票。这样的股票常见于优先股股票，这种股票股利的支付过程类似于永续年金，因此，其基本模型就变成了永续年金现值的计算公式：

$$V=\frac{D}{R_s}$$

【例7-11】 ABC企业以每股20元购入某种股票，目前股利为2元，预计该股票的股利长期固定不变，投资者要求的最低报酬率为8%，则该股票的价值为多少？企业是否可以购入该股票？

解：

根据公式可知：

$$V=2/8\%=25(\text{元})$$

该股票价值为25元，股票价格20元低于25元，企业可以购入该股票。

4. 固定成长股票的价值

固定成长股票是指每年股利以一个固定增长率增长的股票。

首先计算第t年的股利，其计算公式为：

$$D_t=D_0\times(1+g)^t$$

式中，D_t表示第t年的股利，D_0表示当年的股利；g表示股利增长率。

然后将上式代入股票评价的基本模式，可得固定成长股票的股价计算公式应该为：

$$V=\sum_{t=1}^{n}\frac{D_0\times(1+g)^t}{(1+R_s)^t}$$

当 g 为常数，并且 $R_s > g$ 时，固定成长股票的价值的计算公式可简化为：

$$V = \frac{D_0 \times (1+g)}{R_s - g} = \frac{D_1}{R_s - g}$$

式中，D_0 为最近刚支付的股利，D_1 为预计一年后的股利，R_s 为股票必要的报酬率，g 为股利增长率。

【例 7-12】 ABC 企业以每股 40 元的价格购入某种股票，预计该股票的股利将以 5% 的速度持续增长，股票必要报酬率为 10%，若目前股利为 2 元，则该股票的价值为多少？

解：

根据公式可知：

$$V = \frac{2 \times (1+5\%)}{10\% - 5\%} = 42(\text{元})$$

则该股票的价值为 42 元。

5. 非固定成长股票的价值

在实际中，有些公司股票的股利是不固定的。例如，在一个时期内高速增长，在另一个时期内正常增长或固定不变。在这种情况下，要分段计算，才能确定股票的价值，其步骤为：

① 计算出非固定增长期间的股利现值；

② 根据固定增长股票估价模型，计算固定增长期结束时的股票价值，并求出其现值；

③ 将上述两个步骤的现值加在一起，所得的就是阶段性增长股票的价值。

【例 7-13】 ABC 公司股票每股发放现金股利 2 元，预期从今年起股利将以 20% 的速度增长 3 年，然后其增长率降至正常水平 12%，投资者要求的最低报酬率为 16%。计算该公司股票的内在价值是多少？

解：

① 计算其前 3 年的股利：

$$D_1 = 2 \times (1+20\%) = 2.4(\text{元})$$

$$D_2 = 2 \times (1+20\%)^2 = 2.88(\text{元})$$

$$D_3 = 2 \times (1+20\%)^3 = 3.456(\text{元})$$

② 分别计算 1 ～ 3 年股利现值 V_1 和第 4 ～ ∞ 年的现值 V_2：

$$V_1 = 2.4 \times (P/F, 16\%, 1) + 2.88 \times (P/F, 16, 2) + 3.456 \times (P/F, 16\%, 3)$$
$$= 6.423(\text{元})$$

$$V_2=\frac{3.456\times(1+12\%)}{16\%-12\%}\times(P/F,16\%,3)=61.995(\text{元})$$

③ 计算该股票的内在价值：

$$V=V_1+V_2=6.423+61.995=68.412(\text{元})$$

(二) 股票投资收益率

1. 短期股票投资收益率

短期股票投资时间较短(通常不超过一年)，所以一般不用考虑资金时间价值，因此，短期股票投资收益率计算比较简单，其基本计算公式为：

$$\text{短期股票收益率}=\frac{\text{现金流入}-\text{现金流出}}{\text{现金流出}\times\text{股票持有年限}}\times100\%$$

【例 7-14】 ABC公司于2012年10月1日以每股5元的价格购入某种股票，2013年3月31日每股分得现金股利0.7元，并于2013年3月31日以每股6元的价格出售。试计算该股票的投资收益率为多少？

解：

根据题意可知：

$$\text{该股票的投资收益率}=\frac{0.7+6-5}{5\times\frac{6}{12}}=68\%$$

2. 长期股票投资收益率

若投资者持有该股票的时间超过一年，则通常采用内含报酬率法计算其投资收益率。

【例 7-15】 ABC公司在2010年4月1日，以每股5.1元的价格购入某种股票，分别在2011年、2012年、2013年的3月31日每股分得现金股0.5元、0.6元和0.8元，并于2013年3月31日以每股6元的价格出售。试计算该股票的投资收益率为多少？

解：

根据题意可知：

$$0.5\times(P/F,R,1)+0.6\times(P/F,R,2)+0.8\times(P/F,R,3)+6\times(P/F,R,3)=5.1$$

当 $R=16\%$ 时，$V=5.2334$；当 $R=18\%$ 时，$V=4.9933$，则：

$$R=16\%+(5.2334-5.1)\times\frac{18\%-16\%}{5.2334-4.9933}=17.11\%$$

(三)股票投资的优缺点

1. 股票投资的优点

(1)投资收益高

股票投资收益是指股票持有者凭借其持有的股票,有权按照公司章程规定从公司领取股息和红利,并且可以获得价差收入,所以投资收益相对较高。一般情况下,投资股票获得的收益要高于银行储蓄的利息收入,也要高于债券的利息收入。

(2)购买力风险低

普通股的股利不固定,当通货膨胀比较高时,由于物价普遍上涨,股份公司盈利增加,股利的支付也随之增加。因此,与固定收益证券相比,普通股可以有效地降低购买力风险。

(3)拥有经营控制权

普通股股东是股份公司的所有者,有权监督和管理公司。因此,欲控制某家公司,最好是收购这家公司的股票。

2. 股票投资的缺点

(1)股票价格波动大

普通股的价格受众多因素影响,很不稳定。政治因素、经济因素、投资者心理因素、公司的盈利情况都会影响股票价格,这会使股票投资具有较高风险。

(2)股利收入不稳定

普通股股利的多少,视公司经营状况和财务状况而定,其有无、多寡均无法律上的保证,其收入的风险也远远大于固定收益证券。

(3)求偿权居后

普通股对公司盈利和剩余资产的求偿权均居于最后。公司破产时,股东原来的投资可能得不到全额补偿,甚至一无所有。

任务四 证券投资组合

一、证券投资组合的含义

证券投资组合又叫证券组合,是指在进行证券投资时,不是将所有的资金都投向单一的某种证券,而是有选择地投向一组证券。

通常人们都形象地把证券投资组合比喻为“不要把鸡蛋放在同一个篮子里”,就是为了预防把资金全投资在一种证券上的危险性。人们进行证券投资的直接动机就是获得投资收益，所以投资决策的目标就是使投资收益最大化。

由于投资收益受许多不确定性因素的影响，投资者在做投资决策时只能根据经验和所掌握的资料对未来的收益进行估计。因为不确定性因素的存在，有可能使将来得到的投资收益偏离原来的预期，这就是证券投资的风险。因此人们在进行证券投资时，总是希望尽可能地减少风险，增加收益。有效的证券投资组合便可消减证券风险，达到减轻损失的目的。

二、证券投资组合的风险与收益

（一）证券投资组合的风险

与单一证券投资的风险一样，证券投资组合的风险也可以分为两种性质完全不同的风险，即非系统风险和系统风险。

1. 非系统风险

非系统风险即可分散性风险或者公司特有风险，是指某些因素对单个证券造成经济损失的可能性。这种风险，可通过证券持有的多样化来抵消，因此又称为可分散性风险。

一般地讲，当持有的两种股票完全负相关时，所有风险都可以分散掉；当持有的两种股票完全正相关时，起不到分散风险的作用，资本损失程度就会很大。实际上，大部分股票都是正相关，但又不是完全相关，一般来说，随机选取的两种股票相对系数为＋0.6 左右的最多，而对绝大多数两种股票而言，相关系数将位于＋0.5～＋0.7。所以稳健的投资者，为了降低风险，往往采取建立不同风险水平的股票种类的组合办法，以准备应对随时可能出现的非系统性风险。

2. 系统风险

系统风险即不可分散风险或市场风险，是指由于某些因素给市场所有的证券都带来经济损失的可能性。

这些风险影响到所有的证券，因此不能通过证券组合分散掉。对投资者来说，这种风险是无法消除的，但可以根据世界经济走向或国民经济大气候及政府新出台的一些宏观调控经济政策做些理性的分析判断，做好预防或及时撤退。

由此，可得出以下结论：

① 一只股票的风险由两部分组成，它们是可分散风险和不可分散风险；

② 可分散风险可通过证券组合来消减，可分散风险随证券组合中的股票数量的增加而相应减少；

③ 股票的不可分散风险由市场变动所产生，它对所有股票都有影响，不能通过证券组合而消除。

(二)风险和收益的关系

在股票投资上,风险和收益不完全是线性关系。绝不能判定风险越大,收益就一定会更高。

如在对股票内在价值了解的前提下,对一个良好的股票,受系统性风险影响,股票的价格也可能运行到很低的地步,那么,在很低的价位上买入这样的股票,风险肯定是小的,收益也可能是很大的。著名股票投资大师巴菲特的成功就足以证明这一点。当然,有些股票的市场价格被炒作到很高的程度,在较高价位上价格波动的幅度也较大,若买卖价格制定得合理,获利程度也很大。若价格制定得不合理或买卖不及时,投资损失程度可能会很严重。

三、证券投资组合的策略与方法

(一)证券投资组合策略

1. 保守型策略

保守型策略认为,最佳证券投资组合是要尽量模拟市场现状,将尽可能多的证券包括进来,以便分散全部可分散风险,使证券投资者所承担的风险降到最低,同时得到与市场所有证券的平均收益同样的收益。该投资组合有以下好处:① 能分散掉全部可分散风险;② 不需要高深的证券投资的专业知识;③ 证券投资的管理费比较低。

但这种组合获得的收益不会高于证券市场上所有证券的平均收益。因此,此种策略属于收益不高、风险不大的策略,故称为保守型策略。

2. 冒险型策略

冒险型策略与保守型策略截然相反,其认为与市场完全一致的组合并不是最佳组合,只要投资组合做得好,就能击败市场和超越市场,取得远远高于证券市场上所有证券平均水平的收益。

在这种组合中,一些成长型的股票比较多,而那些低风险、低收益的证券不多。然而,在获得高于证券市场平均收益的同时,也面临着较高的风险。另外,这种组合的随意性较强,变动比较频繁。这种策略收益高,相对应的风险也比较大,因此,称其为冒险型策略。

3. 适中型策略

该策略认为,证券价格,特别是股票的价格,是由发行该证券的特定企业的经营业绩来决定的。市场上股票价格的一时沉浮并不重要,只要企业经营业绩好,股票价格一定会有所回升,采用这种策略的人,一般都善于对证券进行分析。

采用适中型策略,如果做成功,可获得较高的收益而不会承担太大的风险,因而是一种比较合理的证券投资组合策略。但是运用这种组合策略的人必须具备丰富的投资经验和较全面的专业知识，相对而言，适中型策略的证券投资组合的管理费用较高。

鉴于适中型证券投资组合策略风险性不太大而收益性却比较强的特点，该策略是应用比较广泛也是最常见的一种证券投资组合策略，各种金融机构、投资基金和企事业单位在进行证券投资时大都采用此种策略。

(二)证券投资组合的方法

进行证券投资组合的方法有很多，但最常见的方法通常有以下几种：

1. 选择足够数量的证券进行组合

这是一种最简单的证券投资组合方法，保守型的证券投资组合策略通常情况下愿意采用该方法。这种方法并不是对诸多证券进行有目的的组合，而是随机选择证券进行投资组合。随着证券数量的增加，可分散风险逐步减少，当选择的证券数量足够多时，大部分可分散风险都能被分散掉。

根据投资专家们的估计，在美国纽约证券市场，随机购买 20 种股票，其大多数可分散风险都能分散掉。为了有效地分散风险，每个投资者拥有股票的数量最好不少于 14 种。在我国同时投资于 10 种股票，就基本能达到分散风险的目的了。利用这种方法能够将大部分非系统风险予以分散，但相应获得的收益也相对较少。

2. 将风险大、中、小的证券放在一起进行组合

这种组合方法又称 1/3 法，是指把全部资金的 1/3 投资于风险大的证券、1/3 投资于风险中等的证券、1/3 投资于风险小的证券。一般而言，风险大的证券对经济形势的变化比较敏感，当经济处于繁荣时期，风险大的证券能获得高额收益；当经济衰退时，风险大的证券却会遭受巨额损失。相反，风险小的证券对经济形势的变化不十分敏感，尽管收益性相对较小，但一般情况下都能获得稳定收益，而不致遭受损失。

通过将全部投资基金三等分，分别投资于不同风险程度的证券，使风险在一定程度上得以分散，收益的稳定性和安全性却大大增强。因此，这种 1/3 的投资组合法，是一种进可攻、退可守的组合方法，虽不会获得太高的收益，但也不会承担巨大风险，是一种常见的组合方法。

3. 将投资收益呈负相关的证券放在一起进行组合

一种股票的收益上升而另一种股票的收益下降的两种股票，称为负相关股票。把收益呈负相关的股票组合在一起，能有效地分散风险。当一种证券的收益明显下降时，在证券投资组合中的另一种证券的收益则会有所提高，在一定程度上弥补了前一种证券下降所造成的损失，分散了证券持有人的风险。然而，从整个证券投资组合的角度来探讨，收益性相对较小。

巩固训练

一、单选题

1. 企业进行短期证券投资的动机不可能是(　　)。

A. 作为现金替代品　　B. 获取投资收益

C. 参与管理和控制　　D. 分散风险

2. 在证券投资中,通过随机选择足够数量的证券进行组合,可以分散掉的风险是(　　)。

A. 所有风险　　B. 市场风险

C. 系统风险　　D. 非系统风险

3. (　　)是针对非系统风险而言的。

A. 起源于公司的可控因素　　B. 起源于公司的不可控因素

C. 不能通过投资组合来分散　　D. 通常以β系数进行衡量

4. 证券市场有甲、乙两种国债一同发售,甲每年付息一次,乙到期一次还本付息,其他条件都相同,则(　　)国债会受到市场青睐。

A. 甲　　B. 乙

C. 一样　　D. 不确定

5. 在投资人想出售有价证券获取现金时,证券不能立即出售的风险是(　　)。

A. 流动性风险　　B. 违约风险

C. 购买力风险　　D. 再投资风险

6. 假设某公司每年分配股利 1.2 元,最低收益率为 15%,则该公司股票的内在价值为(　　)元。

A. 10　　B. 9

C. 8　　D. 7

7. 某种股票当前的市场价格是 40 元,上年每股股利 2 元,预期的股利增长率为 5%,则其市场决定的预期收益率为(　　)。

A. 5.11%　　B. 5.53%

C. 12.57%　　D. 10.25%

8. 面值为 1000 元的债券,每半年付息一次,5 年后到期,票面利率为 8%。如果投资者要求的必要报酬率为 10%,则债券的价值为(　　)元。

A. 922.78　　B. 956.33

C. 1075.82　　D. 1084.32

9. 某企业于2011年2月1日投资900元购进一张面值为1000元、票面利率为5.5%、每年2月1日付息一次的债券，并于2012年2月2日以980元的市价出售，则该债券的投资收益率为(　　)。

A. 15%　　　　B. 12%

C. 18%　　　　D. 10.25%

10. 估算股票价值时，不能使用的贴现率为(　　)。

A. 股票市场的平均收益率

B. 债券收益率加适当的风险报酬率

C. 国债的利息率

D. 投资人要求的必要报酬率

二、多选题

1. 在下列各项中，影响债券收益率的有(　　)。

A. 债券的票面利率、期限和面值

B. 债券的持有时间

C. 债券的买入价和卖出价

D. 债券的流动性

2. 股票投资与债券投资相比，其特点是(　　)。

A. 风险大　　　　B. 本金安全

C. 收益高　　　　D. 价格易波动

3. 下列各项中，能够影响债券内在价值的因素有(　　)。

A. 债券的价格

B. 债券的计息方式(单利或复利)

C. 当前的市场利率

D. 票面利率

4. 股票投资的特点有(　　)。

A. 购买力风险高　　　　B. 求偿权居后

C. 价格不稳定　　　　D. 收入不稳定

5. 证券投资收益包括(　　)。

A. 资本利得　　　　B. 债券利息

C. 股票股利　　　　D. 租息

6. 股票投资的缺点有(　　)。

A. 流动性强　　　　B. 求偿权居后

C. 价格不稳定　　　　D. 收入不稳定

7. 与股票投资相比，债券投资的主要缺点有(　　)。

A. 购买力风险大　　B. 市场流动性好

C. 没有经营管理权　　D. 投资收益不稳定

8. 可以通过证券投资组合分散的风险有(　　)。

A. 利率风险　　B. 政策风险

C. 经营风险　　D. 违约风险

三、计算分析题

1. 假设该股票为零增长股票，某人以每股 26.5 元的价格购入该股票，试计算该股票的预期收益率为多少？此人购买该股票是否明智？

2. 某公司拟购买 A 公司的股票，该股票最近支付股利为 3.2 元，以后每年以 4%的增长率增长。该公司要求获得 15%的报酬率，则该股票的价格为多少时，公司才能购买？

3. 某公司最近支付了每股 2 元的股利，预计在以后的 3 年内，股利将以 12%的年增长率增长，在接下来的 3 年内增长率为 8%，此后预计以 5%的年增长率永远增长下去。假定投资者要求的必要报酬率为 12%，则股票的价值为多少？

4. 陈彩是某投资咨询公司的财务分析师，应邀评估 AB 股份公司建设新项目对公司股票价值的影响。陈彩根据公司情况作了以下估计：①公司本年净收益为 200 万元，每股支付现金股利 2 元。新建项目运营后，第 1 年、第 2 年将高速增长，增长率为 15%；第 3 年转为正常增长，增长率为 8%；第 4 年及以后将保持该水平。②该公司一直采用固定股利支付率的股利分配政策，并打算今后继续实行该政策。③公司的 β 系数为 1，如果将新项目考虑进去，β 系数将提高到 1.5。④无风险收益率为 4%，市场要求的收益率为 8%。⑤公司股票目前市价为 23.6 元。陈彩打算利用股利贴现模型，同时考虑风险因素，进行股票价值的评估。AB 公司的一位董事提出，如果采用股利贴现模型，则股利越高，股价越高，所以公司应改变原有的股利政策，提高股利支付率。试分析：①参考股利固定增长贴现模型，这位董事的观点是否正确？②分析股利增加对可持续增长的股票的账面价值有何影响？③评估公司股票的价值是多少？④假设你是一个投资者，是否购买其股票？

项目八　营运资金管理

知识目标

1. 了解营运资金的含义和特点；
2. 理解现金、应收账款和存货的管理目标；
3. 掌握最佳现金持有量的确定方法；
4. 掌握信用政策的构成与决策方法；
5. 熟练运用存货经济批量模型。

技能目标

1. 能够确定最佳现金持有量；
2. 能够对信用政策的更改做出决策；
3. 能够确定存货的经济批量。

情景导入

史玉柱靠 4000 元借款创办了巨人集团，依靠自主研发的电脑系列软件，巨人走上了快速发展的道路，通过电脑、保健品和医药的多元化经营，巨人高速扩张并达到巅峰。当时的史玉柱风光无限。1994 年，在多元化经营的庞大摊子下，史玉柱依然投入上亿元建设巨人大厦，后来还加高至 70 层。1996 年，史玉柱把保健品方面的全部资金都调往巨人大厦，而保健品业务则“失血”过多，几乎被拖垮。

导问：企业运营中资金“贫血”到底有多危险？

任务一　营运资金管理概述

一、营运资金的概念及特点

(一)营运资金的概念

营运资金是指在企业生产经营活动中占用在流动资产上的资金，又称营运资本。营运资金有广义和狭义之分，广义的营运资金是指企业流动资产的总额；狭义的营运资金是指流动资产与流动负债之间的差额，也称净营运资金。营运资金管理在企业的日常财务管理活动中具有举足轻重的地位，既包括对流动资产的管理，也包括对流动负债的管理。

1. 流动资产

流动资产是指可以在一年或者超过一年的一个营业周期内变现或运用的资产。流动资产具有周转速度快、变现能力强、占用数量波动性大、形态多样化等特点。流动资产的多少表明了企业短期偿债能力的强弱，拥有一定数量的流动资产是企业进行生产经营活动必不可少的物质条件。科学地安排流动资产的投资，可以降低企业的财务风险。流动资产按不同的标准可做以下分类：

① 按占用形态不同，可以分为现金、短期投资、应收及预付款项和存货等；

② 按变现能力的强弱，可分为速动资产和非速动资产；

③ 按盈利能力不同，可分为收益性流动资产和非收益性流动资产。

2. 流动负债

流动负债是指将在一年或者超过一年的一个营业周期内用流动资产或新举借的流动负债来偿还的债务。流动负债又称短期负债，具有成本低、偿还期短的特点，必须认真进行管理。流动负债按不同标准可进行以下几种分类：

① 按其应付金额是否确定，可把流动负债分成应付金额确定的流动负债和应付金额不确定的流动负债。应付金额确定的流动负债是指那些根据合同或法律规定、到期必须偿付并有确定金额的流动负债，主要包括短期借款、应付票据、应付账款和应付短期融资券等。应付金额不确定的流动负债是指那些要根据企业生产经营状况，到一定时期才能确定的流动负债或应付金额需要估计的流动负债，主要包括应交税金、应交利润、应付产品质量担保债务、票据兑换债务等。

② 按流动负债的形成情况，可以分成自发性流动负债和临时性流动负债。自发性流动负债是指不需要正式安排，由于结算程序的原因自然形成的那部分流动负债，也称为自然性流动负债。临时性流动负债是指由财务人员根据企业对短期资金的需求情况，通过人为安排所形成的流动负债，也称为人为性流动负债。

（二）营运资金的特点

1. 短期性

企业占用在流动资产上的资金，周转一次所需时间较短，通常会在一年或一个营业周期内收回，对企业影响的时间比较短。

2. 易变性

短期投资、应收账款、存货等流动资产一般具有较强的变现能力，如果遇到意外情况，企业出现资金周转不灵、现金短缺时，便可迅速变卖这些资产，以获取现金。

3. 波动性

流动资产的数量会随企业内外条件的变化而变化，时高时低，波动很大。季节性企业如此，非季节性企业也如此。随着流动资产数量的变动，流动负债的数量也会相应发生变动。

4. 变动性

企业营运资金的实物形态是经常变化的，一般在现金、材料、产成品、应收账款以及现金之间不断循环转化。

5. 多样性

企业筹集长期资金的方式一般比较少，只有吸收直接投资、发行债券、银行长期借款等方式。而企业筹集营运资金的方式灵活多样，通常有银行短期借款、短期融资券、商业信用、应交税金、应交利润、应付工资、应付费用、预收货款以及票据贴现等。

(三)营运资金管理的意义

营运资金的管理既包括对流动资产的管理也包括对流动负债的管理，这里主要探讨对流动资产的管理。

从有效管理的角度出发，企业需持有一定数量的营运资金为基础从事生产经营活动。因为在商业信用发达的条件下，企业的流动资产转化为现金，构成现金流入之源；企业偿还流动负债需支付现金，构成现金流出之源。虽然流动资产各项目的流动性不尽相同，但相对来说，持有流动资产越多，企业的偿债能力就越强。

企业需持有一定数量的营运资金的另一种原因，是现金的流入量与流出量不一定同时发生且发生的金额具有不确定性，大多数企业的现金流入与现金流出无法在时间上相互匹配，因此保持一定的营运资金，以备偿付到期债务和当期费用，对于保证企业的正常营运具有重要意义。

二、营运资金的管理原则

企业的营运资金在全部资金中占有相当大的比重，而且周转期短，形态易变，所以是企业财务管理工作的一项重要内容。实证表明，财务经理的大量时间都用于营运资金的管理。企业进行营运资金管理，必须遵循以下原则：

(一)在兼顾收益、成本与风险的前提下，合理确定营运资金的需要数量

企业营运资金的需要数量与企业生产经营活动有直接关系，当企业产销两旺时，流动资产不断增加，流动负债也会相应增加；而企业产销不断减少时，流动资产和流动负债也会相应减少。

(二)在满足生产经营需要的前提下，节约使用资金

在营运资金管理中，必须正确处理保证生产经营需要和节约合理使用资金两者之间的关系。要在保证生产经营需要的前提下，遵守勤俭节约的原则，挖掘资金潜力，精打细算地使用资金。

(三)加速营运资金周转，提高资金的利用效率

营运资金周转是指企业的营运资金从现金投入生产经营活动开始，到最终转化为现金的过程。在其他因素不变的情况下，加速营运资金的周转，也就相应地提高了资金的利用效率。因此，企业要千方百计地加速存货、应收账款等流动资产的周转，以便用有限的资金取得最优的经济效益。

(四)合理安排流动资产与流动负债，保证企业的短期偿债能力

流动资产、流动负债以及两者之间的关系能较好地反映企业的短期偿债能力。流动负债是在短期内需要偿还的债务，而流动资产则是在短期内可以转化为现金的资产。因此，如果一个企业的流动资产比较多，流动负债比较少，说明企业的短期偿债能力较强；反之，则说明短期偿债能力较弱。但如果企业的流动资产太多，流动负债太少，也不是正常现象，这可能是因流动资产闲置、利用不足所致。一般来说，企业的流动资产与流动负债的比为 2∶1 比较合理。

三、营运资金政策

(一)营运资金持有政策

营运资金持有量的高低，影响着企业的风险和收益。较高的营运资金持有量，意味着在长期资产和流动负债一定的情况下，企业拥有的现金、有价证券、应收款项和保险储备存货等流动资产相对较多，可以使企业有较大的把握按时支付到期债务，以及时供应生产用材料和准时向客户提供产品与服务，从而保证生产经营活动平稳有序地进行，风险较小。但由于流动资产的收益性一般低于长期资产，较高的流动资产比重会降低企业的收益率。与此相反，营运资金的持有量较低，会使企业的收益率较高，但是较少的现金、有价证券和较低的保险储备存货量，会降低企业的债务偿还能力和采购能力，从而造成信用损失，导致原材料供应中断或生产阻塞，同时还可能由于不能准时向购买方供货而失去以往的客户，在一定程度上加大了企业的风险。因此，确定营运资金持有量实际上就是对收益和风险这两者进行权衡与选择。通常将营运资金的持有政策分为三类：

① 宽松的营运资金政策：营运资金的持有量较高，收益低，风险小；

② 紧缩的营运资金政策：营运资金的持有量较低，收益高，风险大；

③ 适中的营运资金政策：营运资金的持有量既不过高又不过低，流入的现金不保留有价证券。

理论上讲，适中的营运资金政策比较符合当今财务管理的总体目标——企业价值最大化。然而，由于营运资金的占用水平是由企业的销售水平、存货水平与应收账款的周转速度等多种因素共同作用的结果，因此很难对适中的营运资金政策中的营运资金持有量加以量化。在财务管理的实际工作中，应当根据自身的具体情况和环境条件，确定一个较为适当的营运资金持有量。

（二）营运资金融资政策

1. 对流动资产和流动负债的分析

营运资金融资政策是营运资金的重点与核心。在确定营运资金的融资政策之前，先对营运资金的两大要素——流动资产和流动负债做进一步的分析，然后再考虑两者之间的匹配问题。

一般来说，按照资产周转时间的长短（流动性），企业的资产可以划分为两大类：流动资产和非流动资产。流动资产按照其用途又可进一步划分为临时性流动资产和永久性流动资产。临时性流动资产是指那些受季节性、周期性影响的流动资产，如季节性存货、销售和经营旺季的应收账款等；永久性流动资产是指那些即使企业处于低谷仍需保留的、用于满足长期稳定需要的流动资产。

按照用途，流动负债也可以进一步划分为临时性负债和自发性负债。临时性负债是指为了满足临时性流动资产的需要而发生的负债，如商品零售企业在春节前为满足节日销售的需要、超量购置货物而举借的负债，食品制造企业为赶制季节性食品、大量购入某种原料而发生的借款等。自发性负债是指直接产生于企业持续经营中的负债，如商品信用筹资和日常营运中产生的其他应付款、应付工资、应付利息、应交税金等。

2. 营运资金融资政策的确定

营运资金融资政策，主要是针对如何安排临时性流动资产和永久性流动资产的资金来源而言的，通常可分为以下几种：

（1）配合型融资政策

配合型融资政策的特点是对于临时性流动资产，运用临时性负债筹集资金，满足其资金需要；对于永久性流动资产和固定资产（以下统称为永久性资产），则运用长期负债、自发性负债和权益资本来筹集资金，满足其资金需要。

配合型融资政策要求企业的临时性负债融资计划比较严密，实现现金流动与预期安排相一致。在经营性淡季和低谷阶段，企业除了自发性负债外，没有其他流动负债，只有在对临时性流动资产的需求达到高峰时，企业才举借各种临时性债务。

配合型融资政策的基本思路是：将资本与负债的期间相互融合，以降低企业不能偿还到期债务的风险，并尽可能降低企业的资金成本。但是在企业的经济活动中，由于各类资金使用寿命的不确定性，往往做不到资产与负债的完全配合。在企业的生产经营高峰期内，一旦企业的销售和经营不理想，对企业有着较高的资金使用要求时，可采用这种配合型融资政策。

(2)激进型融资政策

激进型融资政策的特点是临时性负债不但可以解决临时性流动资产的资金需求，还可以解决部分永久性资产的资金需求。

由于临时性负债(如短期借款)的资金成本一般低于长期负债和权益资金成本，而在激进型融资政策下，临时性负债所占比例较大，所以在该政策下企业的资金成本降低。但另一方面，为了满足永久性资产的长期资金需求，企业必然要在临时性负债到期后重新举借或申请债务延期，使企业更为经常地举债和还债，从而加大了融资的困难和风险，所以，激进型融资政策是一种收益性和风险性都较高的营运资金政策。

(3)稳健型融资政策

稳健型融资政策的特点是临时性负债只解决部分临时性流动资产的资金需要，另一部分临时性流动资产和永久性流动资产，则由长期负债、自发性负债和权益资本作为资金来源。与配合型融资政策相比，在稳健型融资政策下，临时性负债在企业的全部资金来源中所占比例较小，企业无法偿还到期债务的风险也相对较低，同时蒙受长期利率变动损失的风险也较低。然而由于长期负债和权益资本在企业的资金来源中所占比重较高，并且两者的资金成本高于临时性负债的资金成本，从而降低了企业整体的收益率。所以，稳健型融资政策是一种风险性和收益性都较低的营运资金融资政策。一般来说，如果企业对营运资金的使用能够达到游刃有余的程度，则采用收益和风险相匹配的配合型融资政策是最有利的。

任务二　现金管理

货币资金是指企业拥有的在生产经营过程中处于货币形态、可随时使用的那部分资金，包括库存现金、银行存款、其他货币资金等。库存现金是流动性最强的资产，可以用来满足生产经营开支的各种需要，也是还本付息和履行纳税义务的重要保证。拥有足够的库存现金对于降低企业的风险、增强企业资产的流动性和负债的可清偿性有重要的意义。但库存现金属于非营利性资产，即使是银行存款，其利率也非常低。如果库存现金持有量过多，企业的收益水平也相应降低。因此，企业必须合理确定库存现金的持有量，使库存现金的收支不但在数量上而且在时间上相互衔接，在保证企业经营活动所需现金的同时，尽量减少企业闲置的现金数量，提高资金收益率。

一、持有现金的动机

企业持有一定的现金，主要是为了满足交易性需要、预防性需要和投机性需要。

(一)交易性需要

交易性需要是指日常经营活动的现金支付需要。企业为了组织日常生产经营活动，必须保持一定数额的现金余额，用于购买原材料、支付工资、缴纳税款、偿付到期债务、分发现金股利等。企业经常取得收入，也经常发生支出，两者不可能同步同量。因此，保留一定的现金余额可在企业支出大于现金收入时，不至于中断交易，业务活动能正常地进行下去。

(二)预防性需求

预防性需求是指库存现金用于发生意外时的支付。市场行情的瞬息万变以及其他各种不确定因素的存在，使得企业通常难以对未来现金流入量与流出量做出准确的估计和预测，一旦企业对未来现金流量的预期与实际情况发生偏离，必然对企业的正常经营秩序产生极为不利的影响。因此，在正常业务活动现金需求量的基础上，追加一定数量的现金余额，以应付未来现金流入和流出的随机波动，是在确定必要现金持有量时应当考虑的因素。

(三)投机性需求

投机性需求是指库存现金用于不寻常的购买机会，例如，当原材料或其他资产即将涨价时，可用留存现金大量购入；利用证券市场价大幅度跌落购入有价证券，以期在价格反弹时卖出证券获取高额资本利得等。其持有量的大小往往与企业在金融市场的投资机会及企业对待风险的态度有关。

二、持有现金的成本

持有现金的成本通常由以下几部分组成：

(一)机会成本

持有现金就意味着失去了将现金投资到其他方面从而获得投资收益的机会，这种有可能获得的收益就是持有现金的机会成本。机会成本与现金持有量的多少成正比例关系。

(二)管理成本

由于现金是一项流动性很强的资产，企业持有现金就要对现金的安全负责，就会发生一定的管理费用。一般来说，管理成本不会随着现金持有量的变化而变化，是相对固定的一项成本。

(三)转换成本

转换成本是指企业用现金购买和出售持有的有价证券所付出的交易费用，如委托买卖佣金、委托手续费、证券过户费等。一般而言,转换成本与转换次数有关,持有现金余额越高,转移次数越少,它所负担的转换成本也越少。

(四)短缺成本

短缺成本是指因持有现金不足而影响正常的现金开支时,导致企业受损或付出的代价。现金的短缺成本随着持有量的增加而降低,随着持有量的减少而上升。现金持有成本与现金持有量的大小分别呈不同方向的变化,实际现金持有成本最小的管理就是寻求在各成本之和最小时的现金持有量,即最佳现金持有量。

三、最佳现金持有量的确定

现金是一种流动性最强的资产,又是一种盈利性最弱的资产。现金过多,会使企业盈利水平下降;而现金太少,又可能出现现金短缺,影响生产经营。在现金余额问题上,也存在风险与报酬的权衡问题。最佳现金持有量是指在正常情况下,能保证企业生产经营的最低限度需要的现金持有量,即持有这一数额的现金对企业最有利。若现金持有量低于这一限度,会影响企业资金的正常周转,增加企业的财务风险;若现金持有量高于这一限度,又会降低企业的经济效益。现金最佳持有量一般与企业现金需求量、现金需求量的可预测性、有价证券的利率、有价证券的变现能力强弱以及现金与有价证券的兑换费用等因素直接相关。企业可在对这些因素进行逐一分析的基础上,选用一定数量的模型加以计算,确定最佳现金持有量。确定最佳现金持有量的方法很多,比较常用的方法包括以下几种:

(一)现金周转模式

现金周转是从现金投入生产经营开始到最终转化为现金的过程。现金周转大致涉及以下三个方面:

1. 存货周转期

从原材料转化成产品直至出售所需要的时间。

2. 应收账款周转期

从产品销售到现金收回所需要的时间。

3. 应付账款周转期

从收到尚未付款的材料到现金支出所需要的时间。

现金周转期的计算方法为:

$$现金周转期=应收账款周转期-应付账款周转期+存货周转期$$

现金周转期确定后,便可确定最佳现金持有量。其计算公式如下:

$$最佳现金持有量=企业年现金需求总额/360\times 现金周转期$$

【例 8-1】 某企业预计全年需要现金为 1440 万元,预计应收账款周转期为

50 天，应付账款周转期为 60 天，存货周转期为 100 天，则该企业的最佳现金持有量是多少？

解：

现金周转期＝应收账款周转期－应付账款周转期＋存货周转期

＝50－60＋100＝90(天)

最佳现金持有量＝企业年现金需求总额/360×现金周转期

＝1440/360×90＝360(万元)

现金周转模式简单明了，易于计算。但是这种方法假设材料采购与产品销售产生的现金流量在数量上一致，企业的生产经营过程在一年中持续稳定地进行，即现金需要和现金供应不存在不确定的因素，如果以上假设条件不存在，则求得的最佳现金量将发生偏差。

(二)存货模式

存货模式是 1952 年由美国经济学家威廉·鲍曼提出的。他发现现金持有量在某些方面类似于存货，因此可用存货的经济批量模型来确定最佳现金持有量。其基本原理是将企业现金持有量和短期有价证券联系起来，并考虑现金持有量的相关成本，在成本总额最低时的现金余额就是最佳现金持有量。由于把现金持有量和长期有价证券联系起来，因此在现金的持有成本中可以不考虑现金短缺成本和现金管理成本。由于当现金不足时，企业可以出售有价证券，因此不存在现金的短缺成本；对于现金的管理成本，由于它是持有现金的固定成本，因此不是现金持有量的一个决策变量。

存货模式的关键是要求促使总成本最小的值，现金持有量总成本包括两个方面：

一是机会成本，即持有现金所放弃的报酬，也称持有成本，这种成本通常为有价证券的利息率，等于平均现金持有量乘以利率。

二是现金转换成本，即现金与有价证券转换的固定成本，如经纪人费用、捐税及其他管理成本，这种成本只与交易的次数有关，而与持有现金的金额无关。转换成本等于转换一次有价证券的成本乘以全年的转换次数。如果现金持有量高，则持有现金的机会成本高，但转换成本低。两种成本合计最低条件下的现金持有量即为最佳现金持有量。具体如图 8－1 所示。

在图 8－1 中，持有现金的机会成本和交易成本是两条随现金持有量呈不同方向发展的曲线，两条曲线交叉点相对应的现金持有量就是总成本最低的现金持有量，它可以运用现金持有量存货模式求出。

假设 TC 为总成本，b 为现金与有价证券的转换成本，T 为特定时间内的现金

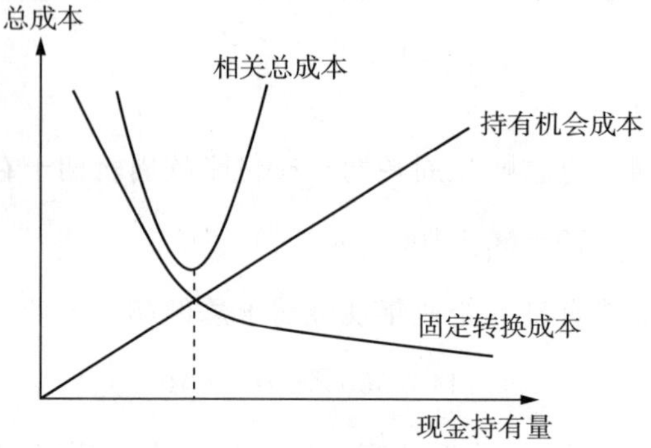

图 8-1 存货模式示意图

需求总量，N 为最佳现金持有量，i 为短期有价证券利息率，则机会成本$=N/2\times i$，其中 $N/2$ 为平均现金余额；转换成本$=T/N\times b$，其中 T/N 为全年有价证券与现金的转换次数。

相关总成本计算公式为：

$$TC=N/2\times i+T/N\times b$$

将 TC 对现金余额作微分且设函数为 0，得最佳现金持有量为：

$$N=\sqrt{\frac{2Tb}{i}}$$

【例 8-2】 某公司预计货币资金需要量为 30000 元，每天资金支出量不变，现金与有价证券的转换成本为每次 600 元，有价证券利率为 10%，试计算企业最佳现金持有量、全年现金转换成本、全年现金持有的机会成本以及最佳现金持有量下的全年有价证券交易次数和有价证券交易间隔。

解：

$$\text{最佳现金持有量}=N=\sqrt{\frac{2Tb}{i}}=\sqrt{\frac{2\times 300000\times 600}{10\%}}=60000(\text{元})$$

$$\text{全年现金转换成本}=\frac{T}{N}\times b=\frac{300000}{60000}\times 600=3000(\text{元})$$

$$\text{全年现金持有的机会成本}=\frac{N}{2}\times i=\frac{60000}{2}\times 10\%=3000(\text{元})$$

$$\text{全年有价证券交易次数}=\frac{T}{N}=\frac{300000}{60000}=5(\text{次})$$

$$\text{有价证券交易间隔期}=360/5=72(\text{天})$$

存货模式可以精确地测算出最佳现金持有量和变现次数，表述了现金管理中基本的成本结构，它对加强企业的现金管理有一定作用，但是在上述因素比较确定的情况下才能使用此种方法。

(三)成本分析模式

成本分析模式的基本思路就是寻求与持有现金相关的成本，然后再找出相关总成本最低时所对应的现金持有量。与企业持有现金相关的成本有机会成本、管理成本和短缺成本，它们之和构成了企业持有现金的总成本。

持有现金将会发生机会成本：

$$机会成本=现金持有量\times有价证券收益率(或利率)$$

例如，假设某企业的资金成本为6%，每年平均有100万元的现金，则企业每年持有现金的机会成本即为6万元。

企业持有现金过少将会发生短缺成本。现金的短缺成本是指现金持有量不足而又无法及时通过有价证券变现加以补充而给企业造成的损失，包括直接损失与间接损失。短缺成本与现金持有量反向变动，相关总成本为机会成本与短缺成本之和。

企业持有现金还会发生管理成本，即企业持有现金将会发生管理费用，如管理人员的工资、福利和安全措施等，这些费用是持有现金的管理成本。管理成本是一种固定成本，与现金持有量之间无明显的数量关系。

机会成本与短缺成本随现金持有量的变动呈反方向变化关系，如图8-2所示。

在图8-2中，机会成本线向右上方倾斜，短缺成本向右下方倾斜，管理成本线为平行于横轴的直线，总成本线则是一条抛物线，其最低点即为持有现金的最低总成本。超过该点，机会成本上升的代价会大于短缺成本下降的好处；低于该点，短缺成本上升的代价又会大于机会成本下降的好处。该点横轴上对应的量，即是最佳现金持有量。

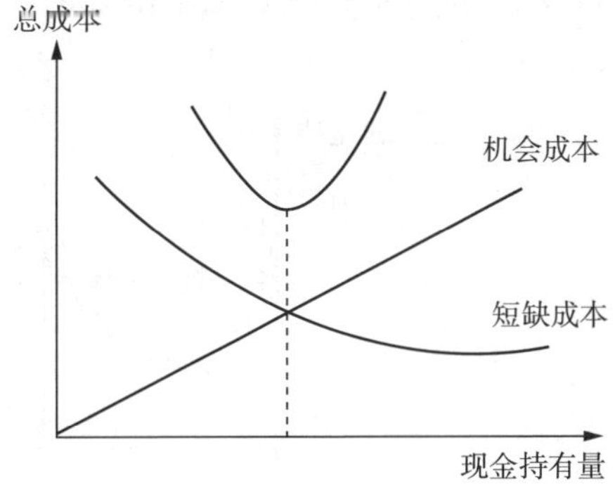

图8-2　成本分析模式示意图

【例8-3】　某企业有四种现金持有方案，各方案有关成本资料见表8-1所列。要求：计算该企业的最佳现金持有量。

表 8-1 现金持有量

项 目	A	B	C	D
现金持有量/元	20000	30000	40000	50000
机会成本率/%	8	8	8	8
短缺成本/元	3000	1000	500	600

根据已知材料，编制该企业最佳现金持有量测算表，见表 8-2 所列。

表 8-2 最佳现金持有量测算表

方 案	机会成本	短缺成本	总成本
A	20000×8%=1600	3000	4600
B	30000×8%=2400	1000	3400
C	40000×8%=3200	500	3700
D	50000×8%=4000	600	4600

由表 8-2 可知，B 方案的总成本最低，因此企业最佳现金持有量为 30000 元时，各方面总成本最低，30000 元为现金最佳持有量。

(四)随机模式

随机模式是在现金流量呈无规则变动的情况下确定最佳现金持有量的一种方法，因为在实际工作中，企业的现金需求量很难准确预知，但企业可以根据历史经验和现金需求，测算出一个现金持有量的控制范围，即制定出现金持有量的上限和下限，将现金持有量控制在上下限之内。这种对现金持有量的随机控制，如图 8-3 所示。

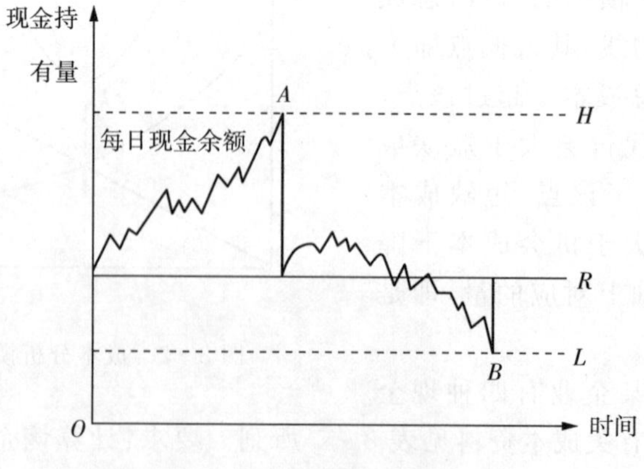

图 8-3 随机模式示意图

在图 8-3 中，虚线 H 为现金持有量的上限，虚线 L 为现金持有量的下限，实线 R 为最优现金返回线。从图 8-3 中可以看到，企业的现金持有量(表现为现金每日余额)是随机波动的，当其达到 A 点时，即达到了现金持有的上限，企业应用现金购买有价证券，使现金持有量回落到现金返回线(R 线)的水平；当现金持有量降至 B 点时，即达到了现金持有的下限，企业则应转让有价证券换回现金，使现金持有量在上下限之间的波动属控制范围内的变化是合理的，可以不予理会。以上关系中的上限 H、现金返回线 R 可按下列公式计算：

$$R=3\sqrt{\frac{3b\partial^2}{4i}}+L$$

$$H=3R-2L$$

式中，b 为每次有价证券的固定转换成本；i 为有价证券的日利息率：∂为预期每日现金持有量变化的标准差(可根据历史资料测算)。而下限 L 的确定，则主要受企业每日的最低现金需求、管理人员的风险承受倾向等因素的影响。

【例 8-4】 假定某公司有价证券的年利率为 9%，每次固定转换成本为 50 元，公司认为任何时候其银行活期存款及现金余额均不能低于 1000 元，又根据以往经验测算出现金余额波动的标准差为 800 元。最优现金返回线 R、现金控制上限 H 的计算公式为：

$$有价证券日利率=9\%\div360=0.025\%$$

$$R=3\sqrt{\frac{3b\partial^2}{4i}}+L=3\sqrt{\frac{3\times50\times800^2}{4\times0.025\%}}+1000=5579(元)$$

$$H=3R-2L=3\times5579-2\times1000=14737(元)$$

当公司的现金余额达到 14737 元时，即应以 9158 元(14737－5579)的现金去投资有价证券，使现金持有量回落为 5579 元；当公司的现金余额至 1000 元时，则应转让 4579 元(5579－1000)的有价证券，使现金持有量回升为 5579 元。

随机模式建立在企业的现金未来需求总量和收支不可预测的前提下，因此计算出来的现金持有量比较保守。

四、现金的日常管理

如果企业缺乏必要的货币资金，将不能应付业务开支，从而使企业蒙受损失。如失去购买机会，甚至因缺乏现金不能即时购买原材料，使生产中断，造成停工损失；不能及时付款，造成信用损失且得不到折扣的好处等。其中，失去信用造成的停工损失难以计量，其影响往往很大，甚至会导致供货商拒绝供货或拖延供货、债权人要求企业清算等。但在市场正常运转的情况下，现金收益往往较低，这时如果企业库存现金过多，将意味着现金不能投入周转，无法取得盈利而遭受额外的损失，所以从收益性方面而言，企业应尽可能减少库存现金，即使不将其投入本企业的经营周转，也应尽可能地多投资能生产高收益的其他资产，以避免资金闲置或用于低收益资产而带来损失。因此，企业现金管理要求在资产的流动性和盈利能力之间做出抉择，以获得最大的长期利润。企业提高现金管理效率的方法主要是加速现金回收、推迟现金支付和力争现金流入与现金流出同步，为此企业应当注意做好以下几个方面的工作：

(一)力争现金流量同步

现金流量同步是指企业能尽量使现金流入与现金流出发生的时间趋于一致，这样可以使其所持有的交易性现金余额降到最低水平。

(二)加速现金回收

应收账款的发生是必要的，它可以扩大销售规模，增加销售收入，但同时也增加了对企业资金的占有。为了提高现金的使用效率加速现金周转，企业应尽量加速收款，在不影响未来销售的情况下，尽可能地加快现金的收回。如果现金折扣在经济上可行，应尽量采用，以加速账款的收回。企业加速收款的任务不仅是要尽量使顾客早付款，而且要尽快地使这项付款转化为可用现金。为此，必须满足以下要求：减少顾客付款的邮寄时间，减少企业收到顾客开来的支票与支票兑现的时间，加速资金存入自己往来银行的过程。

(三)延迟现金支付

与现金收入的管理任务相反，现金支出管理的主要任务是尽可能延缓现金的支出时间。这种延缓必须是合理合法的，否则企业每一项支付账款所得到的收益将远远低于由此遭受的损失。延期支付账款的方法一般有以下几种：

1. 合理利用现金浮游量

现金浮游量是指企业账户上现金余额与银行账户上显示的存款余额之间的差额。有时，企业账户的现金余额已为零或负数，而银行账户中该企业的现金余额还有很多，主要是因为有些付款票据企业已经开出，但客户还没有到银行兑现。如果能正确预测浮游量并加以利用，可节约大量现金。

2. 推迟支付应付款

企业可在不影响信誉的情况下，尽可能延长应付款的支付期。

3. 采用汇票付款

在使用支票付款时，只要持票人将支票放进银行，付款人就要无条件地付款。但汇票不是“见票即付”的付款时，持票人将汇票放进银行后，银行要将汇票送交付款人承兑，并由付款人将一笔相当于汇票金额的资金存入银行，银行才会付款给持票人，这样就有可能合法地延期付款。

4. 改进工资支付方式

有的企业在银行单独开设一个账号供发放职工工资。为了最大限度地减少这一存款余额，企业可预先估计开出支付工资的支票到银行兑现的具体时间。例如，某企业在每月5日支付工资，根据经验，5日、6日、7日以后的兑现率分别为20%、25%、30%。这样，企业就不需要在5日存足支付全部工资所需要的工资额，而可将节余下的现金用于其他投资。

任务三　应收账款管理

应收账款是企业因对外销售商品、材料、提供劳务等应向购货单位或接受劳务单位收取的款项。在市场竞争日趋激烈的情况下，赊账是一种促进销售的主要手段，提供商业信用，采取赊账、分期付款等销售方式，可以扩大销售、增加利润。但应收账款的增加，也会造成资金成本、坏账损失等费用的增加。应收账款管理的基本目标，就是在充分发挥应收账款功能的基础上，降低应收账款投资的成本，使提供商业信用、扩大销售所增加的收益大于有关的各项费用。

一、应收账款的功能与成本

(一)应收账款的功能

应收账款主要有扩大销售、减少存货两方面的功能。

1. 扩大销售

目前，企业对外销售主要是现销，现销就是一手交钱、一手交货，即现金流入与货物流出是同一时间，这是一种理想的销售方式。在市场竞争日益激烈、买方市场占主导条件的环境下，企业为了扩大销售，提高市场份额，往往会在一定条件下给予客户赊销。赊销不但使顾客在未付款的情况下提前拥有和使用该商品，还会让顾客在赊销期内无偿占有企业的资金，对购货方来说有百利而无一害；但对销售方而言，则是在增加销售的同时增加了应收账款的成本。

2. 减少存货

应收账款的增加意味着存货的减少，增加销售可以减少存货在企业仓库的停留时间和停留数量，不仅能减少存货的管理成本、储存成本和保险成本，还降低了资金的占用时间，加速了存货周转速度。因此，企业在存货较多的情况下，可以通过赊销方式，增加销售，减少存货停留在企业的各项支出。

(二)应收账款的成本

持有应收账款是要付出一定代价的，应收账款成本主要有机会成本、管理成本、坏账成本。

1. 机会成本

应收账款的机会成本，是指因资金投放在应收账款上而丧失的其他收入。

(1)影响因素

应收账款的机会成本取决于两个因素：维持赊销业务所需资金(即应收账款投资额)和资金成本率(一般可按有价证券利息计算)。其公式如下：

应收账款机会成本＝维持赊销业务所需资金×资金成本率

(2)维持赊销业务所需资金的计算

维持赊销业务所需资金的计算步骤如下：

① 计算应收账款平均余额，公式如下：

应收账款平均余额＝(年赊销额÷360))×平均收账天数

＝平均每日赊销额×平均收账天数

式中，平均收账天数是应收账款的周转天数。

② 计算维持赊销业务所需资金，公式如下：

维持赊销业务所需资金＝应收账款平均余额×变动成本率

③ 持有应收账款的机会成本，公式如下：

持有应收账款的机会成本＝(年赊销额÷360)×平均收账天数

×变动成本率×资金成本率

2. 管理成本

应收账款的管理成本，是指对应收账款进行日常管理而耗费的开支，主要包括对客户的资信调查费用、收账费用等。对客户的资信调查费用与赊销额有直接的关系。管理成本中主要考虑收账费用，赊销额越大，应收账款越多，收账费用越高。

3. 坏账成本

应收账款的产生基于客户的信誉。在赊销期，出于各种原因，客户信誉可能会发生变化，导致应收账款有无法收回的可能。这部分无法收回的应收账款给企业带来的损失就是销货企业的坏账。一般来说，赊销期越长，发生坏账的可能性就越大；销售数量越大，应收账款越多，坏账成本越高。

二、应收账款的管理目标

应收账款的管理目标，是要制定科学合理的应收账款信用政策，并在这种信用政策所增加的销售盈利和采用这种政策预计要担负的成本之间做出权衡。只有当所增加的销售盈利超过运用此政策所增加的成本时,才能实施和推行使用这种信用政策。同时,应收账款管理还包括对小企业未来销售前景和市场情况的预测和判断,以及对应收账款安全性的调查。如小企业销售前景良好,应收账款安全性高,则可进一步放宽其收款信用政策,扩大内销量,获取更大利润;相反,则应严格其信用政策,或对不同客户的信用程度进行适当调整,确保小企业在获取最大收入的情况下,又使可能的损失降到最低。

小企业应收账款管理的重点,就是根据小企业的实际经营状况和客户的信誉情况制定小企业合理的信用政策,这是小企业财务管理的一个重要组成部分,也是小企业为达到应收账款管理目的必须合理制定的方针策略。应收账款管理工作要做得好,最重要的是要制定科学合理的应收账款信用政策。

三、信用政策

应收账款政策又称信用政策,是企业财务政策的一个重要组成部分。制定合理的信用政策,是加强应收账款管理、提高应收账款投资效益的重要前提。应收账款政策即应收账款的管理政策,是企业对应收账款投资进行规划与控制而确立的基本原则与行为规范,主要包括信用标准、信用条件和收账政策三部分。

(一)信用标准

信用标准是指客户获得企业的商业信用所应具备的基本要求。如果顾客达不到信用标准,便不能享受企业提供的商业信用。如果企业的信用标准较严,只对信誉很好、坏账损失率很低的顾客给予赊销,则会减少坏账损失,减少应收账款的机会成本,但不利于扩大销售量,甚至会使销售量减少;如果信用标准过宽,虽然会增加销售量,但会相应增加坏账损失和应收账款的机会成本。企业信用标准的制定主要是对于赊销所带来的收益与随之产生的风险(坏账)和成本进行权衡,其前提就是赊销带来的收益要大于赊销引起的一切成本。但由于企业处在市场经济大环境下,影响企业制定信用标准的内外部因素都有,因此必须进行综合分析。

1. 外部因素

外部因素主要是考虑同行的竞争对手。面对竞争对手,首先要知己知彼,制定有利于企业扩大市场份额、增加销售的标准,不能盲目地为了占领市场而忽视风险和成本,或为了降低风险和成本采取过于谨慎的信用标准,这些都是不可取的。外部因素的影响,除了考虑竞争对手这个因素外,还要考虑国家宏观经济政策、生产发展前景和季节变化的影响等。

2. 内部因素

内部因素主要是考虑企业承担风险的能力,如果企业承担违约风险的能力较强,就可以用较低的信用标准去吸引顾客,增加销售;反之,如果企业承担违约风险的能力较弱，就制定较严格的信用标准，尽可能减少违约风险带来的损失。

3. 顾客因素

顾客的资信程度对企业制定信用标准具有很大的影响，因此必须对客户进行资信调查，在此基础上进行分析，判断客户的信用等级并决定给予客户什么样的信用标准。判断客户资信情况的方法有很多，在此主要介绍5C评估法。信用的5C系统指的是品德(character)、能力(capacity)、资本(capital)、抵押品(collateral)和条件(condition)。

(1)品德

品德是指客户履行偿还债务的态度，这是评价客户信用品质的首要因素。众所周知，信用交易意味着付款承诺，债务人能否诚信履约非常重要。为此，企业应对客户过去的往来记录进行分析，对客户的诚信表现做到心中有数。

(2)能力

能力是指客户偿债的能力，对客户偿债能力的评估包括对客户的流动资金数量、质量及流动负债的性质的判断，对其运营过程中的流动比率和速度比率的计算以及对客户日常运营状况的实地观察。

(3)资本

资本是指客户的财务实力和财务状况，表明客户可能偿付债务的背景。

(4)抵押品

抵押品是指客户提供的作为信用安全保证的资产，当企业对对方的底细尚未了解清楚时，客户提供的抵押品越充足，信用安全保障就越大。客户也可以请经济实力雄厚、被企业认可的其他企业对其进行信用担保。

(5)条件

条件是指社会经济环境的变化对客户经营状况和偿债能力可能产生的影响，企业尤其应了解客户以往在经营困难时期的应变能力和付款表现。上述五个方面的资料，可通过以往与客户交往的经验来获得，也可以求助于提供信用服务的外部机构。

(二)信用条件

信用标准是企业评价客户等级，决定给予或拒绝客户信用的依据。一旦企业决定给予客户信用优惠时，就需要考虑具体的信用条件。因此，所谓信用条件，就是指企业接受客户信用订单时所提出的付款要求，主要包括信用期限、折扣期限及现金折扣等。信用条件的基本表现方式如(2/10，n/45)，意思是：客户如果能够在发票开出后的10天内付款，可以享受2%的现金折扣；如果放弃折扣优惠，则全部款项必须在45天内付清；45天为信用期限，10天为折扣期限，2%为现金折扣率。

1. 信用期限

信用期限是指企业允许客户从购货到支付货款的时间间隔。企业的产品销售量与信用期限之间存在着一定的依存关系。通常，延长信用期限，在一定程度上能扩大销售量，从而增加毛利，但不适当地延长信用期限，会给企业带来不良后果：一是使平均收账期延长，占用在应收账款上的资金相应增加，引起机会成本增加；二是引起坏账损失和收账费用的增加。因此，企业是否给客户延长信用期限，应视延长信用期限增加的边际收入是否大于由此而增加的边际成本而定。

2. 现金折扣和折扣期限

延长信用期限会增加应收账款占用的时间和金额。许多企业为了加速资金周转，及时收回货款，减少坏账损失，往往在延长信用期限的同时，采取一定的优惠措施。在规定的时间内提前偿付货款的客户可按销售收入的一定比例享受折扣。如前文所述，(2/10，*n*/45)表示赊销期限为45天，若客户在10天之内付款，则可享受2%的折扣。现金折扣实际上是对现金收入的扣减，企业决定是否提供以及提供多大程度的现金折扣，应着重考虑提供折扣后所得的收益是否大于现金折扣的成本。企业在确定现金折扣期限的时间以及现金折扣的比例时，必须将信用期限以及加速收款所得到的收益与付出的现金折扣成本结合起来考虑。与延长信用期限一样，采取现金折扣的方式在有利于刺激销售的同时，也需要付出一定的代价。如果加速收款带来的机会收益能够绰绰有余地补偿现金折扣成本，企业就可以采取现金折扣或进一步改变当前的折扣方针；如果加速收款的机会收益不能补偿现金折扣的成本，现金优惠条件便被认为是不恰当的。

3. 信用条件备选方案的评价

虽然企业在信用管理政策中已对可接受的信用风险水平做了规定，当企业的生产经营环境发生变化时，就需要对信用管理政策中某些规定进行修改和调整，并对改变条件的各种备选方案进行认真的评价。

【例8-5】 某企业预测2017年度赊销额为3000万元，其信用条件是*n*/30，变动成本率为65%，资金成本率(或有价证券利息率)为10%。假设企业收账政策不变，固定成本总额不变。该企业准备了以下三个信用条件的备选方案：A. 维持*n*/30的信用条件；B. 将信用条件放宽到*n*/60；C. 将信用条件放宽到*n*/90。

为各种备选方案估计的赊销水平、坏账百分比和收账费用等有关数据见表8-3所列。

表8-3 企业信用条件备选方案表 单位：万元

信用条件	方案A	方案B	方案C
	n/30	*n*/60	*n*/90
年赊销额/万元	3000	3300	3600
应收账款平均收账天数/万元	30	60	90

（续表）

信用条件	方案A	方案B	方案C
	$n/30$	$n/60$	$n/90$
应收账款平均余额/万元	3000÷360×30＝250	3300÷360×60＝550	3600÷360×90＝900
维持赊销业务所需资金/万元	250×65％＝162.5	550×65％＝357.5	900×65％＝585
坏账损失/年赊销额	2％	3％	5％
坏账损失/万元	3000×2％＝60	3300×3％＝90	3600×5％＝180
收账费用/万元	20	40	60

根据上述资料，计算结果见表8－4所列。

表8－4 信用条件分析评价表 单位：万元

信用条件	方案A	方案B	方案C
	$n/30$	$n/60$	$n/90$
年赊销额	3000	3300	3600
变动成本	1950	2145	2340
信用成本前收益	1050	1155	1260
信用成本			
应收账款机会成本	162.5×10％＝16.25	357.5×10％＝35.75	585×10％＝58.5
坏账损失	60	99	180
收账费用	20	40	60
小　计	96.25	174.75	298.5
信用成本后收益	953.75	980.25	961.5

根据表8－4中的资料可知，在这三种方案中，B方案（$n/60$）获利最大，它比A方案（$n/30$）多增加收益26.5万元（980.25－953.75），比C方案（$n/90$）多增加收益18.75万元（980.25－961.5）。因此，在其他条件不变的情况下，应选择B方案。

【例8－6】 根据【例8－5】的资料，如果企业为了加速应收账款的回收，决定在B方案的基础上把赊销条件改为（2/10，1/20，$n/60$）（D方案），估计约有60％的客户（按赊销额计算）会利用2％的折扣，15％的客户将利用1％的折扣。坏账损失率降为2％，收账费用降为30万元。根据上述资料，有关指标可计算如下：

应收账款平均收账天数＝60％×10＋15％×20＋（1－60％－15％）×60＝24（天）

应收账款平均余额＝3300/360×24＝220（万元）

维持赊销业务所需要的资金＝220×65％＝143(万元)

应收账款机会成本＝143×10％＝14.3(万元)

坏账损失＝3300×2％＝66(万元)

现金折扣＝3300×(2％×60％＋1％×15％)＝44.55(万元)

根据以上资料编制表8-5。

表8-5　信用条件比较计算表　　单位:万元

信用条件	方案B $n/60$	方案D $2/60,1/20,n/60$
年赊销额	3300	3300
减:现金折扣	—	44.55
年赊销净额	3300	3255.45
减:变动成本	2145	2145
信用成本前收益	1155	1110.45
减:信用成本		
应收账款机会成本	35.75	14.3
坏账损失	99	66
收账费用	40	30
小　计	174.75	110.3
信用成本后收益	980.25	1000.15

计算结果表明,实行现金折扣以后,企业的收益增加了19.9万元(1000.15－980.25)。因此,企业最终应选择D方案(2/10,1/20,n/60),D为最佳方案。

(三)收账政策

收账政策,是指信用条件被违反时企业采取的收账策略。企业采取积极的收账政策,会减少应收账款和坏账损失,但会使收账成本增加。一般来说,应收账款大部分都能按期收回,但也有难以收回的账款。账款无法收回的原因有很多:有的是信用不错的企业暂时出现财务困难,一时难以偿付;有的是故意拖欠,无偿占用资金;还有的是出现意外,出现财务危机,不能及时付款。企业在制定收账政策时,要区分不同的原因,有针对性地制定收账办法。企业对拖欠的应收账款,无论采用何种方式进行催账,都要付出一定的代价,即收账费用,如收账所花的邮件通信费、派专人收账的差旅费和法律诉讼费等。通常,只要应收账款超过了规定的期限还没收回，企业就应该采取各种方式进行诉讼催收。企业制定的收款政策过于宽松，会导致逾期未付款项的客户拖延时间更长，对企业不利；收账政策过严，催收过急又可能伤害无意拖欠的客户，影响企业未来的销售和利润。因此，企业在制定收账政策时，要权衡利弊，掌握好宽严的界限。一般而言，收账费用支出越多，坏账损失越少。通常的情况是：开始支出一些收账费用，应收账款和坏账损失有小部分的降低；随着收账费用的继续增加，应收账款和坏账损失明显地减少；收账费用达到某一限度以后，应收账款和坏账损失的减少就不那么明显了，这个限度称为饱和点。制定收账政策就是要在增加收账费用与节约的成本（由于减少坏账损失和应收账款上的资金占用而节约的成本）之间进行权衡，若前者小于后者之和，则制定的收账方案是可取的。

影响企业信用标准、信用条件和收账政策的因素很多，如销售规模、赊销期限、现金折扣比例、坏账损失的高低、信用建设和收集的成本、机会成本、存货过剩或不足等。因此，在制定应收账款管理政策时，既要进行定量分析，又要进行定性分析，将各方面的因素综合考虑，使制定的应收账款管理政策实现收益最大。

四、应收账款的日常控制

信用政策建立以后，企业要做好应收账款的日常控制工作，进行信用调查和信用评价，以确定是否同意顾客赊欠货款，当顾客违反信用条件时，还要做好账款催收工作。

（一）企业的信用调查

对顾客的信用进行评价是应收账款日常管理的重要内容。只有正确地评价顾客的信用状况，才能合理地执行企业的信用政策。要想合理地评价顾客的信用，必须对顾客信用进行调查，收集有关的信息资料。信用调查有两类：直接调查与间接调查。

1. 直接调查

直接调查，是指调查人员与被调查单位接触，通过当面采访、询问、观看、记录等方式获取信用资料的一种方法。直接调查能保证搜集资料的准确性和及时性，但若不能得到被调查单位的合作，则会使调查资料不完整。

2. 间接调查

间接调查，是以被调查单位以及其他单位保存的有关原始记录和核算资料为基础，通过加工整理获得被调查单位信用资料的一种方法。这些资料主要来源于以下几个方面：

① 被调查单位的财务报表，通过单位的财务报表，基本上能掌握一个企业的财务状况。财务报表是信用资料的重要来源。

② 信用评估机构。许多国家都有信用评估的专门机构，定期发布有关企业的信用等级报告。在信用评估等级方面，目前主要有两种：一种是采用3类9级制（AAA、AA、A、BBB、BB、B、CCC、CC、C）；另一种是采用三级制（AAA、AA、A）。专业的信用评估机构具有评估方法先进、评估调查细致、评估程序合理的优势，可信度较高。

③ 银行。银行也是信用资料的一个重要来源，因为许多银行都设有信用部，可以通过向当地的开户行征询来获得被调查单位的有关信用资料。

④ 其他。在调查时也可以向工商管理部门、财税部门、消费者协会和证券交易部门等征询。

(二)企业的信用评估

搜集好信用资料后，要对这些资料进行分析，并对顾客的信用状况进行评估。信用评估的方法很多，5C评估法和信用评分法是比较常见的方法。

1. 5C评估法

5C评估法，是指重点分析影响信用的品德、能力、资本、抵押品和条件五个方面的一种方法。

2. 信用评分法

信用评分法，是指先对一系列财务比率和信用情况指标进行评分，然后进行加权平均，得出顾客综合的信用分数，并以此进行信用评估的一种方法，在此不再阐述。

(三)收款的日常管理

收款是企业应收账款管理的一项重要工作。收账管理应包括以下两部分内容：

1. 确定合理的收账程序

催收账款的程序一般是：信函通知、电话催收、派员面谈和法律行动。当顾客拖欠账款时，要先有礼貌地用信用通知，接着可以寄出一封措辞直率的信件，进一步则可通过电话催收。如再无效，企业收账员可直接与顾客面谈，协商解决；如果谈判不成，可以交给企业的律师采用法律行动。

2. 确定合理的讨债方法

顾客拖欠货款的原因有很多，但概括起来可以分为两类：无力偿付和故意拖欠。因此，应根据具体情况，确定合理的处理方法。对于无力偿付的情况，企业要进行具体分析。如果确定顾客只是遇到暂时的困难，经过努力可以东山再起，企业应帮助顾客渡过难关，这样才能收回更多的账款；如果顾客遇到严重的困难，已经达到破产界限，无法再恢复活力，则应及时向法院起诉，以期在破产清算时得到债权的部分清偿。

任务四 存货管理

存货是指企业在生产经营过程中为销售或者耗费而储备的各种资产,包括商品、产成品、半成品、在产品,以及各种材料、燃料、包装物和低值易耗品等。由于存货经常处于不断销售、重置和耗用的过程中,因此具有鲜明的流动性。企业持有充足的存货,不仅有利于生产的顺利进行,节约采购费用与生产时间,而且能够快速满足客户的各种订货需要,从而为企业的生产与销售提供较大的机动性,避免因存货不足带来的机会损失。然而,存货的增加必然会占用更多的资金,使企业付出更大的持有成本(存货的基本成本),而且存货的储存与管理费用也会增加,影响企业获得能力的提高。因此,如何在存货的功能与成本之间进行权衡利弊,在充分发挥存货功能的同时降低成本,增加收益,实现它们的最佳组合,已经成为存货管理的基本目标。

按储存的目的不同,可划分为销售存货、生产存货和杂项存货。销售存货是指企业在生产经营过程中处于待销售过程中的商品或产成品。生产存货是指企业用于生产和销售耗用的材料、燃料、外购零部件及正处于生产加工过程中的在产品。杂项存货是指企业供近期使用的库存实物用品、运输用品等,这类存货耗用通常直接记入销售费用或管理费用。按存放地点不同,可划分为库存存货、在途存货和委托加工存货。库存存货是指已经运达企业,并已验收入库的各种材料和商品以及已验收入库的自制半成品和产成品。在途存货是指货款已经支付、尚未验收入库、正在运输途中的各种材料和产品。委托加工存货是委托外单位加工的各种材料和半成品。

一、存货的功能与成本

进行存货管理的主要目的是要控制存货水平,在充分发挥存货功能的基础上,降低存货成本。

(一)存货的功能

存货功能是指存货在生产经营过程中的作用,主要有以下几种:

1. 保险库存,防止生产销售中断

连续生产的企业,其产、供、销在数量和时间上,难以保持绝对平衡,如果没有一定的存货,一旦某个环节出现问题,就会影响到企业的正常生产和销售。例如,材料供应商没有及时发货,运输途中出现意外事故,所供货物数量、质量与需求不符等,任何方面出现异常现象,企业便要停工待料,难以保证生产的连续进行。

2. 效益性库存,提高企业盈利水平

成批地购进原料,既可以获得价格上的优惠,又可以减少采购和管理费用,降低采购成本,提高利润。

3. 投机性库存,获取意外收益

当市场上产品价格变化不定时,就会出现价格涨落的机会。原材料方面,一次偶然的大降价,或季节的临时跌价,会使企业在购货时获得价差收益(与正常购买价格相比);当预计原材料价格会大幅上涨时,企业提前购置这些材料可以获得差价收益。产品方面,某些产品的最终产品可能会有若干变化,当收到一个特殊的订单以后,可按其要求将所储存的半成品加工成产品,从而获得一部分利润。然而,正常的存货水平是不包括这些投机性存货的,生产企业通常也不会为投机而储存货物,但是管理部门还是应该考虑价格的变动,根据价格变动进行库存调整。

(二)与储备存货有关的成本

1. 取得成本

存货取得成本是指为取得某种存货而支出的成本,取得成本又可分为采购成本和订货成本。

(1)采购成本

采购成本是由货物的采购费用和运杂费用构成的,采购成本总额随着采购数量的增加而增加,它们之间成正比关系。因此,企业采购货物时不但要比较质量,而且要权衡价格;对于相同质量、相同价格的货物,还应比较运输距离的远近,以达到采购成本最低。

(2)订货成本

订货成本是指为了订购货物而发生的费用。订货成本中有少部分与订货次数无关,如常设机构的基本开支等,一般称之为固定成本;另外大部分与订货次数有关,与订货数量无关,如签订合同的相关费用、差旅费、邮费等,称为订货的变动成本。因此,企业为降低订货成本,就需加大批量,减少订货次数。

2. 储存成本

固定性储存成本与储存数额的多少没有直接联系,这类成本属于决策的无关成本;而变动性储存成本则与储存数额成正比变动关系,这类成本属于决策的相关成本。

3. 缺货成本

缺货成本是指企业由于存货供应中断,而给生产和销售带来的损失。如由于材料供应中断造成的停工待料损失,由于产品库存不足造成失去销售机会和延期发货付出的罚金以及由此导致企业信誉遭受损失等。因此,企业必须持有一定的保险存货,以满足生产的需要。但保险存货也不能太多,否则,追加的保险存货的持有成本会抵消短缺成本带来的利益。总之,存货成本的各个构成项目是相互影响的,存货管理的最优化就是使存货总成本最小。

二、存货管理的目标

企业持有存货的原因:一方面是为了保证生产或销售的经营需要;另一方面是出自价格的考虑,零购物资的价格往往较高,而整购在价格上有优惠。但是,过多的存货要占用较多资金,并且会增加包括仓储费、保险费、维护费、管理人员工资在内的各项开支,因此存货管理的目标,就是在保证生产或销售经营需要的前提下,最大限度地降低存货成本。具体包括以下几个方面:

(一)保证生产正常进行

生产过程中需要的原材料和在产品,是生产的物质保障,为保证生产的正常进行,必须储备一定量的原材料;否则可能会造成生产中断、停工待料的现象。尽管当前部分企业的存货管理已经实现计算机自动化管理,但要实现存货为零的目标实属不易。

(二)有利于销售

一定数量的存货储备能够增强企业在生产和销售方面的机动性和适应市场变化的能力。当企业市场需求量增加时,若产品储备不足,就有可能失去销售良机,所以保持一定量的存货是有利于市场销售的。

(三)便于维持均衡生产,降低产品成本

有些企业产品属于季节性产品或者需求波动较大的产品,此时若根据需求状况组织生产,则可能有时生产能力得不到充分利用,有时又超负荷生产,这会造成产品成本的上升。为了降低生产成本,实现均衡生产,就要储备一定的产成品存货,并相应地保持一定的材料存货。

(四)降低存货取得成本

一般情况下,当企业进行采购时,进货总成本与采购物资的单价和采购次数有密切关系。而许多供应商为鼓励客户多购买其产品往往在客户采购量达到一定数量时,给予价格折扣,所以企业通过大批量集中进货,既可以享受价格折扣,降低购置成本,也因减少订货次数,降低了订货成本,使总的进货成本降低。

(五)防止意外事件的发生

企业在采购、运输、生产和销售过程中,都可能发生意料之外的事故,保持必要的存货保险储备,可以避免和减少意外事件的损失。

三、存货控制的方法

(一)ABC 分类法

ABC 分类管理是按照一定标准,将企业的存货划分为 ABC 三类,分别实行品种

重点管理、分类管理。企业存货品种繁多,尤其是大中型企业,存货更是多达万种甚至数十万种。不同的存货对企业财务目标的实现具有不同的作用。有的存货品种数量很少,但金额巨大,如果管理不善,将给企业造成巨大损失;有的存货虽然品种数量繁多,但金额很小,即使管理中出现一些问题,也不至于对企业产生较大影响。

存货ABC分类管理的一般程序是:首先计算各种存货在一定时期内的资金占用额;其次计算各类存货的资金占用额占全部存货资金额的比重,并按照大小顺序排列;最后根据事先确定的标准将全部存货划分为A、B、C三类。A类储存是指那些资金占用额大,但品种不多的存货,这些存货占企业全部的8%~10%,但资金占用额却占用企业总存货资金占用额的70%以上;B类存货是指那些资金占用企业全部存货资金20%左右、品种占全部存货种类25%左右的存货;其他占用企业存货品种65%左右,但仅占全部存货资金10%左右的存货,划分为C类存货。当然各企业应根据具体情况确定A、B、C三类存货的划分标准,最后对存货进行区别对待、分类管理,其中A类作为重点来控制,B类次之,C类最后,总结见表8-6所列。

表8-6　存货ABC分类管理品种数量标准参考表

存货类别	特　点	金额比重/%	品种数量比重/%	管理方法
A	金额巨大、品种数量较少	70~80	10~20	分种类重点管理
B	金额一般、品种数量较多	15~20	20~25	分类别一般控制
C	品种数量繁多、金额很小	5~10	60~65	按总额灵活掌控

【例8-7】 已知库存物资情况见表8-7所列,请问如何进行ABC法控制?

表8-7　库存物资情况

物资编号	年均资金占有量/元	占用资金比例/%
22	95000	40.8
68	75000	32.1
27	25000	10.7
03	15000	6.4
82	13000	5.6
54	7500	3.2
36	1500	0.6
19	800	0.3
23	425	0.2
41	225	0.1
合　计	233450	100.0

ABC 分类控制见表 8－8 所列。

表 8－8 ABC 分类控制

物资类型	物资编号	品种数量比例/%	年均资金占有量/元	占用资金比例/%
A	22;68	20	170000	72.9
B	27;03;82	30	53000	22.7
C	54;36;19;23;41	50	10450	4.4
合计		100	233450	100.0

(二)存货经济进货批量模型

经济进货批量是指能够使一定时期内存货的相关总成本达到最低点的进货量。通过前述对存货成本的分析可知，决定存货经济进货批量的成本因素主要包括变动性进货费用(简称进货费用)、变动性储存费成本以及允许缺货时的缺货成本。不同的成本项目与进货批量呈现不同的变动关系，减少进货批量，增加进货次数，在影响储存成本降低的同时，也会导致进货费用与缺货成本的提高。因此，如何协调各项成本间的关系，使其总和保持最低水平，是企业组织进货过程中需要解决的主要问题。

1. 经济进货批量的基本模型

经济进货批量的基本模型以下述假设为前提：①一定时期的进货总量可以准确地予以预测；②存货的消耗比较均衡；③价格稳定，且不存在数量折扣，并且每当存货量降为零时，下一批存货能马上一次到位；④仓储条件以及所需现金不受限制；⑤不允许缺货；⑥市场供应充足，不会因买不到货物而影响其他方面。

(1)存货相关总成本

由于企业不允许缺货，因而每当存货数量降至零时，下一批订货便会随即全部购入，所以不存在缺货成本。此时与存货订购批量、批次直接相关的就只有进货费用和储存成本两项。则有：

$$存货相关总成本＝变动性进货费用＋变动性储存成本$$

其中：

$$变动性储存成本＝平均储存量\times单位存货储存成本＝Q/2\times C$$

$$变动性进货费用＝进货次数\times平均每次进货费用＝N\times B$$

或

$$变动性进货费用＝\frac{存货全年进货总量}{每次进货批量}\times每次进货费用＝\frac{A}{Q}\times B$$

相关总成本 TC 的计算公式为：

$$TC=\frac{Q}{2}\times C+\frac{A}{Q}\times B$$

式中，Q 为进货批量，A 为某种存货全年进货总量，B 为平均每次进货费用，C 为单位存货储存成本。

由于 A、B、C 不变，决定相关总成本的是存货的进货批量，即相关总成本 TC 是存货进货批量 Q 的函数。

(2)经济进货批量及其成本

变动性进货费用与变动性储存成本总和最低时的进货批量，就是经济进货批量。将 TC 对 Q 作微分且设函数为 0，当相关总成本最低时，变动性储存成本等于变动性进货费用。

当变动性储存成本等于变动性进货费用时存货相关总成本最低，此时的进货批量就是经济进货批量，其计算公式如下：

$$Q=\sqrt{\frac{2AB}{C}}$$

而采取经济进货批量时存货成本最低，公式为：

$$TC=\frac{Q}{2}\times C+\frac{A}{Q}\times B$$

或 $TC=\sqrt{2A\times B\times C}$

经济进货批量平均占用资金，计算公式如下：

$$W=\frac{Q}{2}\times P=P\times\sqrt{\frac{AB}{2C}}$$

式中，P 为存货单价。

年度最佳进货次数计算公式如下：

$$N=\frac{A}{Q}=\sqrt{\frac{AC}{2B}}$$

【例 8-8】 某企业每次生产需要耗用 A 材料 4500 件，单位材料年存储成本 18 元，平均每次进货费用为 200 元，A 材料全年平均单位成本为 100 元，假定不存在数量折扣，不会出现陆续到货和缺货的现象，试计算：①A 材料的经济进货批量；②A 材料年度最佳进货批数；③A 材料的变动性进货成本；④A 材料的变动性存储成本；⑤A 材料经济进货批量平均占用资金。

解：

① A 材料的经济进货批量$=\sqrt{\frac{2AB}{C}}=\sqrt{\frac{2\times45000\times200}{18}}=1000$(件)

② A 材料年度最佳进货批数$=45000/1000=45$(次)

③ A 材料的变动性进货成本$=45\times200=9000$(元)

④ A 材料的变动性存储成本$=1000/2\times18=9000$(元)

⑤ A 材料经济进货批量平均占用资金$=1000/2\times100=50000$(元)

2. 经济进货量的扩展模型

(1)数量折扣模型

为了鼓励客户购买更多的商品，销售企业通常会给予客户不同程度的价格优惠，即实行商业折扣或称价格折扣。购买越多，所获得的价格优惠越大。此时，进货企业对经济进货批量的确定，除了考虑进货费用与储存成本外，还应考虑存货的进价成本，因为此时的存货进价成本已经与进货数量有了直接的联系，属于决策的相关成本。在经济进货批量基本模型的其他各种假设条件均具备的前提下，存在数量折扣时的存货相关总成本可按下式计算：

相关总成本＝存货进价＋变动性储存成本＋变动性进货费用

$$TC=P\times A+\frac{Q}{2}\times C+\frac{A}{Q}\times B$$

能使相关总成本最低的订货量就是实行数量折扣条件下的经济订货量。实行数量折扣的经济进货批量的确定步骤如下：

①按照基本经济进货批量模型确定经济进货批量。

②计算按经济进货批量进货时的存货相关总成本。

③计算按给予数量折扣的进货批量进货时的存货相关总成本。

如果给予数量折扣的进货批量是一个范围，如进货数量在1000～1999千克，可享受2%的价格优惠，此时按给予数量折扣的最低进货批量，即按1000千克计算存货相关总成本。因为在给予数量折扣的进货批量范围内，无论进货量是多少，存货进价成本总额都是相同的，而相关总成本的变动规律是：进货批量越小，相关总成本就越低，即按1000千克计算的存货相关总成本＜按1001千克计算的相关总成本＜按1002千克计算的相关总成本＜……＜按1999千克计算的相关总成本。

④比较不同进货批量的存货相关总成本，最低存货相关总成本对应的进货批量，就是实行数量折扣的最佳经济进货批量。

(2)再订货点模型

在提前订货的情况下，企业再次发出订货单时，尚有存货的库存量，称为再订货点，用 R 来表示。存在再订货点时的存货相关总成本可按下式计算：

$$R=L\times d$$

式中，L 为交货时间；d 为每日需求量。

订货提前对经济订货量并无影响，经济订货量的确定与基本模型一致。

(3)陆续供货模型

① 基本原理。

$$最高库存=(P-d)\times Q/P$$

$$年平均库存=[(Q/2)\times(P-d)]/P=[(Q/2)\times(1-d/P)]$$

式中，Q 为每批次订货数；P 为每日送货量；d 为每日耗用量。则每日库存净增量为 $P-d$，送完该批货所需日数则为 Q/P。

② 与批量有关的总成本。

$$总成本=订货变动成本+储存变动成本$$

其中，

$$订货变动成本=年订货次数\times每次订货成本=\frac{A}{Q}\times B$$

$$储存成本=\frac{Q}{2}(1-\frac{d}{p})\times C$$

$$TC(Q)=\frac{A}{Q}\times B+\frac{Q}{2}(1-\frac{d}{p})\times C$$

在订货变动成本与储存成本相等时，$TC(Q)$ 有最小值，此时，

$$\frac{A}{Q}\times B=\frac{Q}{2}(1-\frac{d}{p})\times C$$

③ 基本公式。

存货陆续供应和使用的经济订货量公式为：

$$Q=\sqrt{\frac{2AB}{C\times(1-\frac{d}{p})}}$$

存货陆续供应和使用的经济订货量总成本公式为：

$$TC=\sqrt{2KD\times K_c\times(1-\frac{d}{p})}$$

四、存货日常管理

(一)材料控制

对材料的控制实际是指对材料所占用资金的控制。材料占用资金包括从采购到生产整个过程中所占用的资金。因此,为了节约使用材料资金,应做好以下工作:

1. 编制采购计划,控制采购限度

材料既要满足生产经营的需要,又要尽量节约材料类费用,防止超储积压。为此。应制订合理的材料采购年度计划,在年度计划的基础上,编好季度和月度采购计划。在编制采购计划时,应做好以下工作:

① 根据年度生产任务和材料消耗标准,确定年度的材料消耗量。在执行过程中,还应随时了解生产和消耗的变动情况,确定季度和月度的耗用量。

② 合理确定材料采购量。首先了解库存材料的现时状况,对于超储的要压缩,储备不足的要及时补充,积压物资要及时处理,并结合生产需要,确定合理的材料采购量。

③ 科学确定采购批量。在所采购的材料处于买方市场的情况下,企业可以选择经济订货量。

④ 控制材料采购价格,合理确定采购资金限额。企业在编制与执行材料采购计划时,既要考虑经济采购批量这一因素,又要控制材料采购的价格:一方面,根据企业生产对材料质量的要求,选择销售质量好、价格低材料的供应商;另一方面,要以就近采购为主,尽可能降低采购和运输费用,根据经济批量和有关因素,结合资金状况,正确确定材料采购限额,控制采购资金的占用。

⑤ 采用 ABC 分析法,选择重点项目,组织重点管理。

2. 材料储存的控制

材料储存,是指材料在入库至投入生产之前在仓库的储备保管。材料储存的控制主要做好以下工作:

① 严格执行材料的入库制度,把好材料入库关。对于运达的材料,要严格进行品种、质量和数量的验收,如发现问题,要及时报告,尽量将存货中发现的问题解决在货款承付之前,以避免采购资金的不必要积压;对于入库的材料,要进行科学的管理,保证材料质量好、数量清。

② 制定材料的库存定额,控制材料的库存定额,控制材料资金的占用。按分级管理的要求,把材料物资的定额分别落实到仓库、材料组及相应负责人员,层层落实。

③ 定期组织清查,积极处理超储积压物资。仓库管理员按永续盘存制的要

求，做好材料收发及登记工作，定期组织有关人员对材料进行清查，做到账卡相符，对于产生的超储积压物资，要及时处理，以减少资金占用。

3. 材料耗用的控制

控制材料的耗用有利于降低资金占用和产品成本。材料消耗的控制主要应做好以下工作：

① 制定和修订材料消耗定额。企业应根据生产工艺要求制定每一产品、每一部件消耗材料的定额及本期生产任务和材料消耗定额，确定材料消耗量计划。当生产工艺发生变化时，要及时修订定额，修改消耗量计划，控制生产部门按消费定额领用材料。

② 严格领料制度。要按内部控制的要求，严格材料的领用手续，供应部门要按定额消耗量控制生产部门的领用量，如需超额领料，要办理追加手续，经批准后方可领用。

(二)生产的控制

生产阶段存货的控制主要是对在产品、自制半成品的控制，包括投产时间和投产批量的控制、生产成套性和均衡性的控制以及在产品实物库存管理的控制。

1. 投产时间和投产品的控制

选择合理的投产期和投产批量，既是为了保证生产经营活动的正常运行，也是为了防止在产品、半成品的超储积压。在考虑投产时间时应根据生产计划、销售合同和生产周期，先计算出产品产出时间，再确定投产时间。如果产品的生产要经过多个车间，还应考虑车间之间的衔接，并提前若干时间。

2. 生产成套性、均衡性的控制

生产成套性、均衡性的控制不仅影响半成品的库存量，而且会影响半成品成本的升降。企业成套性、均衡性的控制主要是通过制订生产计划、计算生产周期、控制投产期和产出期及确定投产批量等途径实现的。

3. 半成品库存的管理

企业应严格半成品的进出库手续，控制半成品的进出库，控制半成品的储备量，注意各零部件的配套性，如发现问题，应及时和生产计划部门联系并加以调整。

(三)产成品的控制

1. 产成品的控制

企业除应做好成品库存的安全、完整控制以外，销售部门还应该及时掌握产成品的库存动态，并经常与销售计划和销售合同核对，检查产成品限额和成品计划占用额的执行情况，如发现产成品积压，应及时分析原因，采取处理措施。

2. 产成品销售合同和销售结算的控制

企业要根据年度销售计划和已签订的销售合同与生产部门紧密配合，及时组织生产和发运。同时,要经常核对销售款项的收回情况,及时催收清理,加速资金周转。

巩固训练

一、单选题

1. 下列各项属于应收账款机会成本的是(　　)。

A. 收账费用　　B. 坏账损失

C. 应收账款占用资金的应计利息　　D. 对客户信用进行调查的费用

2. 在基本模型下确定经济批量时,应考虑的成本是(　　)。

A. 采购成本　　B. 订货成本

C. 储存成本　　D. 订货成本和储存成本

3. 信用条件为(1/10,n/40)的经济含义为(　　)。

A. 付款期限为10天,现金折扣为1%,信用期限为40天

B. 信用期限为40天,现金折扣为1/10

C. 如果在10天内付款,可享受10%的现金折扣,否则应在10天内全额付清

D. 如果在10天内付款,可享受1%的现金折扣,否则就在40天内全额付清

4. 下列各项中,与再订货点无关的是(　　)。

A. 经济订货量　　B. 日耗用量

C. 交货日数　　D. 保险储备量

5. 下列订货成本中属于变动性成本的是(　　)。

A. 采购人员计时工资　　B. 订货业务费

C. 采购部门管理费　　D. 存货占用资金的机会成本

6. 下列属于持有现金机会成本的是(　　)。

A. 不能应付业务开支所需付出的代价

B. 每次有价证券的固定转换成本

C. 有价证券的平均日利息率

D. 现金的再投资收益

7. 下列对信用期限的表述中,正确的是(　　)。

A. 信用期限越长,企业坏账损失越小

B. 信用期限越长,表明客户享受的信用条件越优越

C. 延长信用期限,不利于销售收入的扩大

D. 信用期限越长,应收账款的机会成本越低

8. 某企业全年需要A材料2400吨,每次订货成本为400元,每吨材料年储备

成本 12 元,则每年最佳订货次数为(　　)次。

A. 12　　B. 6

C. 3　　D. 4

9. 下列项目中,不属于信用条件的是(　　)。

A. 现金折扣　　B. 数量折扣

C. 信用期间　　D. 折扣期间

10. 对存货进行 ABC 类划分的最基本标准是(　　)。

A. 重量标准　　B. 数量标准

C. 金额标准　　D. 数量和金额标准

二、多选题

1. 下列属于存货的变动储存成本的有(　　)。

A. 存货占用资金的应计利息

B. 紧急额外购入成本

C. 存货的破损和变质损失

D. 存货的保险费用

2. 企业在持续经营过程中,会自发地、直接地产生一些企业经营需要的自发性流动负债,如(　　)。

A. 预付账款

B. 应付职工薪酬

C. 应付票据

D. 根据周转信贷协定取得的限额内借款

3. 运用成本模型确定企业最佳现金持有量时,现金持有量与持有成本之间的关系表现为(　　)。

A. 现金持有量越小,总成本越大　　B. 现金持有量越大,机会成本越大

C. 现金持有量越小,短缺成本越大　　D. 现金持有量越大,管理成本越大

4. 按照随机模型,确定现金存量的下限时,应考虑的因素有(　　)。

A. 企业日常周转所需资金　　B. 有价证券的日利息率

C. 有价证券的每次转换成本　　D. 短缺现金的风险程度

5. 下列各项措施中,能够缩短现金周转期的有(　　)。

A. 减少对外投资　　B. 延迟支付货款

C. 加速应收账款的回收　　D. 加快产品的生产和销售

6. 赊销在企业生产经营中所发挥的作用有(　　)。

A. 增加现金　　B. 减少存货

C. 促进销售　　　　　　　　　　D. 减少存款

7. 下列有关信用期限的表述中,正确的有(　　)。

A. 缩短信用期限可能增加当期现金流量

B. 延长信用期限会扩大销售

C. 降低信用标准意味着将延长信用期限

D. 延长信用期限将增加应收账款的机会成本

8. 存货在企业生产经营过程中所具有的作用主要有(　　)。

A. 提高销售机动性　　　　　　　B. 保证生产正常进行

C. 降低储存成本　　　　　　　　D. 维持均衡生产

9. 缺货成本是指由于存货供应中断而造成的损失,它包括(　　)

A. 商誉(信誉)损失　　　　　　　B. 延期交货的损失

C. 紧急采购发生的超额费用　　　D. 停工待料损失

10. 在确定经济订货批量时,下列表述中正确的有(　　)。

A. 随每次订货批量的变动,相关订货成本和相关储存成本呈反方向变化

B. 相关储存成本的高低与每次订货批量成正比

C. 相关订货成本的高低与每次订货批量成反比

D. 年相关储存成本与年相关订货成本相等时的采购批量,即经济订货批量

三、判断题

1. 一般来讲,当某种存货品种数量比重达到70%左右时,可将其划分为A类存货,进行重点管理和控制。(　　)

2. 为满足季节性库存的需求而持有现金属于出于交易性需求而持有的现金。(　　)

3. 在随机模型下,当现金余额在最高控制线和最低控制线之间波动时,表明企业现金持有量处于合理区域,无须调整。(　　)

4. 应收账款保理实质就是一种委托收账管理的方式。(　　)

5. 存货的取得成本包括存货的购置成本、订货成本和储存成本。(　　)

四、计算分析题

1. 宏达有限公司每年需用A材料8000件,每次订货成本为160元,每件材料的储存成本为6元,该种材料的单价为25元/件,一次订货量在2000件以上时可获3%的折扣、在3000件以上时可获4%的折扣。要求:计算确定对企业最有利的进货批量。

2. 宏达有限公司目前A产品销售收入为6000万元,总成本为4500万元,其

中固定成本为900万元。公司准备改变目前的信用政策，有甲、乙两个方案可供选择：甲方案给予客户60天信用期限，预计销售收入为7500万元，货款将于第60天收到，其信用成本共计210万元；乙方案的信用政策为（2/10，1/20，n/90），预计销售收入为8100万元，将有50%的货款于第10天收到，10%的货款于第20天收到，其余40%的货款于第90天收到（前两部分货款不会产生坏账，后一部分货款的坏账损失率为该部分货款的2%），收账费用为30万元。公司改变信用政策后将不改变目前的变动成本率，公司的资金成本率为10%。要求：通过计算判定公司应采用哪个方案。

3. 某公司需用某种材料8000吨，每次订货成本400元，每吨材料的储存成本为40元，该材料买价为1500元/吨。要求：①计算每次购入多少吨材料，可使全年与进货批量相关的总成本达到最低？此时相关总成本为多少？②若一次订购量在500吨以上时，可获得2%的折扣，在1000吨以上时，可获得3%的折扣，填写表8－9并判断公司的经济订货量为多少。

表8－9　订货相关资料

订购量/吨	平均库存/吨	储存成本/元	订货次数	进货费用/元	进价成本/元	相关总成本/元
400						
500						
1000						

项目九 收益分配管理

知识目标

1. 了解利润的形成过程和目标利润的预测；
2. 能理解利润分配的基本原则、影响因素和利润分配的程序；
3. 掌握股利理论的类型及股利分配政策；
4. 熟悉股利支付的程序、方式、股票分割、股利回购等内容。

技能目标

1. 掌握利润分配的基本原则；
2. 掌握我国股份公司利润分配的一般程序及不同股利分配政策的特点。

情景导入

1995 年 4 月，金融家科克瑞恩和克莱斯勒的前主席艾可卡提出要以一股 55 美元的价格收购克莱斯勒的普通股，这一举动使整个金融界为之震惊。该收购的主要资金来源是负债，但这个出价颇有蹊跷之处。他们还计划使用克莱斯勒自有的 55 亿美元现金来为该收购融资。他们的出价使人们对两个问题的争论愈加激化，即什么是公司合适的现金流量、公司的财务经理应如何使股东财富最大化。

在出价之时，克莱斯勒已积聚了超过 70 亿美元的现金余额。克莱斯勒的董事会认为，公司需要 75 亿美元左右的现金来度过下一个经济衰退期，该目标显然符合股东的最大利益。然而克莱斯勒最大的股东科克瑞恩不同意这一点，他在当时拥有公司不足 10%的发行在外股份(价值 15 亿美元)。他认为公司的现金余额过大，应当通过向股东返还现金的方式来加以削减。

为了了解科克瑞恩的思维角度，确定公司现金归谁所有非常关键。公司的董事会每个季度都会决定如何处置来自经营的多余现金。这些现金可以通过股利的方式发放给股东，也可以留存在企业。如果支付股利，便是流向股东的现金流量，如果将现金留在公司，这些钱仍然归属于股东，但事实上董事们通过增加净营运资本的方法使股东的资金再投资到了公司里。

争论的焦点是净营运资金的增加是否为股东提供了适当的回报。克莱斯勒的董事们认为，现金能降低出现财务危机的概率，对于股东来说是有利的，然而，从科克瑞恩的角度来说，克莱斯勒的现金余额在增加的同时，它的股价并没有上升。在1994年晚些时候，科克瑞恩说服了克莱斯勒的董事会，用公司的一些多余现金将公司的股利提高了60%，并且进行了一项10亿美元的股票回购活动，这两项措施均给股东带来了现金流入。尽管如此，克莱斯勒的现金余额在1995年早些时候依然上升，股票价格却在继续下跌。科克瑞恩认为，积聚现金并不能增加股东的财富，更好的方法是让股东自行将现金进行再投资。

科克瑞恩与克莱斯勒之间争夺控制权的斗争最终如何结束，并不能解决公司究竟应该持有多少现金这个更为普遍的论题，而且克莱斯勒并不是唯一拥有大量现金的公司。1995年4月，《华尔街日报》报道说，克莱斯勒的现金持有量约等于其股票市场价值的30%，福特为22%，英特尔为9%，这些公司已经为它们的股东投资了大量的资金。这些积聚了大量现金余额的公司可能最终需要向一个重要的、有时会发表意见的群体——它们的股东——辩护自己的行为。

导问：克莱斯勒的财务管理目标是什么？克莱斯勒的股利政策会对公司市场价值产生怎样的影响？克莱斯勒的股票回购活动对股东和公司产生了什么影响？

任务一　企业收益管理

一、利润与目标利润

（一）利润

利润是指企业在一定会计期间的经营成果。利润包括收入减去费用后的净额、直接计入当期利润的利得与损失等，因此，当期利润总额取决于该期间收入和费用、直接计入当期利润的利得与损失金额的大小。

（二）目标利润

目标利润是指企业在未来一段期间内，通过企业经营管理应该达到的利润控制目标。目标利润是企业未来经营必须考虑的重要战略目标之一。目标利润预测是指企业在运用定量预测分析的基础上，通过对产品销售量、销售单价和产品成本以及其他对利润产生影响的因素的分析和研究，对企业在未来某一时期可以实现利润的预计和预算。正确的目标利润预测可以为企业未来经营建立合理的利润目标，以便于企业按利润目标对企业经营效果进行考核和分析。

二、利润的分类与作用

(一)利润的分类

根据最新的《企业会计准则》和《企业会计准则应用指南》中的关于企业利润表列报的相关规定,上市公司至少应列报营业利润、利润总额和净利润三大类关于利润的指标。

(二)利润的作用

企业利润来自企业的生产经营活动,在缴纳企业所得税后,最终的净利润归属于企业股东。因此企业加强利润管理,不断提高企业的利润水平,无论是对企业股东还是对国家,都具有重大的经济意义。

1. 利润是企业实现财务目标的基础

一般认为,企业财务管理的目标是企业价值最大化,而企业价值最大化要达到利润与风险的最佳组合匹配。企业只有实现足够的利润,才能使企业债权人和股东的利益得到保障。利润是一项综合性很强的指标,企业经营管理的质量、市场开拓能力、成本费用的开支以及各种财务风险最终都会在企业利润上体现出来,因而利润也是对企业作出评价的最重要的指标之一。

2. 利润是国家财政收入的重要来源之一

根据有关税法的规定,作为国民经济的基本单位,企业有义务将其实现的利润在国家和企业之间进行分配,也就是说,企业要依法向国家缴纳所得税。所得税具有强制性、无偿性和固定性等特点,因此构成了国家财政收入的重要来源之一。

3. 利润是衡量企业生产经营水平的一项综合性指标

利润从构成内容看,概括了企业的全部生产经营工作范围。因此,利润的多少反映了企业生产经营水平的高低。企业获得的利润越多,说明企业管理者经营管理越有方,生产经营活动中的消耗少,产品成本低、质量好,产品适销对路。

4. 利润是企业扩大再生产的资金保障

企业资金的来源是多方面的,其中利润是一项重要的资金来源。企业要扩大生产经营规模、提高生产技术,主要依靠企业自身的内部积累。这不仅能给企业带来更多的利润,也有利于提高企业的安全性。

三、利润的形成

利润的形成包括营业收入、营业利润、利润总额、净利润等一系列过程。

(一)营业收入

营业收入是指企业在从事销售商品、提供劳务和让渡资产使用权等日常经营业务过程中所形成的经济利益总流入。营业收入包括主营业务收入和其他业务收入。

主营业务收入是指企业从事某种主要生产和经营活动所取得的营业收入。

其他业务收入是指企业从事除主营业务收入以外的其他业务所取得的收入。它包括材料销售、技术转让、固定资产出租和周转材料出租等形成的非工业性劳务收入。

(二)营业利润

营业利润是指企业在一定时期从事生产经营活动所产生的利润。它是企业利润总额的主体,是企业营业收入扣除营业成本、费用和各项相关税金等支出后的余额,其计算公式为:

营业利润=营业收入-营业成本-营业税金及附加-销售费用-管理费用

-财务费用-资产减值损失±公允价值变动损益±投资收益

其中:

营业成本是指企业根据收入准则确认销售商品、提供劳务等主营业务收入和其他业务收入时应结转的成本和其他经营活动发生的成本,包括主营业务成本和其他业务成本。

营业税金及附加是指企业经营活动发生的营业税、消费税、城市维护建设税、资源税和教育费附加等相关税费。

销售费用是指企业销售商品和材料、提供劳务的过程中发生的各种费用。

管理费用是指企业为组织和管理企业生产经营所发生的管理费用。

财务费用是指企业在生产经营过程中为筹集资金而发生的各种费用。

资产减值损失是指企业根据资产减值等准则计提各项资产减值准备所形成的损失。

公允价值变动损益是指各项资产由于公允价值变动所发生的损益。

投资收益是指企业对外投资所取得的收益或发生的损失。

(三)利润总额

利润总额是指企业在一定时期所有活动所取得的经营成果。从整个社会来看,利润是社会再生产的重要资金来源;从企业来看,利润是企业生存与发展的必要条件,也是评价企业生产经营状况的一个重要指标。

利润总额的计算公式如下:

利润总额=营业利润+营业外收入-营业外支出

其中:

营业外收入是指企业发生的与其主要生产经营活动无直接关系的各项收入。

营业外支出是指企业发生的与其主要生产经营活动无直接关系的各项支出。

(四)净利润

净利润,又叫税后利润,是指企业利润总额减去所得税费用之后的金额。

净利润的计算公式如下:

$$净利润=利润总额-所得税费用$$

其中:

所得税费用是指企业根据《中华人民共和国企业所得税法》确认的应从当期利润总额中扣除的所得税费用。

四、目标利润的预测

正确的目标利润预测可以为企业的经营建立合理的利润总额的目标,也便于企业按利润总额的目标对企业经营管理进行考核和分析。在利润总额中,营业利润占的比重最大,是利润预测的重点,而营业外收支净额和所得税费用等项目可以采用较为简便的方式进行预测。下面以营业利润为例来说明利润预测中常用的几种方法。

(一)量本利分析预测法

量本利分析预测法是将产品成本按其对产销量的依存关系分为变动成本和固定成本两部分,根据销售量、成本、利润三者之间的关系来确定目标利润的一种方法。其计算公式为:

$$P=(SP-VC)\times Q-FC$$

式中,P 为目标利润,SP 为销售单价,VC 为单位变动成本,Q 为销售量,FC 为固定成本总额。

【例 9-1】 N公司的一个分公司主营业务之一是生产销售服装,预计该公司下年度的销售量为1000000件,预计服装每件销售单价为2000元,固定成本总额为300000000元,每件产品单位变动成本为1400元,则该公司下年度服装业务的目标利润为多少?

解:

$$目标利润=(2000-1400)\times 1000000-300000000=300000000(元)$$

(二)比率预测法

比率预测法是按先进合理的利润率来预测目标利润的方法。如根据销售利润率、资产利润率等指标的先进合理水平预测目标利润。

根据销售利润率预测目标利润，其计算公式如下：

目标利润＝预计销售收入×销售利润率

根据资产利润率预测目标利润，其计算公式如下：

目标利润＝预计资产平均占用率×资产利润率

(三)因素分析法

因素分析法是一种在基期销售利润水平的基础上，考虑预测期影响销售利润增减变动的各种因素，确定预测期产品销售利润额的方法。

这种方法在销售预测和取得基期利润表的基础上，根据销售百分比法的原理，计算基期利润表中各项目与产品销售收入的百分比，再将其与销售预测值相乘，确定预计利润表的各项目，运用编制的预计利润表来确定预测期的目标利润。

任务二　利润分配概述

利润分配是企业按照国家有关法律、法规及企业章程的规定，在兼顾股东与债权人等其他利益相关者的利益关系基础上，将实现的利润在企业与企业所有者之间、企业内部的有关项目之间、企业所有者之间进行分配的活动。利润分配决策是股东当前利益与企业未来发展之间权衡的结果，将引起企业的资金存量与股东权益规模及结构的变化，也将对企业内部的筹资活动和投资活动产生影响。

一、利润分配的原则

利润分配是一项十分重要的工作，它不仅会影响公司的筹资决策、投资决策和投资各方的利益，而且会影响到公司的资金流转。因此，妥善处理好企业内外各利益主体之间的关系，以及企业收益分配与内部短期发展和长远发展之间的辩证关系，确保公司的健康发展，显得尤为重要。为此，进行利润分配时应遵循以下原则：

(一)依法分配原则

企业的利润分配必须依法进行。为规范企业的利润分配行为，国家制定和颁布了相关法规。这些法规规定了企业利润分配的基本原则、一般程序和重大比例，企业应认真贯彻执行，不得违反。

(二)兼顾各方面利益原则

利润分配应统筹兼顾，合理安排。企业税后利润分配是否合理，直接关系到企业投资者、经营者和职工等各方面的经济利益。投资者作为资本投入者、企业所有者，依法享有对利润的分配权。净利润归投资者所有，是企业的基本制度，也是投资者投资于企业的根本动力所在。同时，企业经营的好坏，在很大程度上还取决于经营者的经营策略以及全体职工的辛勤工作。职工除获得薪酬等劳动报酬外，还应以适当方式参与净利润的分配。

(三)分配与积累并重原则

要正确处理长期利益和近期利益这两者的关系，坚持分配与积累并重。企业除按规定提取法定盈余公积金以外，可适当留存一部分利润作为积累，这部分未分配利润仍归企业所有者所有。这部分积累的净利润不仅可以为企业扩大生产筹措资金，增强企业发展能力和抵抗风险的能力，同时，还可以供未来年度进行分配，做到以丰补亏、平抑利润分配数额波动、稳定投资报酬率的作用。当然，过分强调积累而忽视分配，这种做法也是不可取的。因此，制定科学的股利政策，应留有余地，使利润真正成为促进企业发展的有利手段。

(四)投资与收益对等原则

企业分配利润应当体现“谁投资谁收益”的原则，收益大小与投资比例相适应，即投资与收益对等。这是正确处理投资者利益关系的关键。投资者因其投资行为而享有收益权，并同其投资的比例相适应。这就要求企业在向投资者分配利润时，应本着平等一致的原则，按照各方投入资本的多少来进行，决不允许发生任何一方随意多分多占的现象。只有这样，才能从根本上保护投资者的利益，增强投资者的积极性。

(五)资本保全原则

资本保全原则是现代企业制度的基础性原则之一，企业在分配中不能侵蚀资本。利润的分配是对经营中资本增值额的分配，不是对资本金的返还。按照这一原则，一般情况下，企业如果存在尚未弥补的亏损，应首先弥补亏损，再进行其他分配。

二、利润分配的影响因素

企业管理者在制定利润分配方案时，有来自主观和客观方面的制约因素，使决策者只能遵循当时的经济环境与法律环境做出有限的选择。影响企业利润分配政策的因素主要体现在以下几个方面：

(一)盈余的稳定性

企业的盈余是企业利润分配政策的重要基础，一般而言，盈余稳定的企业能够较好地把握自己，有可能支付比盈余不稳定的企业更高的股利；而盈余不稳定的企业一般则采取低股利政策，这样可以减少因盈余下降而造成的股利无法支付、股价急剧下降的风险，还可将更多的盈余再投资，以提高企业权益资本比重，减少财务风险。

(二)资本积累约束

企业在取得投资收益时，必须按照一定的比例和基数提取各种公积金。当企业年度出现亏损时，一般不得分配利润，必须是先弥补亏损后再进行分配，而且要保留一定数额的留存收益。

(三)偿债能力

这是规定企业在分配股利时，必须保持充分的偿债能力。企业对外负债时，债权人为了保护自身债权的安全性和收益性，对企业发放股利或投资分红做了一些限制。主要包括：规定每股股利的最高限额；规定企业只有在达到一定财务比率(如流动比率、利息保障倍数等)时才可以发放股利；规定企业必须建立偿债基金后，方可支付股利等。企业在进行利润分配时，不能只看利润表上净利润额的大小，还必须关注资产负债表上现金结余的情况。当企业支付现金股利后影响到企业偿还债务和正常经营时，企业发放现金股利的数额就会受到限制。

(四)未来投资机会

对于有着良好投资机会的企业，需要有强大的资金支持，往往会少发股利，而将大部分盈余用于投资；而对于缺乏良好投资机会的企业，保留大量现金会导致资金闲置，于是倾向于支付较高的股利。正因为如此，处于成长中的企业多采取低股利政策；而陷于经营收缩的企业多采取高股利政策。

(五)控制权的稀释

企业的所有者权益由资本金、资本公积金和留存收益组成。如果分配利润较多，留存收益就会相应减少，企业将来依靠发行股票等方式筹资的可能性加大，而发行新股意味着企业控制权有改变的可能。因此，如果原投资者拿不出更多的资金投入企业或购买公司的新股，企业宁愿不分派利润，也要反对追加投资、募集新股。

(六)股东的意见

在制定利润分配政策时，股东的意见非常重要，因股东从自身出发，对利润分配政策会产生不同的影响。通常对以依赖企业发放的现金股利维持生活的股东来说，他们要求企业能够定期地支付稳定的股利，比如一些退休者，反对企业留利过多。同时，按我国税法规定，股东从企业分得股息和红利，应按20%的税率缴纳个人所得税，因此，对于一些高收入阶层的股东而言，出于避税的考虑，往往反对企业发放过多的现金股利，对他们而言，股票价格上涨获得的收益比分得股息、红利更具吸引力。

三、利润分配程序

企业缴纳所得税后的利润，除国家另有规定外，按照下列顺序分配：

(一)弥补以前年度亏损

企业的亏损包括政策性亏损和经营性亏损。政策性亏损可向国家申请补贴;经营性亏损,其弥补方式一般有三种,即以前年度的盈余公积金弥补、以后年度的税前利润弥补和以后年度的税后利润弥补。企业发生的经营性亏损,首先应当用以前年度的盈余公积金弥补;不足弥补的,可以在以后连续5年内由税前利润继续弥补;如果发生的亏损在5年内用税前利润仍然不足弥补的,从第6年开始,以税后利润弥补亏损。其中,税后利润弥补亏损可以用当年实现的净利润,也可以用盈余公积金(简称盈余公积)转入。

(二)提取法定盈余公积金

企业的税后利润在弥补亏损后,应当计提法定公积金。法定公积金按照税后利润扣除用于补亏利润后差额的10%提取,法定公积金达到注册资本的50%时,可以不再提取。盈余公积金可用于弥补亏损,经过批准也可用于转增资本金。法定盈余公积金的性质属于股东权益,可用于下列用途:

① 弥补亏损:按税法规定,企业5年以前的年度亏损可用税前利润弥补,5年以后的年度亏损不能用税前利润弥补,可用税后利润弥补,也可用法定盈余公积金弥补。

② 转增资本:企业的法定盈余公积金经股东大会特别决议后,也可用于增加企业的注册资本,但增加注册资本后,剩余的法定盈余公积金不得低于注册资本的25%。

③ 发放股利:当企业亏损时或当年净利润以及以前年度累计未分配利润不够分配股利时,用法定盈余公积金补亏后,经股东大会特别决议,可用法定盈余公积金发放股利并且支付股利后剩余的法定盈余公积金不得低于注册资本的25%。

(三)提取任意盈余公积金

《中华人民共和国公司法》规定,企业从税后利润中提取法定公积金,经股东会或股东大会决议,还可以从税后利润中提取任意公积金,任意盈余公积金的计提比例没有法定要求,其提取比例或数额由股东会议确定,这一般与公司的股利政策有关。提取任意盈余公积金的目的在于控制向股东分配股利的水平以及调节各年利润分配的波动。任意盈余公积金的用途与法定盈余公积金相同,只是没有比例限制。

(四)向投资者分配利润

企业弥补以前年度亏损和提取公积金后的剩余部分,加上以前年度未分配的利润,可以向投资者分配利润。其中,有限责任公司股东按照实缴的出资比例分取红利,股份有限公司按照股东持有的股份比例分配股利,但是,企业章程另有约定的除外。

任务三 股利理论及股利分配政策

股利分配是指公司制企业向股东分派股利，是企业利润分配中最重要的一部分。除了法定盈余公积之外，其他的利润分配项目企业都可自主安排，它们之间是此增彼减的关系，比如任意盈余公积多了，股利就少了。企业究竟用多少盈余发放股利、多少盈余为企业所留用，这是财务管理必须研究的重要问题，因为它可能会对企业股票价格产生影响。

一、股利理论

股利政策是有关企业是否发放股利、发放多少股利、以何种形式发放以及何时发放等的方针策略。长期以来，股利政策对企业的股价或企业价值是否有影响，一直是人们探讨的内容。长期探讨的结果，形成了一系列股利政策的基本理论。这些股利理论主要有股利无关论和股利相关论。

(一)股利无关论(MM 理论)

以美国财务学家米勒和莫迪格莱尼(Miller 和 Modigliani)为代表人物的股利无关论认为，企业的股利政策不会对股票价格产生任何影响。该理论又被称为 MM 理论。股利无关论是以下列假设为基础的：

① 资本市场是强式有效市场，即现行市场价格反映了所有已公开或者未公开的信息，企业的投资者和管理当局可相同地获得关于未来投资机会的信息(即投资不受股利政策的影响)。

② 没有筹资费用，即没有股票发行和交易费用。

③ 不存在个人所得税和企业所得税。

④ 企业的投资决策与股利决策是彼此独立的，即投资决策不受股利分配的影响。

如上述假设成立，那么投资者不会关心企业股利的分配情况，股价将完全由投资方案和获利能力所决定，而并非取决于企业的股利政策。照此理论，在企业有较好的投资机会的情况下，如果股利分配得较少，留利较多，企业的股票价格就会上升，投资者即可以通过出售股票来换取现金；相反，如果股利分配得较多，留利较少，投资者获得现金后会重新寻求新的投资机会，而公司仍可以顺利地筹集到新的资金，也就是说，投资者对股利和资本利得是没有偏好的。

(二)股利相关论

股利相关论认为，企业的股利政策会影响到企业的股票价格。其代表性观点主要有："在手之鸟"理论、信号传递理论、税收效应理论等。

1."在手之鸟"理论

西方有一句格言叫作"双鸟在林，不如一鸟在手"，这里借用为"在手之鸟"理论。这种观点认为，在股利收入与股票价格上涨产生的资本利得之间，投资者更倾向于前者。这是因为股利是现实的、有把握的收益，而股票价格的上升与下跌具有较大的不确定性，与股利收入相比风险更大。所以，投资者更愿意购买能支付较高股利的企业股票，这样，股利政策必然会对股票价格产生影响。根据这种理论，企业应当定期向股东支付较高的股利。企业分配的股利越多，企业的市场价值也就越大。

2. 信号传递理论

信号传递理论认为，在信息不对称的情况下，企业可以通过股利政策向投资者传递有关企业未来盈利能力的信息，这一信息自然会反映在股票的价格上，因此股利政策与股票价格是相关的。如果企业改变了长期以来比较稳定的股利政策，这就等于给投资者传递了企业盈利能力发生变化的信息。如股利提高，可能给投资者传递企业创造未来现金流量能力增强的信号，股价就会上涨；反之，股利下降，可能给投资者传递企业经营状况变坏的信号，股价就会下跌。当然高派现的企业向投资者传递的并不一定是企业具有良好前景的利好消息，也许是企业当前没有净现值大于零的投资项目，或企业缺乏较好投资机会的利空消息。

3. 税收效应理论

税收效应理论认为，股利无关论中关于不存在个人及企业所得税这一假设是不存在的。在现实生活中，不仅存在着个人和企业所得税，而且在西方国家，对资本利得收入计征的所得税的课税比率也是不同的。一般而言，股利收入的所得税税率较高，资本利得的所得税税率较低。如果投资者一直将资金保留在企业中继续增值，则直到出售股票获得资本利得时，才需要纳税，具有推迟纳税的效果，因为企业的股利政策采取多留少分，有利于投资者减少缴纳的所得税，使投资者获得更多的投资收益。投资者如果不出售股票，就不会获得资本利得，也就不需要纳税。这就是股利政策的所得税效应。从该效应来看，那些能够利用留存收益进行有效投资、增加股东财富的企业，不发或少发股利对投资者更为有利。

二、股利政策的类型

股利政策是指企业在法律允许的范围内，自主决定是否发放股利、发放股利的数量和发放股利的时间等一系列关于股利发放的问题。企业实现的各种盈余既可以以股利的形式发放给股东，也可以留存在企业内部。股利政策的关键问题是如何确定股利分配和留存的比例。通常可供企业选择的股利政策有以下四种类型：

(一)剩余股利政策

剩余股利政策是股利无关论在股利政策实务上的具体应用，在股利无关论的观点下，股利政策不会对公司的股票价格产生任何影响，所以企业在有较好的投资机会时，可以少分配甚至不分配股利，而将留用利润用于再投资。

剩余股利政策主张，企业净利润首先用于满足投资需求，然后若有剩余才用于分配股利。也就是说，在企业有良好的投资机会时，根据一定的目标资本结构(最佳资本结构)，测算出投资所需的权益资本，先从盈余中留用，若有剩余盈余，再分配股利。采用剩余股利政策时，应遵循以下四个步骤：

① 设定目标资本结构，即确定权益资本与债务资本的最佳比率，在此资本结构下，综合资本成本应达到最低水平。

② 确定最佳目标资本结构下投资所需的权益资本数额。

③ 尽量利用保留盈余来满足投资所需增加的权益资本数额。

④ 投资方案所需固定权益数额已经满足后若有剩余，再将其剩余部分作为股利分配给股东。

【例9-2】 嘉陵公司本年税后利润为230万元。2021年该公司拟上一个新项目，需投资300万元，公司认为最佳资本结构是权益资本占60%、债务资本占40%。假设公司采用剩余股利政策，则本年可发放的现金股利额为多少？

300万元投资总额所需权益资本＝300×60%＝180(万元)

可发放的现金股利额＝230－180＝50(万元)

剩余股利政策的优点在于：企业当年实现的净利润首先保证企业新投资项目的资金需要，从而有助于降低新投资项目的资金成本，保持最佳的资本结构，实现企业价值的长期最大化。剩余股利政策的缺点在于：如果完全遵照执行剩余股利政策，股利发放额就会每年随投资机会和盈利水平的波动而波动。即使在盈利水平不变的情况下，股利也将因投资机会的存在出现较大的波动，不利于投资者安排收入与支出，也不利于企业树立良好的形象。

(二)固定或稳定增长股利政策

固定或稳定增长股利政策是股利相关论在股利政策实务上的具体应用。根据股利相关论的观点，股利政策会对股票价格产生较大影响，股利的发放是向投资者传递有关公司经营状况的某种信息。所谓固定或稳定增长的股利政策，是指企业将每年派发的股利固定在某一特定水平上，并在较长的时期内保持不变，只有当企业认为未来盈余会显著地、不可逆转地增长时，才提高年度的股利发放额。另外，在通货膨胀的情况下，大多数企业的利润会随之提高，且大多数的投资者也希望企业能提供足以抵消通货膨胀不利影响的股利。因此，在长期通货膨胀的情况下，也应提高股利发放额。该股利政策的优缺点如下：

1. 优点

固定或稳定增长的股利支付，向市场传递着正常发展的信息，有利于树立企业的良好形象，增强投资者对企业的信心，稳定股票价格；稳定的股利支付，有利于投资者安排收入与支出，可以吸引依靠股利维持生活以及不愿意冒风险的股东。即使推迟某些投资方案或者暂时偏离目标资本结构，也可能要比降低股利或降低股利增长率更为有利。

2. 缺点

在固定或稳定增长股利政策下，股利支付与企业盈利相脱离，造成投资的风险与收益不对称；由于企业盈利较低时仍要支付较高的股利，容易引起资金短缺，追加外部筹资会提高资金成本。

(三)固定股利支付率政策

固定股利支付率政策是指企业在设立之初就确定固定的股利支付率，并长期按此比率从净利润中进行股利分配的政策。在这一股利政策下，各年股利随企业经营的好坏而上下波动，获得较多盈余的年份，股东领取的股利较高；获得盈余较少的年份，股东领取的股利就较少。在固定股利支付率政策下，能够使股利与企业盈余紧密结合，体现了多盈多分、少盈少分、不盈不分的原则。只有维持固定的股利支付率，企业才算公平地对待了每一位股东。但股利通常被认为是企业未来前途的信息来源，这样做将对企业的股票价格产生不利影响。该股利政策的优缺点如下：

1. 优点

其能够使股利支付与企业盈利密切相关，股利随经营业绩的变动而变动，体现了股权投资的风险性。

2. 缺点

在经营不稳定的时期，股利也变动较大，忽高忽低，这便把企业经营不稳定的信息传递给了投资者，影响了股价的稳定与上涨；企业每年按固定的比例从净利润中支付股利，缺乏财务弹性。此外，确定合理的股利支付率难度也很大。

(四)低正常股利加额外股利政策

低正常股利加额外股利政策是指在一般情况下，企业按一个固定的、较低的数额向股东支付正常股利，当企业经营盈利有较大的增加时，再根据实际需要，向股东临时发放一些额外股利。但是，额外支付的股利并不固定，并不意味着企业永久地提高了原来规定好的较低的股利。低正常股利加额外股利政策是一种折中的股利政策，有利于稳定性与灵活性的结合，因而为许多企业所采用。该股利政策的优缺点如下：

1. 优点

其使企业的股利分配有较大的灵活性，当企业的盈余有较大幅度增加时，则可适度增发股利，将经济繁荣的部分利益分配给股东，使他们增强对公司的信心，这有利于稳定股票的价格。当企业的盈余较少或投资需要较多资金时，可维持较低的但正常的股利水平，不会增大企业的财务压力，同时又能保证股东稳定的股利收入，可避免股价下跌的风险。

2. 缺点

股利派发缺乏稳定性，由于分派的股利不同，容易给投资者以企业收益不稳定的感觉；如果企业较长时期一直发放额外股利，股东就会误认为这是正常股利，一旦取消，容易给投资者造成公司财务状况逆转的负面印象，从而导致股价下跌。

任务四　股利支付的程序和方式

一、股利支付的程序

股份公司分配股利须遵循法定的程序，先由董事会提出股利分配预案，然后提交股东大会决议，经股东大会决议通过后，确定股利支付方案，并确定股权登记日、除息（或除权）日和股利支付日等。

（一）股利宣告日

股利宣告日就是股东大会决议通过利润分配预案并由董事会宣告发放股利的日期。公告中宣布每股应支付的股利、股权登记日、除息日以及股利支付日。我国的股份公司通常一年派发一次股利，也有在年中派发中期股利的。在宣布分配方案的同时，要公布股权登记日、除息除权日和股利发放日（股利支付日）。

（二）股权登记日

股权登记日是有权取得本期股利的股东资格登记截止日期，也称为除权日。由于股票可以在证券市场上自由买卖、交易，因此公司的股东经常变动。为了明确具体的股利发放对象，公司必须规定股权登记日。只有在股权登记日前在公司股东名册上有名的股东，才有权分享股利。而在股权登记日之后登记在册的股东，即使在股利发放之前取得股票，也无权领取本次分配的股利。

（三）除息除权日

除息除权日是指除去交易中的股票领取本次分配的股利权利的日期，即领取股利的权利与股票分开的日期。在除息除权日之前购买的股票才能领取本次股利，而在除息除权日当天或是以后购买的股票，则不能领取本次股利。除息日对股票的价格有明显的影响，在除息日之前的股票价格中包含了本次股利，在除息日之后的股票价格中不再包含本次股利，所以股票价格会下跌，下跌的幅度约等于每股分派的现金股利。

股权登记日后的第一个交易日就是除息除权日。这一天或以后购入该上市公司股票的股东，不再享有该上市公司此次宣布发放的股利。

(四)股利支付日

股利支付日是上市公司按照公布的股利分配方案向股权登记日在册的股东实际支付股利的日期。即在这一天，公司可以通过各种方式将股利支付给股东，也可以通过中央清算登记系统直接记到股东账户，由股东向其证券代理商领取。

【例 9-3】 某上市公司于 2021 年 3 月 16 日发布公告："本公司股东大会在 2021 年 3 月 15 日决议通过公司董事会提交审议的股利分配方案，决定以 2020 年年底公司总股本为基数，向全体股东 10 送 6 转增 4 派 4(含税)。公司将于 2021 年 4 月 5 日支付给已在 2021 年 3 月 22 日登记为本公司股利的人士。"该公司的股权宣告日、股权登记日、除息除权日、股利支付日分别是哪一天?

2021 年 3 月 16 日为股权宣告日；

2021 年 3 月 22 日为股权登记日；

2021 年 3 月 23 日为除息除权日；

2021 年 4 月 5 日为股利支付日。

二、股利支付的方式

股份公司分配股利的形式一般有现金股利、股票股利、财产股利和负债股利，其中最为常见的是现金股利和股票股利。

(一)现金股利

现金股利是股份公司以现金形式支付的股利，是股利支付的最常见的形式，也是投资者最易接受的方式。发放现金股利的多少主要取决于公司的股利政策和经营业绩。

发放现金股利必备两个条件：一是要有足够多的现金；二是要有足够多的累计盈余(特殊情况下可用弥补亏损后的盈余公积金支付)。

公司发放现金股利主要出于三个原因：投资者偏好、减少代理成本和传递公司的未来信息。但必须注意，有的股东不愿意公司多发放现金股利，而现金股利的发放会对股票价格产生直接影响，在股票除息日之后，由于每股净资产的减少，股票价格会下降。

(二)股票股利

股票股利是指应分给股东的股利以额外增发股票的形式来发放。一般按股东的持股比例以认购股票或增配新股的方式进行。股票股利不会改变公司股东权益总额,但会改变股东权益的构成。公司往往是发行新股时无偿增资配股,股东以不缴纳任何现金与实物的形式取得公司发行的股票(即俗称的“送股”),所以不会导致企业资产的流出或者负债的增加;同时,由于股票股利不是对企业资金的使用,所以也不会因此而增加企业的财产。但是股票股利会增加流通在外的股票数量,降低股票的每股价值。该方式的优点表现在以下几点:

① 能节约公司现金。

② 能降低每股市价,促进股票的交易和流通;若日后公司要发行新股票时,可降低发行价格,有利于吸引投资者。

③ 能传递公司未来经营绩效的信号,增强经营者对公司未来的信心。

④ 能防止其他公司恶意控制。股票股利在降低每股市价的时候能吸引更多的投资者成为公司的股东,从而使公司股权更为分散。

(三)财产股利

财产股利是股份公司以现金之外的其他资产支付的股利,又称实物股利。主要是以公司所拥有的其他企业的有价证券,如债券、股票等作为股利发放给股东。主要有三种形式:

① 以公司以前所发行的公司债券或优先股分派给股东。

② 以不属于该公司的证券分派给股东。

③ 将商品实物分派给股东。美国的很多股权公司,常将其附属公司的普通股分派给原股权公司的股东。

它与股票股利的区别是:财产股利是以其他公司的股票作为股利发放给股东,股票股利是以本公司的股票作为股利发放给股东。

(四)负债股利

负债股利是股份公司以表示债权的凭证支付的股利,主要是以公司的应付票据支付给股东,在不得已的情况下,也可发行公司债券抵付股利。公司账面上所反映的“应付股利”账户不是负债股利。由于货币时间价值的道理,公司通常以应付票据的负债形式来界定延期支付股利的责任。股东因手中持有带息的期票,补偿了股利没有即期支付的货币时间价值,公司则因此而承受了相应的利息支付压力。所以,只有在公司必须支付股利而现金又不充足的特定情况下,才选择采用这种股利支付办法。

它与财产股利的区别是:财产股利是以其他公司的债券作为股利发放给股东;负债股利是以本公司的债券作为股利发放给股东。

任务五 股票分割与股票回购

一、股票分割

股票分割又称拆股，是公司将面额较高的股票交换成面额较低股票的行为。例如，将原来的一股股票交换成两股新股票。

(一)股票分割的财务影响

股票分割不影响公司的资产、负债和股东权益，包括对其总额与具体构成均不产生影响，但会引起股票股数增加，每股面值降低，并因此引起每股收益和每股市价下降，而总市值保持不变。

(二)股票分割的意义

尽管股票分割不直接增加股东财富，也不增加公司价值，但对股东与公司都有特殊意义。

1. 对股东的意义

① 股票分割后股东持有的股数增加，如果股票分割后每股股利的下降幅度小于股票分割的幅度，则股东可以得到更多的现金股利。

② 股票分割向社会传播有利信息和降低了的股价，可能导致购买该股票的投资者增加，反使其价格上升，增加股东财富。

2. 对公司的意义

① 股票分割可以降低每股市价(由于总价值不变，故是一种相对降低)，从而吸引更多的投资者。

② 股票分割往往会向社会传递公司将会继续发展的信息，从而提高投资者对公司的信心，在一定程度上会稳定股票价格。

③ 在企业并购时，如果并购企业先进行股票分割，将并购企业的股价降下来，可提高并购中的股票交换率(被并购企业股价与并购企业股价的比率)，使被并购方在心理上更容易接受。

二、股票回购

股票回购是指上市公司从股票市场上购回本公司一定数量的发行在外的股票。公司在股票回购完成后，可以将所回购的股票注销，也可以将回购的股票作为“库存股”保留，以便以后发售，但不参与每股收益的计算和收益分配。《中华人民共和国公司法》规定，原则上不允许股票回购，但有下列情形之一的除外：

① 减少公司注册资本；

② 与持有本公司股份的其他公司合并；

③ 将股份奖励给本公司职工；

④ 股东因对股东大会做出的公司合并、分立决议持异议，要求公司收购其股份的；

⑤ 将股份用于转换上市公司发行的可转换为股票的公司债券；

⑥ 上市公司为维护公司价值及股东权益所必需。

我国不存在“库存股”概念。

(一)股票回购的种类

股票回购按其目的分类，有两种基本类型：

1. 红利替代型

股票回购使发行在外的股数减少，会立即提高每股收益，进而导致股价上涨，由资本利得代替现金股利，所以股票回购也被认为是支付股利的方式之一。红利替代型的股票回购，其所需资金应来源于公司的经营盈余。

2. 战略回购型

这是根据公司的长远战略目标需要而进行的回购。战略回购的规模较大，公司不仅需要动用现金储备，而且往往需要大规模举债，或出售部分资产或子公司以筹集股票回购所需的现金，所以，在短期内会使公司的资本结构发生实质性调整。

(二)股票回购的动机

在证券市场上，股票回购的动机主要有以下几点：

1. 巩固既定控股权或转移公司控股权

公司的控股大股东为了保证其控股权不被改变，往往通过公司或关联公司进行股票回购，减少公司总股数，相对提高控股大股东的控股比例。有的公司法定代表人不是最大的股东，这些法定代表人为了能在公司中实现自己的意志，往往通过向大股东回购股票的方式削弱或改变其控股权。

2. 稳定或提高公司股价

过低的股价会降低人们对公司的信心，进而影响公司的产品销售市场与融资市场。为了改变这一现状，公司可以在股票市场上回购自己的股票，减少总股数，提高每股收益，进而提高每股市价。但这只是一时的现象，如果公司不能提高净资产收益率，会导致第二年每股收益下降，进而引起股价下跌。

3. 改善资本结构

当公司的权益乘数太低时，无法充分利用财务杠杆的作用。为了提高权益乘数，除了可以增加负债之外，还可以通过回购股票的方式减少股东权益，相对增加负债比例，以改善资本结构。

4. 分配企业的超额现金

当公司有多余的现金而又无良好的投资机会时，公司应当将这些多余的现金按最佳资本结构的比例偿还债务和回购股票，以维持最佳资本结构。

在西方成熟的证券市场，股票回购是一种合法化的公司行为，但由于回购股票的行为对公司的股价影响过大，而且通常涉及内幕消息，因此各国都对此进行相应的约束。西方国家的公司回购的股票一般作为库存股票。

巩固训练

一、单选题

1. 我国上市公司不得用于支付股利的权益资金是(　　)。

A. 资本公积金　　B. 法定盈余公积金

C. 任意盈余公积金　　D. 上年未分配利润

2. (　　)之后的股票交易，股票交易价格会有所下降。

A. 股利宣告日　　B. 除息(除权)日

C. 股利支付日　　D. 股权登记日

3. 一般来说，如果一个公司预期未来有较好的投资机会，且预期投资收益率大于投资者期望收益率时，则有可能采取(　　)的利润分配政策。

A. 宽松　　B. 不紧

C. 较紧　　D. 固定或变动

4. 能使股利与公司盈利紧密结合的股利政策是(　　)。

A. 剩余股利政策　　B. 固定股利政策

C. 固定股利支付率政策　　D. 低正常股利加额外股利政策

5. 要保持目标资本结构，应采用的股利政策是(　　)。

A. 剩余股利政策　　B. 固定股利政策

C. 固定股利支付率政策　　D. 低正常股利加额外股利政策

6. 下列各项目中，在利润分配中优先的是(　　)。

A. 法定盈余公积金　　B. 任意盈余公积金

C. 普通股股利　　D. 优先股股利

7. 在企业净利润与现金流量不够稳定时，采用(　　)对企业和股东都是有利的。

A. 剩余股利政策　　B. 固定股利政策

C. 固定股利支付率政策　　D. 低正常股利加额外股利政策

8. 某企业注册资本200万元，盈余公积金160万元，企业用盈余公积金转增资本的最高限为(　　)万元。

A. 50　　B. 80

C. 100　　D. 110

9. 某企业2021年实现利润总额600万元，企业按照10%的比例提取法定盈余公积金，年初有已超过5年的尚未弥补亏损100万元，企业适用的所得税税率为25%，则企业可供分配的利润为(　　)万元。

A. 315　　B. 337.5

C. 375　　D. 405

10. 不能用于补亏的是(　　)。

A. 资本公积金　　B. 盈余公积金

C. 税前利润　　D. 税后利润

二、多选题

1. 按照公司法的规定，下列各项中属于公司利润分配项目的是(　　)。

A. 资本公积金　　B. 法定公积金

C. 税前补亏　　D. 股利

2. 下列关于除息日表述正确的是(　　)。

A. 除息日的下一个交易日为股权登记日

B. 在除息日前，股利权不从属于股票

C. 除息日交易的股票不再享有本次分红派息的股利

D. 从除息日开始，新购入股票的投资者不能分享本次发放的股利

3. 剩余股利政策(　　)。

A. 能使综合成本最低

B. 有利于保持理想的资本结构

C. 有可能影响股东对企业的信心

D. 可最大限度地满足企业对再投资的权益资金需要

4. 低正常股利加额外股利政策(　　)。

A. 能使股利与盈利结合

B. 能保证股利的稳定性

C. 适用于盈利与现金流不稳定的企业

D. 适用于盈利稳定或处于成长期的企业

5. 股利支付程序中涉及的时间界限有(　　)。

A. 股利宣告日　　B. 除息(除权)日

C. 股利支付日　　D. 股权登记日

三、判断题

1. 在连续通货膨胀的情况下,公司应采取偏紧的股利政策。(　　)

2. 固定股利支付率政策体现了风险投资与风险收益对等。(　　)

3. 股票股利发放后,每股市价和每股利润一定会上涨。(　　)

4. 剩余股利政策能充分利用筹资成本最低的资金资源保持理想的资本结构。(　　)

5. 股票股利发放后,每股市价和每股利润一定会下降。(　　)

6. 在除息日前,股利权从属于股票;在除息日及以后,股利权与股票相分离。(　　)

7. 除息日交易的股票不再享有本次分红派息的股利。(　　)

8. 低正常股利加额外股利政策,适用于盈利稳定或处于成长期的企业。(　　)

9. 低正常股利加额外股利政策是能让股利与公司盈利紧密结合的股利政策。(　　)

10. 股利宣告日之后的股票交易,股票交易价格会有所下降。(　　)

四、分析题

2007 年 2 月 1 日,A 公司第三届董事会第四次会议审议通过了《关于公司 2006 年度利润分配预案》;2007 年 3 月 30 日,公司 2006 年度股东大会审议批准了《关于公司 2006 年度利润分配议案》;2007 年 4 月 6 日,公司发布 2006 年度分红派息实施公告;2007 年 4 月 13 日,公司实施 2006 年度利润分配方案,以 2006 年 12 月 31 日总股本 1.95 亿股为基数,向全体股东每 10 股送 10 股,每股派发现金红利 30 元(含税),共计送红股 1.95 亿元,派现金红利 5.85 亿元。新增可流通股份上市流通日是 2007 年 4 月 13 日。试分析:①股利分配形式有哪几种? A 公司采用的是哪种股利分配形式? ②股利政策通常有哪几种类型? 你认为案例中 A 公司采用的是哪种股利政策? 其主要特点有哪些?

项目十　财务分析

知识目标

1. 了解财务分析的意义、目的及内容；

2. 熟悉财务分析的常用方法；

3. 熟悉杜邦分析法和沃尔评分法等企业财务状况的综合分析方法。

技能目标

1. 掌握杜邦分析法；

2. 掌握偿债能力、营运能力、盈利能力、发展能力及上市公司市场价值的比率分析。

情景导入

红秀集团自上市以来，从 2018 年一直到 2020 年，历年的每股收益分别为：0.38 元、0.31 元、0.39 元，净资产收益率保持在 10%以上(2020 年为 11%)，其间还进行了一次分红、一次资本公积金转增股份、一次配股。2020 年资产总额为 62690 万元，负债总额为 15760 万元，利息费用总额 950 万元。但是，2021 年上半年，红秀集团突然像霜打的叶子——蔫了，报告显示，尽管上年年末还有 4690 万元的净利润，但这年上半年却一下子高台跳水，变成净亏损 20792 万元。此时，公司资产为 51200 万元，负债 36740 万元，利息费用总额 1400 万元。

2021 年，有关资料披露，由于红秀集团的债务人丧失偿债能力，董事会核销其一笔 134710056.20 元巨额欠款，由此造成上半年出现巨额亏损。此时，红秀集团以往来账的形式所欠其股份公司的债务已达 21660 万元。至 2021 年中期审计截止日，公司应收款项中发生诉讼案件涉及金额已达 872 万元，公司所得税税率为 30%。

导问：红秀集团 2020 年、2021 年的长期偿债能力如何？请结合 2021 年发生的事项，分析其对公司偿债能力的影响。

任务一 财务分析概述

财务报表能够全面反映企业的财务状况、经营成果和现金流量情况，但单纯从财务报表上的数据还不能直接或全面说明企业的财务状况，特别是不能说明企业经营状况的好坏和经营成果的高低，只有将企业的财务指标与有关的数据进行比较，才能说明企业财务状况所处的地位，所以，进行财务分析十分必要。

财务分析，是通过收集、整理企业财务会计报告中的有关数据，并结合其他有关补充信息，采用专门方法，对企业的财务状况、经营成果和现金流量情况进行综合比较和评价，为财务会计报告使用者提供管理决策和控制依据的一项管理工作。

一、财务分析的意义

财务分析是以价值形式运用会计报表及其他核算资料，采用一系列的分析方法，对一定期间的财务活动的过程和结果进行研究和评价，用以认识财务活动规律，促进企业提高经营效益的财务管理活动。财务分析既是已完成财务活动的总结，又是财务预测的前提，在财务管理的循环中起着承上启下的作用。

（一）可以判断企业的财务实力

通过对资产负债表和利润表有关资料进行分析，计算相关指标，可以了解企业的资产结构和负债水平是否合理，从而判断企业的偿债能力、运营能力及盈利能力等财务实力，揭示企业在财务状况方面可能存在的问题。

（二）可以评价和考核企业的经营业绩，揭示财务活动存在的问题

通过指标的计算、分析和比较，能够评价和考核企业的盈利能力和资金周转状况，揭示其经营管理的各个方面和各个环节问题，找出差距，得出分析结论。

（三）可以挖掘企业潜力，寻求提高企业经营管理水平和经济效益的途径

企业进行财务分析的目的不仅仅是发现问题，更重要的是分析问题和解决问题。通过财务分析，应保持和进一步发挥生产经营管理中成功的经验，对存在的问题应提出解决的策略和措施，以达到扬长避短、提高经营管理水平和经济效益的目的。

（四）可以评价企业的发展趋势

通过各种财务分析，可以判断企业的发展趋势，预测其生产经营的前景及偿债能力，从而为企业领导层进行生产经营决策、投资者进行投资决策和债权人进行信贷决策提供重要的依据，避免因决策错误给其带来重大的损失。

二、财务分析的目的

财务报表分析的目的是将财务报表数据转换成有用的信息，帮助报表使用人改善决策。最早的财务报表分析，主要是为银行服务的信用分析。由于借贷资本在公司资本中的比重不断增加，银行需要对贷款人进行信用调查和分析，就逐步形成了偿债能力分析等有关内容。

资本市场出现后，财务报表分析由为贷款银行服务扩展到为各种投资人服务。社会筹资范围扩大，非银行债权人和股权投资人增加，公众进入资本市场。投资人要求的信息更为广泛，逐步形成了盈利能力分析、筹资结构分析和利润分配分析等新的内容，发展出比较完善的外部分析体系。

随着公司组织的发展，经理人员为获得股东的好评和债权人的信任，需要改善公司的盈利能力和偿债能力，逐步形成了内部分析的有关内容，并使财务报表分析由外部分析扩大到内部分析。内部分析不仅可以使用公开报表的数据，而且可以利用内部的数据（预算、成本数据等）。内部分析的目的是找出管理行为和报表数据的关系，通过管理来改善未来的财务报表。

由于财务报表使用的概念越来越专业化、提供的信息越来越多，报表分析的技术日趋复杂。许多报表使用人感到从财务报表中提取有用的信息日益困难，于是开始求助于专业人士，并促使财务分析师发展成为专门职业。专业财务分析师的出现，对于报表分析技术的发展具有重要的推动作用。传统的财务报表分析逐步扩展成为由经营战略分析、会计分析、财务分析和前景分析四个部分组成的更完善的体系。

经营战略分析的目的是确定主要的利润动因和经营风险以及定性评估公司的盈利能力，包括行业分析和公司竞争战略分析等内容；会计分析的目的是评价公司会计反映基本经济现实的程度，包括评估公司会计的灵活性和恰当性，以及会计数据的修正等内容；财务分析的目的是运用财务数据评价公司当前和过去的业绩并评估其可持续性，包括比率分析和现金流量分析等内容；前景分析的目标是侧重于预测公司的未来，包括财务报表预测和公司估价等内容。

三、财务分析的内容

财务分析信息的需求者主要包括企业所有者、企业债权人、企业经营决策者和政府等。不同主体出于不同的利益考虑，对财务分析信息有着各自不同的要求。

（一）投资人

投资人关心其资本的保值和增值状况，因此较为重视企业获利能力指标，主要进行企业盈利能力分析。

(二)债权人

债权人因不能参与企业剩余收益分享,首先关注的是其投资的安全性,因此更重视企业偿债能力指标,主要进行企业偿债能力分析,同时也关注企业盈利能力分析。

(三)企业经营决策者

企业经营决策者必须对企业经营理财的各个方面,包括运营能力、偿债能力、获利能力及发展能力的全部信息详尽地了解和掌握,主要进行各方面的综合分析,并关注企业财务风险和经营风险。

(四)供应商

供应商在考虑是否与企业建立长期的合作关系时,需要分析公司的长期盈利能力和偿债能力;在制定信用政策时,需要分析公司的短期偿债能力。

(五)政府

政府兼具多重身份,既是宏观经济的管理者,又是国有企业的所有者和重要的市场参与者,因此政府对企业财务分析的关注点因所具身份不同而异。

尽管不同企业的经营状况、经营规模、经营特点不同,作为运用价值形式进行的财务分析,归纳起来其分析的内容不外乎偿债能力分析、运营能力分析、获利能力分析、发展能力分析和综合能力分析五个方面。

四、财务分析的常用方法

(一)比较分析法

比较分析法是通过对比两期或连续数期财务报告中的相同指标,确定其增减变动的方向、数额和幅度,来说明企业财务状况或经营成果变动趋势的一种方法。采用这种方法,可以分析引起变化的主要原因、变动的性质,并预测企业未来的发展趋势。

比较分析法的具体运用主要有重要财务指标的比较、会计报表的比较和会计报表项目构成的比较三种方式。

1. 重要财务指标的比较

这种方法是指将不同时期财务报告中的相同指标或比率进行纵向比较,直接观察其增减变动情况及变动幅度,考察其发展趋势,预测其发展前景。不同时期财务指标的比较主要有以下两种方法:

① 定基动态比率,是以某一时期的数额为固定的基期数额而计算出来的动态比率。其计算公式为:

$$定基动态比率=\frac{分析期数额}{固定基期数额}\times 100\%$$

② 环比动态比率，是以每一分析期的数据与上期数据相比较计算出来的动态比率。其计算公式为：

$$环比动态比率=\frac{分析期数额}{前期数据}\times 100\%$$

2. 会计报表的比较

这是指将连续数期的会计报表的金额并列起来，比较各指标不同期间的增减变动金额和幅度，据以判断企业财务状况和经营成果发展变化的一种方法。具体包括资产负债表比较、利润表比较和现金流量表比较等。

3. 会计报表项目构成的比较

这种方法是在会计报表比较的基础上发展而来的，是以会计报表中的某个总体指标作为100%，再计算出各组成项目占该总体指标的百分比，从而比较各个项目百分比的增减变动，以此来判断有关财务活动的变化趋势。同时，应当注意以下问题：

① 用于对比的各个时期的指标，其计算口径必须保持一致；

② 应剔除偶发性项目的影响，使分析所利用的数据能反映正常的生产经营状况；

③ 应运用例外原则对某项有显著变动的指标作重点分析，研究其产生的原因，以便采取对策，趋利避害。

(二)比率分析法

比率分析法是通过计算各种比率指标来确定财务活动变动程度的方法。比率指标的类型主要有构成比率、效率比率和相关比率三类。

1. 构成比率

构成比率，又称结构比率，是某项财务指标的各组成部分数值占总体数值的白分比，反映部分与总体的关系。利用构成比率，可以考察总体中某个部分的形成和安排是否合理，以便协调各项财务活动。其计算公式为：

$$构成比率=\frac{某个组成部分数值}{总体数值}\times 100\%$$

比如，企业资产中流动资产、固定资产和无形资产占资产总额的百分比(资产构成比率)，企业负债中流动负债和长期负债占负债总额的百分比(负债构成比率)等。利用构成比率，可以考察总体中某个部分的形成和安排是否合理，以便协调各项财务活动。

2. 效率比率

效率比率，是某项财务活动中所花费与所取得的比率，反映投入与产出的关系。利用效率比率指标，可以进行得失比较，考察经营成果，评价经济效益。

比如，将利润项目与销售成本、销售收入、资本金等项目加以对比，可以计算出成本利润率、销售利润率和资本金利润率指标，从不同角度观察比较企业获利能力的强弱及其增减变化情况。

3. 相关比率

相关比率，是以某个项目和与其有关但又不同的项目加以对比所得的比率，反映有关经济活动的相互关系。利用相关比率指标，可以考察企业相互关联的业务安排得是否合理，以保障经营活动顺畅进行。

比如，将流动资产与流动负债进行对比，计算出流动比率，可以判断企业的短期偿债能力；将负债总额与资产总额进行对比，可以判断企业长期偿债能力。同时，应当注意以下问题：① 对比项目的相关性；② 对比口径的一致性；③ 衡量标准的科学性。

(三)因素分析法

因素分析法是依据分析指标与其影响因素的关系，从数量上确定各因素对分析指标的影响方向和影响程度的一种方法。

因素分析法具体有两种：连环替代法和差额分析法。

1. 连环替代法

连环替代法，是将分析指标分解为各个可以计量的因素，并根据各个因素之间的依存关系，顺次用各因素的比较值(通常为实际值)替代基准值(通常为标准值或计划值)，据以测定各因素对分析指标的影响。

【例 10-1】 某企业 2021 年 10 月某种原材料费用的实际数是 2310 元，而其计划数是 2000 元，实际比计划增加 310 元。由于原材料费用是由产品产量、单位产品材料消耗量和材料单价三个因素的乘积组成的，因此就可以把材料费用这一总指标分解为三个因素，然后逐个来分析它们对材料费用总额的影响程度。现假设这三个因素的数值如表 10-1 所列。

表 10-1 三个因素的数值

项 目	单 位	计划数	实际数
产品产量	件	100	110
单位产品材料消耗量	千克	4	3.5
材料单价	元	5	6
材料费用总额	元	2000	2310

根据表 10-1 中的资料，材料费用总额实际数较计划数增加 310 元。运用连环替代法，可以计算各因素变动对材料费用总额的影响。

① 计划指标：$100\times4\times5=2000$(元)

② 第一次替代：110×4×5＝2200(元)

③ 第二次替代：110×3.5×5＝1925(元)

④ 第三次替代：110×3.5×6＝2310(元)

实际指标：

产量增加的影响＝②－①＝2200－2000＝200(元)

材料节约的影响＝③－②＝1925－2200＝－275(元)

价格提高的影响＝④－③＝2310－1925＝385(元)

全部因素的影响＝200－275＋385＝310(元)

2. 差额分析法

差额分析法是连环替代法的一种简化形式，是利用各个因素的比较值与基准值之间的差额，来计算各因素对分析指标的影响。

【例 10－2】 仍用表 10－1 中的资料，可采用差额分析法计算确定各因素变动对材料费用的影响。

① 产量增加对财务费用的影响为：(110－100)×4×5＝200(元)

② 材料消耗节约对材料费用的影响为：(3.5－4)×110×5＝－275(元)

③ 价格提高对材料费用的影响为：(6－5)×110×3.5＝385(元)

采用因素分析法时，必须注意以下问题：

① 因素分解的关联性。构成经济指标的因素，必须是客观上存在的因果关系，要能够反映形成该项指标差异的内在构成原因，否则就失去了应用价值。

② 因素替代的顺序性。确定替代因素时，必须根据各因素的依存关系，遵循一定的顺序并依次替代，不可随意加以颠倒，否则就会得出不同的计算结果。

③ 顺序替代的连环性。在计算每一因素变动的影响时，都是在前一次计算的基础上进行的，并采用连环比较的方法确定因素变化影响的结果。

④ 计算结果的假定性。由于计算的各因素变动的影响数会因替代顺序不同而有差别，因而计算结果不免带有假定性，即它不可能使每个因素计算的结果都达到绝对的准确。为此，分析时应力求使这种假定合乎逻辑，具有实际经济意义。

任务二　基本财务比率分析

财务报表中有大量的数据，可以组成许多有意义的财务比率，这些比率涉及企业经营管理的各个方面，具体包括偿债能力、运营能力、盈利能力、发展能力及上市公司市场价值的比率分析。

为了便于说明财务比率的计算和分析方法，书中使用A股份有限公司(以下简称A公司)的财务报表数据为例。该公司的资产负债表和利润表见表10-2和表10-3所列。为计算简便，这些数据是假设的。同时，假设A公司2020年度的经营现金流量为88万元。

表10-2 资产负债表

编制单位：A公司 2020年12月31日　　　　单位：万元

资　产	年末余额	年初余额	负债及股东权益	年末余额	年初余额
流动资产：	—	—	流动负债：	—	—
货币资金	10	7	短期借款	30	14
交易性金融资产	5	9	交易性金融负债	—	—
应收票据	7	27	应付票据	2	11
应收账款	100	72	应付账款	22	46
预付账款	0	0	预收账款	0	0
应收股利	0	0	应付职工薪酬	1	1
应收利息	0	0	应交税费	3	4
其他应收款	10	0	应付利息	5	4
存　货	40	85	应付股利	10	5
一年内到期的非流动资产	0	0	其他应付款	9	14
其他流动资产	28	11	一年内到期的非流动负债	0	0
流动资产合计	200	211	其他流动负债	8	0
	—	—	流动负债合计	90	99
	—	—	非流动负债：	—	—
非流动资产：	—	—	长期借款	105	69
可供出售金融资产	0	15	应付债券	80	48
持有至到期投资	—	—	长期应付款	40	15
长期股权投资	15	0	专项应付款	0	0
长期应收款	0	—	递延所得税负债	0	0
固定资产	270	187	其他非流动负债	0	0
在建工程	12	8	非流动负债合计	225	132
固定资产清理	—	0	负债合计	315	231

（续表）

资　产	年末余额	年初余额	负债及股东权益	年末余额	年初余额
无形资产	9	0	所有者权益（或股东权益）：	—	—
开发支出	—	—	实收资本（或股本）	30	30
商　誉	—	—	资本公积	3	3
长期待摊费用	4	6	减：库存股	0	0
递延所得税资产	0	0	盈余公积	30	12
其他非流动资产	5	4	未分配利润	137	155
非流动资产合计	315	220	所有者权益（或股东权益）合计	200	200
资产总计	515	431	负债及所有者权益（或股东权益）总计	515	431

表 10-3　利润表

编制单位：A 公司 2020 年度　　单位：万元

项　目	本年金额	上年金额
一、营业收入	750	700
减：营业成本	640	585
营业税金及附加	27	25
销售费用	12	13
管理费用	8.23	10.3
财务费用	22.86	12.86
资产减值损失	0	5
加：公允价值变动收益	0	0
投资收益	1	0
二、营业利润	40.91	48.84
加：营业外收入	16.23	11.16
减：营业外支出	0	0
三、利润总额	57.14	60
减：所得税费用	14.285	15
四、净利润	42.855	45

一、偿债能力分析

偿债能力是指企业偿还各种到期债务的能力。由于债务按到期时间分为短期债务和长期债务，所以偿债能力分析也分为短期偿债能力和长期偿债能力分析两部分。

(一)短期偿债能力分析

短期偿债能力是指企业流动资产对流动负债及时足额偿还的保证程度，是衡量企业当期财务能力，特别是流动资产变现能力的重要标志。

企业短期偿债能力的衡量指标主要有两项：流动比率和速动比率。

1. 流动比率

流动比率是流动资产与流动负债的比率，它表明企业每 1 元流动负债有多少流动资产作为偿还保证，反映企业用可在短期内转变为现金的流动资产偿还到期流动负债的能力。其计算公式为：

$$流动比率=(流动资产/流动负债)\times 100\%$$

根据 A 公司的财务报表数据：

$$本年流动比率=200\div 90\times 100\%=222.2\%$$

$$上年流动比率=211\div 99\times 100\%=213.13\%$$

A 公司的流动比率上升了 9.07%(222.2%－213.13%)，即为每 1 元流动负债提供的流动资产保障增加了 0.09 元。

一般情况下，流动比率越高，说明企业短期偿债能力越强。债权人的权益越有保证。国际上通常认为，流动比率的下限为 100%；而流动比率等于 200%时较为适当。它表明企业财务状况稳定可靠，除满足日常生产经营的流动资金需求外，尚有足够的财力偿付到期债务；反之，则表明企业捉襟见肘，难以如期偿还债务。

但是，流动比率也不可太高，过高则表明企业流动资产占用较多，从而影响资金的使用效率和企业的筹资成本，进而影响获利能力。到底以多少为宜，不存在统一的标准。不同行业的流动比率，通常有明显差别。营业周期越短的行业，合理的流动比率越低。

如果流动比率比上年发生较大变动，或与行业平均值出现重大偏离，就应对构成流动比率的流动资产和流动负债各项目逐一进行分析，寻找形成差异的原因。为了考察流动资产的变现能力，有时还需要分析其周转率。

使用流动比率时应注意：流动比率假设全部流动资产都可以变为现金并用于偿债，全部流动负债都需要还清。实际上，有些流动资产的账面金额与变现金额有较大差异，如产成品等；经营性流动资产是企业持续经营所必需的，不能全部用于偿债;经营性应付项目可以滚动存续,无须动用库存现金全部结清。因此,流动比率是对短期偿债能力的粗略估计。

2. 速动比率

速动资产与流动负债的比值,称为速动比率。所谓速动资产,是指流动资产减去存货、预付账款、一年内到期的非流动资产及其他流动资产之后的余额。

非速动资产的变现时间和数量具有较大的不确定性:如存货的变现速度比应收款项要慢得多;部分存货可能已损失报废,还没做处理,或者已抵押给某债权人,不能用于偿债;存货估价有多种方法,可能与变现金额相差悬殊。一年内到期的非流动资产和其他流动资产的数额有偶然性,不代表正常的变现能力。因此,将可偿债资产定义为速动资产,计算出来的短期债务存量比率更令人可信。其计算公式为:

速动比率=速动资产÷流动负债×100%

其中:速动资产=货币资金+交易性金融资产+应收账款+应收票据

=流动资产-存货-预付账款-一年内到期的非流动资产

-其他流动资产

根据A公司的财务报表数据:

本年速动比率=(10+5+7+100+10)÷90×100%=147%

上年速动比率=(7+9+27+72+0)÷99×100%=116%

假设速动资产是可以用于偿债的资产,表明每1元流动负债有多少速动资产作为偿还保障。A公司的速动比率比上年提高了31%,说明为每1元流动负债提供的速动资产保障增加了0.31元。

(二)长期偿债能力分析

长期偿债能力是企业偿还长期负债的能力。企业长期偿债能力的衡量指标主要有两项:资产负债率和产权比率。

1. 资产负债率

资产负债率又称负债比率,是企业负债总额对资产总额的比率,反映企业资产对债权人权益的保障程度。其计算公式为:

资产负债率=(负债÷资产)×100%

根据A公司的财务报表数据:

本年资产负债率=(315÷515)×100%=61.17%

上年资产负债率=(231÷431)×100%=53.60%

一般情况下，资产负债率越小，说明企业长期偿债能力越强，贷款越安全。同时，一个企业的资产负债率越低，举债越容易。如果资产负债率高到一定程度，没有人愿意提供贷款了，则表明企业的举债能力已经用尽。

通常，资产在破产拍卖时的售价不到账面价值的50%，因此资产负债率高于50%，则债权人的利益就缺乏保障。各类资产变现能力有显著区别，房地产变现的价值损失小，专用设备则难以变现。不同企业的资产负债率不同，与其持有的资产类别有关。

2. 产权比率

产权比率也称资本负债率，是企业负债总额与所有者权益总额的比率，反映企业所有者权益对债权人权益的保障程度。其计算公式为：

$$产权比率=负债总额\div股东权益\times100\%$$

一般情况下，产权比率越低，说明企业长期偿债能力越强，债权人权益的保障程度越高、承担的风险越小，但不能充分发挥负债的财务杠杆效应。

财务杠杆表明债务的多少，与偿债能力有关，并且可以表明权益净利率的风险，也与盈利能力有关。所以，企业在考虑产权比率的适度与否时，应从获利与偿债能力两方面综合考虑，在保障债务安全的前提下，尽可能提高产权比率。

二、运营能力分析

运营能力是企业基于外部市场环境的约束，通过内部人力资源和生产资料的配置组合而对财务目标实现所产生作用的大小。运营能力指标主要包括生产资料运营能力指标。生产资料的运营能力实际上就是企业的总资产及其各个组成要素的运营能力。资产运营能力的强弱取决于资产的周转速度、资产运行状况、资产管理水平等多种因素。

资产的周转速度，通常用周转率和周转期来表示。

① 周转率是企业在一定时期内资产的周转额与平均余额的比率，反映企业资产在一定时期的周转次数。周转次数越多，表明周转速度越快，资产运营能力越强。

② 周转期是周转次数的倒数与计算期天数的乘积，反映资产周转一次所需要的天数。周转期越短，表明周转速度越快，资产运营能力越强。其计算公式为：

$$周转率(周转次数)=周转额\div资产平均余额$$

$$\begin{aligned}周转期(周转天数)&=计算期天数\div周转次数\\&=资产平均余额\times计算期天数\div周转额\end{aligned}$$

生产资料运营能力可以从流动资产周转情况、固定资产周转情况、总资产周转情况等方面进行分析。

(一)流动资产周转情况

反映流动资产周转情况的指标主要有应收账款周转率、存货周转率和流动资产周转率。

1. 应收账款周转率

应收账款周转率(次数)是一定时期内应收账款平均收回次数,是一定时期营业收入与应收账款平均余额的比率。其公式表示为:

应收账款周转次数＝营业收入÷应收账款平均余额

应收账款周转天数＝360÷(营业收入÷应收账款平均余额)

平均应收账款余额＝(应收账款余额年初数＋应收账款余额年末数)÷2

根据A公司的财务报表数据:

本年应收账款周转天数＝360÷(750/100)＝48(天)

上年应收账款周转天数＝360÷(700/72)＝37(天)

一般情况下,应收账款周转率越高越好。应收账款周转率高,表明收账迅速,账龄较短,资产流动性强,短期偿债能力强,可以减少坏账损失等。同时,计算和使用上述公式时应注意以下问题:

① 公式中的应收账款包括会计核算中应收账款及应收票据等全部赊销账款在内;

② 如果应收账款余额波动性较大,应尽可能使用更加详尽的计算资料,比如按每月的应收账款余额来计算平均占用额;

③ 分子、分母的数据应注意时间的对应性。

2. 存货周转率

存货周转率是营业成本与平均存货余额的比值。其计算公式如下:

存货周转率(周转次数)＝营业成本÷平均存货余额

平均存货余额＝(存货余额年初数＋存货余额年末数)÷2

其中:

存货周转期(周转天数)＝(平均存货余额×360)/营业成本

根据A公司的财务报表数据:

本年存货周转天数＝360÷(750/40)＝19.2(天)

上年存货周转天数＝360÷(700/85)＝43.71(天)

在计算和使用存货周转率时，应注意以下问题：

① 存货计价方法对存货周转率具有较大影响，因此，在分析不同企业或不同时期企业的存货周转率时，应注意存货计价方法的口径是否一致；

② 分子、分母的数据应注意时间的对应性。

3. 流动资产周转率

流动资产周转率是营业收入与流动资产的比值，其计算公式为：

流动资产周转率(周转次数)＝营业收入÷平均流动资产总额

平均流动资产总额＝(流动资产总额年初数＋流动资产总额年末数)÷2

流动资产周转期(周转天数)＝平均流动资产总额×360/营业收入

根据A公司的财务报表数据：

本年流动资产周转天数＝360÷(750/200)＝96(天)

上年流动资产周转天数＝360÷(700/211)＝108.51(天)

一般情况下，流动资产周转率越高越好。流动资产周转率高，表明以相同的流动资产完成的周转额较多，流动资产利用效果较好。通常，流动资产中应收账款和存货占绝大部分，因此它们的周转状况对流动资产周转具有决定性影响。

(二)固定资产周转率

反映固定资产周转情况的主要指标是固定资产周转率，它是企业一定时期营业收入与平均固定资产净值的比值。其计算公式为：

固定资产周转率(周转次数)＝营业收入/平均固定资产净值

其中：

平均固定资产净值＝(固定资产净值年初数＋固定资产净值年末数)÷2

固定资产周转期(周转天数)＝(平均固定资产净值×360)/营业收入

根据A公司的财务报表数据：

本年非流动资产周转天数＝360÷(750/315)＝153.3(天)

上年非流动资产周转天数＝360÷(700/220)＝114.71(天)

一般情况下，固定资产周转率越高越好。固定资产周转率高，表明企业固定资产利用充分，固定资产投资得当，固定资产结构合理，能够充分发挥效率。

(三)总资产周转率

反映总资产周转情况的主要指标是总资产周转率，它是企业一定时期营业收入与平均资产总额的比值。其计算公式为：

总资产周转率(周转次数)=营业收入/平均资产总额

平均资产总额=(资产总额年初数+资产总额年末数)÷2

其中：

总资产周转期(周转天数)=(平均资产总额×360)/营业收入

例如：A公司本年资产周转次数=750/515=1.46(次)

一般情况下，总资产周转率越高越好。总资产周转率高，表明企业全部资产的使用效率较高。在营业利润率不变的条件下，周转的次数越多，形成的利润越多，所以它可以反映盈利能力。也可以理解为1元资产投资所产生的营业额越多，说明资产的使用和管理效率越高。

三、盈利能力分析

盈利能力是指企业赚取利润的能力。盈利能力是企业效率的终极表现，也是企业在激烈的市场竞争中立于不败之地的根本保证，因此，企业利益相关者都十分重视盈利能力分析。

(一)营业利润率

营业利润率是企业在一定时期内实现的利润与营业收入的比率，其计算公式为：

营业利润率=营业利润/营业收入×100%

营业净利率=净利润/营业收入×100%

营业毛利率=(营业收入-营业成本)/营业收入×100%

一般情况下，该比率越高，表明企业市场竞争力越强，发展潜力越大，盈利能力越强。

(二)成本费用利润率

成本费用利润率是企业一定时期利润总额与成本费用总额的比率，其计算公式为：

成本费用利润率=利润总额/成本费用总额×100%

其中：

成本费用总额=营业成本+营业税金及附加+销售费用+管理费用+财务费用

该指标越高，说明企业为取得利润而付出的代价越小，对成本费用控制得越好，盈利能力越强。

(三)总资产报酬率

总资产报酬率也称总资产收益率,是企业一定时期内的报酬总额与平均资产总额的比率,其计算公式为:

总资产报酬率=息税前利润总额/平均资产总额×100%

其中:

息税前利润总额=利润总额+利息支出

=净利润+所得税+利息支出

总资产报酬率全面反映了企业全部资产的获利水平,企业所有者及债权人都非常关心。一般情况下,该比率越大,说明企业的资产利用效果越好,利用自有资金和负债资金共同赚取利润的能力越强,管理水平越高。

(四)净资产收益率

净资产收益率是企业在一定时期内的净利润与平均净资产的比率,是反映企业自有资金投资收益水平的指标。其计算公式为:

净资产收益率=净利润/平均净资产×100%

其中:

平均净资产=(所有者权益年初数+所有者权益年末数)/2

净资产收益率是评价企业自有资本及其积累获取报酬水平的最具综合性与代表性的指标,反映企业资本运营的综合收益。一般情况下,该比率越高,表明企业自有资本盈利能力越强,营运效益越好,对投资者和债权人权益的保障程度越高。

四、发展能力分析

企业不仅要生存,而且要发展。企业未来发展的潜力往往取决于目前所拥有的潜力。发展能力就是企业通过生产经营活动进一步扩充资产规模、增加收入、提高利润等方面的能力。它主要通过四项财务指标进行分析:营业收入增长率、资本保值增值率、总资产增长率、营业利润增长率。

(一)营业收入增长率

营业收入增长率是企业本年营业收入增加额与上年营业收入总额的比率,其计算公式为:

营业收入增长率=(本年营业收入总额-上年营业收入总额)/

上年营业收入总额×100%

营业收入增长率大于零,表明企业本年营业收入有所增长。该指标值越高,表明企业营业收入的增长速度越快，企业市场前景越好。

(二)资本保值增值率

资本保值增值率是企业扣除客观因素后的本年末所有者权益总额与年初所有者权益总额的比率，反映企业当年资本在企业自身努力下实际增减变动的情况。其计算公式为：

资本保值增值率＝扣除客观因素后的本年末所有者权益总额/年初所有者权益总额×100％

该指标等于100％，则投资者投入的资本得以保值；大于100％，则投资者投入的资本得以增值。一般认为，该比率越高，说明企业资本保全状况越好，所有者权益增长越快，债权人权益越有保障。该指标通常应当大于100％。

(三)总资产增长率

总资产增长率是企业本年总资产增长额同年初资产总额的比率，反映企业本期资产规模的增长情况。其计算公式为：

总资产增长率＝本年总资产增长额/年初资产总额×100％

其中：

本年总资产增长额＝年末资产总额－年初资产总额

总资产增长率越高，表明企业一定时期内资产经营规模扩张的速度越快。但在分析时，需要关注资产规模扩张的质和量的关系，以及企业的后续发展能力，避免盲目扩张。

(四)营业利润增长率

营业利润增长率是企业本年营业利润增长额与上年营业利润总额的比率，反映企业营业利润的增减变动情况。其计算公式为：

营业利润增长率＝本年营业利润增长额/上年营业利润总额×100％

其中：

本年营业利润增长额＝本年营业利润总额－上年营业利润总额

五、上市公司市场价值的比率分析

(一)每股收益

每股收益也称每股利润或每股盈余，是公司普通每股所取得的利润或承担的亏损。每股收益的计算包括基本每股收益和稀释收益。基本每股收益的计算公式为：

基本每股收益＝归属于普通股股东的当期净利润/当期发行在外普通股的加权平均数

每股收益是衡量上市公司盈利能力的最常用指标。一般情况下，该比率越高，表明公司的盈利能力越强。

(二)每股股利

每股股利是股份公司本年发放的普通股现金股利(普通股股利总额)与年末普通股总数的比率，其计算公式为：

每股股利＝普通股股利总额/年末普通股股数

每股股利是衡量投资者获取上市公司利润的常用指标。一般情况下，该比率越高，表明投资者获取的投资收益越多。

(三)市盈率

市盈率是普通股每股市价与每股收益的比率，其计算公式为：

市盈率＝普通股每股市价/普通股每股收益

市盈率是反映股票投资价值的一个重要参考指标。一般情况下，该比率越高，表明市场对公司的未来越看好、对公司的社会信赖度越高。但从投资者的角度看，市盈率越高，投资风险就越大。

(四)每股净资产

每股净资产是年末净资产与年末普通股总数的比率，其计算公式为：

每股净资产＝年末净资产/年末普通股股数

每股净资产是反映股票投资价值的另一个重要指标。一般情况下，该比率越高，表明该上市公司的内在价值越大，当然投资价值也就越大。

任务三　企业财务状况的综合分析

综合指标分析，就是将运营能力、偿债能力、获利能力和发展能力指标等诸方面纳入一个有机的整体之中，全面地对企业经营状况、财务状况进行解剖与分析。综合指标分析的方法很多，其中应用最为广泛的是杜邦分析法和沃尔评分法。

一、杜邦分析法

杜邦分析法是根据各主要财务指标的内在联系，对企业综合理财及经济效益进行系统分析评价的方法。其因最初由美国杜邦公司创立并成功运用而得名。

(一)杜邦分析法的核心比率

净资产收益率是分析体系的核心,它有很好的可比性,可以用于不同企业之间的比较。由于资本具有逐利性,总是流向投资报酬率高的行业和企业,使各企业的净资产收益率趋于接近。如果一个企业的净资产收益率经常高于其他企业,就会引来竞争者,迫使该企业的净资产收益率回到平均水平。如果一个企业的净资产收益率经常低于其他企业,就得不到资金,会被市场驱逐,使幸存企业的净资产收益率提升到平均水平。

杜邦分析法各主要指标之间的关系如下:

净资产收益率=总资产净利率×权益乘数

=营业净利率×总资产周转率×权益乘数

其中:

营业净利率=净利润÷营业收入

总资产周转率=营业收入÷平均资产总额

权益乘数=资产总额÷所有者权益总额=1/(1-资产负债率)

无论提高其中的哪一个比率,净资产收益率都会提升。其中,营业净利率是利润表的概括,营业收入在利润表的第一行,净利润在利润表的最后一行,两者相除可以概括全部经营成果;权益乘数是资产负债表的概括,表明资产、负债和股东权益的比例关系,可以反映最基本的财务状况;总资产周转率把利润表和资产负债联系起来,使净资产收益率可以综合整个企业的经营活动和财务活动的业绩。

(二)杜邦分析法的基本框架

杜邦分析法是一个多层次的财务比率分解体系。各项财务比率,在每个层次上与本企业历史或同业的财务比率比较,比较之后向下一级分解。逐级向下分解,逐步覆盖企业经营活动的每一个环节,可以实现系统、全面评价企业经营成果和财务状况的目的。其基本框架如图 10-1 所示。

第一层次的分解,将净资产收益率分解为营业净利率、总资产周转率和权益乘数。这三个比率在各企业之间可能存在显著差异。通过对差异的比较,可以观察本企业与其他企业的经营战略和财务政策有什么不同。

分解出来的营业净利润率和总资产周转率,可以反映企业的经营战略。一些企业营业净利率较高,而资产周转率较低;另一些企业与之相反,资产周转率较高而营业净利率较低。两者经常呈反方向变化。这种现象不是偶然的。为了提高营业利润率,就要增加产品的附加值,往往需要增加投资,引起周转率的下降;与此相反,为了加快周转,就要降低价格,引起营业净利率下降。通常,营业净利率较高的

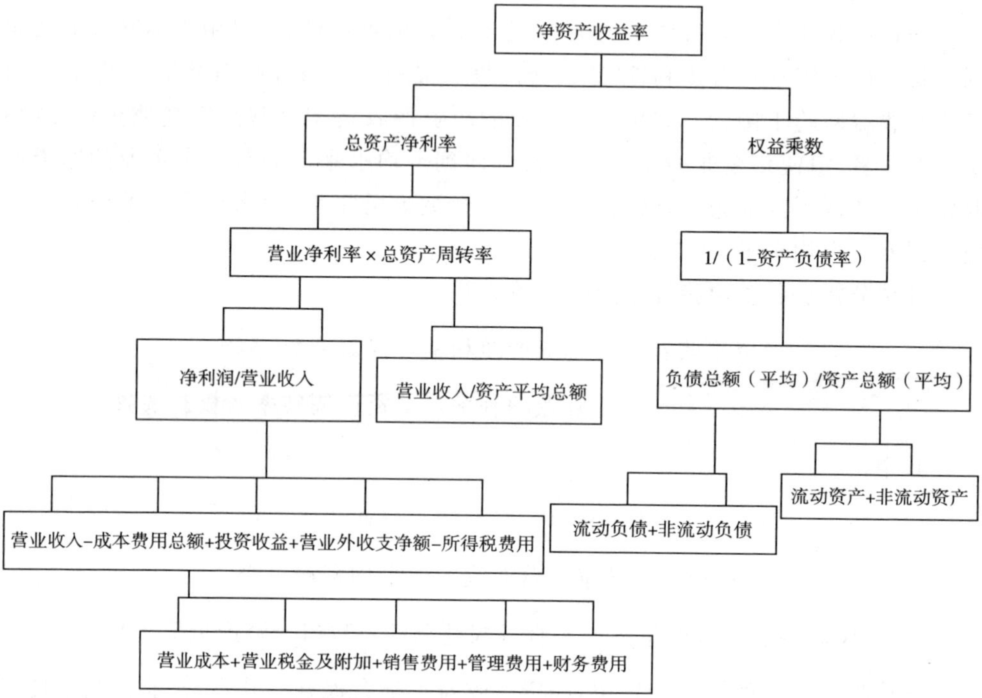

图 10－1 杜邦分析法的基本框架

制造业，其周转率都较低；周转率很高的零售商业，营业利润率很低。采取“高盈利、低周转”还是“低盈利、高周转”的方针，是企业根据外部环境和自身资源做出的战略选择。

分解出来的财务杠杆可以反映企业的财务政策。在资产利润率不变的情况下，提高财务杠杆可以提高权益净利率，但同时也会增加财务风险。一般来说，资产利润率较高的企业，财务杠杆较低，反之亦然。这种现象也不是偶然的。可以设想，为了提高权益净利率，企业倾向于尽可能提高财务杠杆。但是，贷款提供者不一定会同意这种做法。贷款提供者不分享超过利息的收益，更倾向于为预期未来经营现金流量比较稳定的企业提供贷款。为了稳定现金流量，企业的一种选择是降低价格以减少竞争，另一种选择是增加运营资本以防止现金流中断，这都会导致资产利润率下降。这就是说，为了提高流动性，只能降低盈利性。因此，我们实际看到的是，经营风险低的企业可以得到较多的贷款，其财务杠杆较高；经营风险高的企业，只能得到较少的贷款，其财务杠杆较低。资产利润率与财务杠杆呈现负相关，共同决定了企业的权益净利率。企业必须使其经营战略和财务政策相匹配。

运用杜邦分析法需要抓住以下几点：

① 净资产收益率是一个综合性最强的财务分析指标，是杜邦分析体系的

起点。

净资产收益率反映了企业所有者投入资本的获利能力，说明了企业筹资、投资、资产运营等各项财务及其管理活动的效率，而不断提高净资产收益率是使所有者权益最大化的基本保证。所以，该指标是企业所有者、经营者都十分关心的。而净资产收益率高低的决定因素包括营业净利率、总资产周转率和权益乘数。这样，在进行分解之后，就可以将净资产收益率这一综合性指标升降变化的原因具体化，从而使它比只用一项综合性指标更能说明问题。

② 营业净利率反映了企业净利润与营业收入的关系，它的高低取决于营业收入与成本总额的高低。

要提高销售净利率，一是扩大营业收入，二是降低成本费用。扩大营业收入既有利于提高营业净利率，又有利于提高总资产周转率。降低成本费用是提高营业净利率的一个重要因素，从杜邦分析法基本框架图可以看出成本费用的基本结构是否合理，从而找出降低成本费用的途径和加强成本费用控制的办法。如果企业财务费用支出过高，就要进一步分析其负债比率是否过高；如果管理费用过高，就要进一步分析其资产周转情况等。

③ 影响总资产周转率的一个重要因素是资产总额。

资产总额由流动资产与长期资产组成，它们的结构合理与否，将直接影响资产的周转速度。一般来说，流动资产直接体现企业的偿债能力和变现能力，而长期资产则体现了企业的经营规模、发展潜力。两者之间应该有一个合理的比例关系。如果发现某项资产比重过大，影响资金周转，就应深入分析其原因，例如企业持有的货币资金超过业务需要，就会影响企业的盈利能力；如果企业占有过多的存货和应收账款，则既会影响获利能力，又会影响偿债能力。因此，还应进一步分析各项资产的占用数额和周转速度。

④ 权益乘数主要受资产负债率指标的影响。

资产负债率越高，权益乘数就越高，说明企业的负债程度比较高，给企业带来了较多的杠杆利益，同时，也带来了较大的风险。

【例 10－3】 嘉陵公司有关财务数据见表 10－4 所列。分析该公司净资产收益率变化的原因，见表 10－5 所列。

表 10－4　基本财务数据　　单位：万元

年度	净利润	销售收入	平均资产总额	平均负债总额	全部成本	制造成本	销售费用	管理费用	财务费用
2019	10284.04	411224.01	306222.94	205677.07	403967.43	373534.53	10203.05	18667.77	1562.08
2020	12653.92	757613.81	330580.21	215659.54	736747.24	684261.91	21740.96	25718.20	5026.17

表 10-5 财务比率

年 度	2019	2020
净资产收益率/%	10.22	11.00
权益乘数	3.05	2.88
资产负债率/%	67.2	65.2
总资产净利率/%	3.35	3.82
销售净利率/%	2.5	1.67
总资产周转率/次	1.34	2.29

① 对净资产收益率的分析。

该公司的净资产收益率在2019年至2020年间出现了一定程度的好转，从2019年的10.22%增加至2020年的11.00%。企业投资者在很大程度上依据这个指标来判断是否投资或是否转让股份，考察经营者业绩和决定股利分配政策。这些指标对公司的管理者也至关重要。

净资产收益率＝权益乘数×总资产净利率

2019年：10.22%＝3.05×3.35%

2020年：11.00%＝2.88×3.82%

通过分解可以明显地看出，该公司净资产收益率的变动在于资本结构（权益乘数）的变动和资产利用效果（总资产净利率）的变动两方面共同作用的结果，而该公司的总资产净利率太低，显示出很差的资产利用效果。

② 对总资产净利率的分析。

总资产净利率＝营业净利率×总资产周转率

2019年：3.35%＝2.5%×1.34

2020年：3.82%＝1.67%×2.29

通过分解可以看出，2020年该公司的总资产周转率有所提高，说明资产的利用得到了比较好的控制，显示出比前一年较好的效果，表明该公司利用其总资产产生销售收入的效率在增加。总资产周转率提高的同时，销售净利率的减少阻碍了总资产净利率的增加。

③ 对营业净利率的分析。

营业净利率＝净利润/营业收入

2019 年：2.5％＝10284.04÷411224.01

2020 年：1.67％＝12653.92÷757613.81

该公司 2020 年大幅度提高了营业收入，但是净利润的提高幅度却很小，分析其原因是成本费用增多，从表 10－4 可知，全部成本从 2019 年的 403967.43 万元增加到 2020 年的 736747.24 万元，与销售收入的增加幅度大致相当。

④ 对全部成本的分析。

全部成本＝制造成本＋销售费用＋管理费用＋财务费用

2019 年：403967.43＝373534.53＋10203.05＋18667.77＋1562.08

2020 年：736747.24＝684261.91＋21740.96＋25718.20＋5026.17

本例中，导致该公司净资产收益率小的主要原因是全部成本过大。也正是因为全部成本的大幅度提高导致了净利润提高幅度不大，而营业收入大幅度增加，就引起了营业净利率的降低，显示出该公司盈利能力的降低。资产净利率的提高当归功于总资产周转率的提高，营业净利率的减少却起到了阻碍的作用。

⑤ 对权益乘数的分析。

权益乘数＝资产总额/权益总额

2019 年：3.05＝306222.94÷(306222.94－205677.07)

2020 年：2.88＝330580.21÷(330580.21－215659.54)

该企业下降的权益乘数，说明企业的资本结构在 2019—2020 年发生了变动，2020 年的权益乘数较 2019 年有所减小。权益乘数越小，公司负债程度越低，偿还债务能力越强，财务风险有所降低。这个指标同时也反映了财务杠杆对利润水平的影响。该公司的权益乘数一直处于 2～5，即负债率在 50％～80％，属于激进战略型公司。管理者应该准确把握公司所处的环境，准确预测利润，合理控制负债带来的风险。

二、沃尔评分法

企业财务综合分析的先驱者之一是亚历山大·沃尔。他在 20 世纪初出版的《信用晴雨表研究》和《财务报表比率分析》中提出了信用能力指数的概念，把若干个财务比率用线性关系结合起来，以此来评价企业的信用水平，被称为沃尔评分法。他选择了 7 种财务比率，分别给定了其在总评价中所占的比重，总和为 100 分；然后，确定标准比率，并与实际比率相比较，评出每项指标的得分，求出总评分。

【例 10－4】 某企业是一家中型电力企业，2020 年的财务状况评分的结果见表 10－6 所列。

表 10－6 沃尔综合评分表

财务比率	比重 ①	标准比率 ②	实际比率 ③	相对比率 ④＝③÷②	综合指数 ⑤＝①×④
流动比率	25	2.00	1.66	0.83	20.75
净资产/负债	25	1.50	2.39	1.59	39.75
资产/固定资产	15	2.50	1.84	0.736	11.04
销售成本/存货	10	8	9.94	1.243	12.43
销售收入/应收账款	10	6	8.61	1.435	14.35
销售收入/固定资产	10	4	0.55	0.1375	1.38
销售收入/净资产	5	3	0.40	0.133	0.67
合　计	100	—	—	—	100.37

从表 10－6 可知，该企业的综合指数为 100.37，总体财务状况是不错的，综合评分达到标准的要求。但由于该方法技术上的缺陷，夸大了达到标准的程度。尽管沃尔评分法在理论上还有待证明，在技术上也不完善，但它还是在实践中被广泛地加以应用。

从理论上讲，沃尔评分法有一个弱点，即未能证明为什么要选择这 7 个指标，而不是更多些或更少些，或者选择别的财务比率，以及未能证明每个指标所占比重的合理性。沃尔的分析法从技术上讲有一个问题，就是当某一个指标严重异常时，会对综合指数产生不合逻辑的重大影响。这个缺陷是由相对比率与比重相乘而引起的。财务比率提高一倍，其综合指数增加 100%；而财务比率降低一半，其综合指数只减少 50%。

现代社会与沃尔的时代相比，已有很大的变化。一般认为企业财务评价的内容首先是盈利能力，其次是偿债能力，再次是发展能力，它们之间大致可按 5∶3∶2的比例来分配。盈利能力的主要指标是总资产报酬率、销售净利率和净资产收益率，这 3 个指标可按 2∶2∶1 的比例来安排。偿债能力有 4 个常用指标，成长能力有 3 个常用指标（都是本年增量与上年实际量的比值），假定仍以 100 分为总评分。

【例 10－5】 仍以【例 10－4】中该企业 2020 年的财务状况为例，以中型电力生产企业的标准值为评价基础，则其综合评分标准见表 10－7 所列。

表 10-7 综合评分表

指 标	评分值	标准比率/%	行业最高比率/%	最高评分/分	最低评分/分	每分比率的差/%
盈利能力：	—	—	—	—	—	—
总资产报酬率	20	5.5	15.8	30	10	1.03
销售净利率	20	26.0	56.2	30	10	3.02
净资产收益率	10	4.4	22.7	15	5	3.66
偿债能力：	—	—	—	—	—	—
自有资本比率	8	25.9	55.8	12	4	7.475
流动比率	8	95.7	253.6	12	4	39.475
应收账款周转率	8	290	960	12	4	167.5
存货周转率	8	800	3030	12	4	557.5
发展能力：	—	—	—	—	—	—
销售增长率	6	2.5	38.9	9	3	12.13
净利增长率	6	10.1	51.2	9	3	13.7
总资产增长率	6	7.3	42.8	9	3	11.83
合 计	100	—	—	150	50	—

标准比率以本行业平均数为基础，在给每个指标评分时，应规定其上限和下限，以减少个别指标异常对总分造成不合理的影响。上限可定为正常评分值的1.5倍，下限可定为正常评分值的0.5倍。此外，给分不是采用“乘”的关系，而采用“加”或“减”的关系来处理，以克服沃尔评分法的缺点。例如，总资产报酬率每分比率的差为1.03%=(15.8%-5.5%)÷(30分-20分)。总资产报酬率每提高1.03%，多给1分，但该项得分不得超过30分。

根据这种方法，对该企业的财务状况重新进行综合评价，得124.94分，见表10-8所列，说明这是一个中等略偏上水平的企业。

表 10-8 财务情况评分

指 标	实际比率/% ①	标准比率/% ②	差异 ③=①-②	每分比率/% ④	调整分/分 ⑤=③÷④	标准评分值/分 ⑥	得分/分 ⑦=⑤+⑥
盈利能力：	—	—	—	—	—	—	—
总资产报酬率	10	5.5	4.5	1.03	4.37	20	24.37
销售净利率	33.54	26.0	7.54	3.02	2.50	20	22.50

（续表）

指　标	实际比率/% ①	标准比率/% ②	差异 ③=①-②	每分比率/% ④	调整分/分 ⑤=③÷④	标准评分值/分 ⑥	得分/分 ⑦=⑤+⑥
净资产收益率	13.83	4.4	9.43	3.66	2.58	10	12.58
偿债能力：	—	—	—	—	—	—	—
自有资本比率	72.71	25.9	46.81	7.475	6.26	8	14.26
流动比率	166	95.7	70.3	39.475	1.78	8	9.78
应收账款周转率	861	290	571	167.5	3.41	8	11.41
存货周转率	994	800	194	557.5	0.35	8	8.35
发展能力：	—	—	—	—	—	—	—
销售增长率	17.7	2.5	15.2	12.13	1.25	6	7.25
净利增长率	-1.74	10.1	-11.84	13.7	-0.86	6	5.14
总资产增长率	46.36	7.3	39.06	11.83	3.30	6	9.30
合　计	—	—	—	—	—	100	124.94

巩固训练

一、单选题

1.（　　）是以企业财务报告反映的财务指标为主要依据，对企业的财务状况和经营成果进行评价和剖析的一项管理工作。

A. 财务分析　　B. 财务评价

C. 财务预算　　D. 财务决策

2. 较高的（　　），通常体现为营业收入、资本积累、财务成果等指标的增长。

A. 偿债能力　　B. 运营能力

C. 盈利能力　　D. 发展能力

3.（　　）分析是某项经济指标的各个组成部分与总体的比率，反映部分与总体的关系。

A. 相关比率　　B. 构成比率

C. 定基动态比率　　D. 环比动态比率

4. 假定某公司2020年实现利润（税前）为2400万元，各种借款的利息费用为600万元，利息保障倍数为（　　）。

A. 2.0　　B. 3.0
C. 4.0　　D. 5.0

5. 某企业流动资产比流动负债多2000万元，速动比率为2.0，流动资产包括速动资产和存货，其中存货为1000万元，则该企业流动比率为(　　)。

A. 3.0　　B. 1.0
C. 2.0　　D. 2.5

6. 某企业2020年平均流动资产总额为200万元，平均应收账款余额为40万元。如果流动资产周转次数为4次，则应收账款周转次数为(　　)次。

A. 30　　B. 50
C. 20　　D. 25

7. 用于评价企业盈利能力的总资产报酬率指标中的"报酬"是指(　　)。

A. 息税前利润总额　　B. 营业利润
C. 利润总额　　D. 净利润

8. 不影响应收账款周转率指标利用价值的因素是(　　)。

A. 销售折让与折扣的波动　　B. 季节性经营引起的销售额波动
C. 大量使用分期付款结算方式　　D. 大量使用现金结算的销售

9. 在杜邦分析法中，假设其他情况相同，下列说法中错误的是(　　)。

A. 权益乘数大，则财务风险大
B. 权益乘数大，则权益净利率大
C. 权益乘数等于资产权益率的倒数
D. 权益乘数大，则资产净利率大

10. 下列关于市盈率的说法中，正确的是(　　)。

A. 债务比重大的公司，市盈率较低
B. 市盈率很高，则投资风险大
C. 市盈率很高，则投资风险较小
D. 预计将发生通货膨胀时，市盈率会普遍下降

二、多选题

1. 财务分析的内容包括(　　)。

A. 偿债能力　　B. 运营能力
C. 盈利能力　　D. 发展能力

2. 财务分析的方法有(　　)。

A. 趋势分析法　　B. 比率分析法
C. 因素分析法　　D. 综合分析法

3. 偿债能力分析的主要分析指标有(　　)。

A. 资产负债率　　B. 产权比率

C. 利息保障倍数　　D. 长期资产适合率

4.(　　)指标属于资产负债表比率。

A. 流动比率　　B. 存货周转率

C. 资产周转率　　D. 资产负债率

5. 如果流动比率过高,意味着企业可能(　　)。

A. 存在资金闲置　　B. 存在存货积压

C. 应收账款周转缓慢　　D. 偿债能力很弱

6. 下列关于盈利能力指标的说法正确的有(　　)。

A. 成本费用利润率＝利润总额/成本费用总额×100%

B. 成本费用总额＝营业成本＋营业税金及附加＋销售费用＋管理费用＋财务费用

C. 营业毛利率的分子是营业收入减去营业成本

D. 总资产报酬率是企业一定时期内获得的利润总额与平均资产总额的比率

7. 下列各项中属于企业发展能力指标的有(　　)。

A. 总资产增长率　　B. 资本保值增值率

C. 营业收入增长率　　D. 营业利润增长率

8. 下列关于财务指标的说法正确的有(　　)。

A. 产权比率与资产负债率对评价偿债能力的作用基本相同

B. 资本保值增值率＝本年所有者权益增长额/年初所有者权益×100%

C. 营业利润率＝营业收入/营业利润×100%

D. 产权比率侧重于揭示自有资金对偿债风险的承受能力

9. 计算速动比率时,从流动资产中扣除存货的重要原因是(　　)。

A. 存货的价值较大　　B. 存货的质量难以保证

C. 存货的变现能力较弱　　D. 存货的变现能力不稳定

10. 下列关于流动比率的表述中正确的有(　　)。

A. 从企业的角度看,流动比率越高越好

B. 不同企业的流动比率有统一的衡量标准

C. 一般情况下,流动比率越高,反映企业短期偿债能力越强

D. 表明每1元流动负债有多少流动资产作为偿还保证

11. 影响速动比率的因素有(　　)。

A. 应收账款　　B. 存货

C. 短期借款　　D. 应收票据

三、判断题

1. 资产负债率是一个反映偿债能力的指标，但站在企业所有者(股东)的立场上，应保持资产负债率的较高水平。(　　)

2. 存货周转率越高，表示存货管理的实绩越好。(　　)

3. 尽管流动比率可以反映企业的短期偿债能力，但有的企业流动比率较高，却没有能力支付到期的应付账款。(　　)

4. 净资产收益率＝销售净利率×总资产周转率。(　　)

5. 一般来说，市盈率越高，企业未来的成长潜力越高，所以该比率越高越好。(　　)

6. 股利发放率很难有一个合理的标准，而且公司之间也没有什么可比性，它取决于企业的股利政策。(　　)

四、计算分析题

1. 从FF公司2020年的财务报表中可以获得以下信息：2020年资产总值期初值、期末值分别为2400万元、2560万元，负债总额期初值、期末值分别为980万元、1280万元；2020年度销售收入10000万元，净利润为600万元。要求：分别计算销售净利率、资产周转率、权益乘数和所有者权益报酬率。

2. 甲公司2020年财务报表的有关资料见表10－9所列。本年营业收入净额25000万元，净利润300万元。根据上述资料，计算杜邦分析法中的下列指标(凡计算指标涉及资产负债表项目的数据，均按平均数计算，计算结果出现小数的，均保留小数点后两位小数)：①净资产收益率；②总资产净利率；③营业净利率；④总资产周转率；⑤权益乘数。

表10－9　甲公司2020年财务报表的有关资料　　单位：万元

资产负债表项目	年初数	年末数
资产合计	4000	5000
负债合计	2000	3000
所有者权益合计	2000	2000
利润表项目	上年数	本年数
营业收入	—	25000
净利润	—	300

参考文献

[1] 赵德武．财务管理[M].2版．北京:高等教育出版社,2007.

[2] 乔世震,王满．财务管理基础[M].2版．大连:东北财经大学出版社,2010.

[3] 财政部会计资格评价中心．财务管理[M].北京:中国财政经济出版社,2010.

[4] 中国注册会计师协会．财务成本管理[M].北京:中国财政经济出版社,2011.

[5] 姚海鑫．财务管理[M].2版．北京:清华大学出版社,2017.

[6] 荆新,王化成,刘俊彦．财务管理学[M].8版．北京:中国人民大学出版社,2018.

[7] 刘淑莲．财务管理[M].2版．大连:东北财经大学出版社,2010.

[8] 秦志敏,牛彦秀．财务管理习题与案例[M].2版．大连:东北财经大学出版社,2010.

[9] 陈玉菁,宋良荣．财务管理[M].2版．北京:清华大学出版社,2008.

[10] 陆正飞．财务管理[M].3版．大连:东北财经大学出版社,2016.

[11] 王化成．财务管理[M].3版．北京:中国人民大学出版社,2010.

[12] 卢家仪．财务管理[M].4版．北京:清华大学出版社,2011.

[13] 马忠．公司财务管理理论与案例[M].北京:机械工业出版社,2008.